La surprise

LE SOUFFLE DES MOTS

ALAIN DUCHESNE / THIERRY LEGUAY

La surprise

DICTIONNAIRE DES SENS CACHÉS

Larousse

17, RUE DU MONTPARNASSE, 75298 PARIS CEDEX 06

Collection dirigée par Claude Kannas
assistée de Janine Faure
Mise en page : Atelier Frédérique Longuépée
Fabrication : Martine Toudert

© **Librairie Larousse, 1990**

ISBN 2-03-330.011-4

à la mémoire de Joseph HAYDN

Ce changement est grand, ma surprise est extrême.

RACINE

CETTE OBSCURE CLARTÉ

*L'endroit le plus sombre
est sous la lampe.*

PROVERBE CHINOIS

À la fin du XVIIIᵉ siècle, Mme de Genlis donnait un jour le conseil suivant : *S'il est des préservatifs contre l'amour, l'amitié seule peut les donner.* Bien sûr, elle voulait seulement parler de ce qui préserve ; mais un glissement de sens radical a fait basculer cette phrase du sérieux vers l'humour involontaire.

Notre langue n'est pas toujours si claire et si sage que l'affirment certains. L'usage quotidien nous installe avec elle dans une familiarité trompeuse — ce pourquoi, aussi, de nombreux sujets croient la bien connaître parce qu'ils l'utilisent régulièrement. Pourtant, il suffit de s'y aventurer un peu plus que ne le réclame la pratique ordinaire pour découvrir des régions opaques et troublantes.

Les mots a priori les plus simples non seulement recèlent des significations très diverses, mais, plus étrangement encore, certains de leurs sens — sédiments d'une histoire longue et souvent mouvementée — sont à ce point délaissés qu'ils rejoignent l'incompréhensible ou même l'incongru.

Effeuillons un instant quelques acceptions du mot *gendarme* : flammèche qui sort du feu en pétillant ; petite tache dans l'œil ; cigare d'un sou ; fer à repasser ; hareng saur (parce que la tête du hareng si l'on écarte les ouïes, a une certaine ressemblance avec un chapeau de gendarme)...

Voilà une volute grisante et poétique, attestant que l'insolite est tapi dans bien des pages des vénérables *Larousse* et *Littré*. On se réjouit, en les parcourant, de ce qu'un *effronté* puisse être un sectaire du XVIᵉ siècle qui niait la personnalité du Saint-Esprit, la *soquette* une variété de poire fondante, un *camion* une minuscule épingle, et la *papouille* un petit navire de cabotage utilisé dans l'embouchure de l'Amazone...

Ce livre se propose de donner la vedette aux seconds rôles du dictionnaire (ce que l'on appelait autrefois, au théâtre, les *utilités*), tant l'exploration attentive de cette face cachée nous semble désirable et nécessaire.

*

*   *

La signification est la part la plus fugitive des mots : la moins saisissable. Autant leur aspect graphique ou sonore ne se prête qu'à de légères variations (dans l'orthographe ou la prononciation), autant leur sens est le lieu d'avatars et de flottements importants. Comme s'il était doué de limites imprécises et d'une profondeur abyssale, le sens produit de l'incertitude, et même du vertige. Le linguiste Georges Mounin témoignait de cet embarras quand il écrivait : *Depuis Aristote, l'homme a dû essayer à peu près toutes les manières possibles de définir le sens.*

Dans ses acceptions variées, le mot *sens* lui-même symbolise le trouble qu'il exprime : c'est le signifié, mais aussi la faculté de perception sensorielle, la raison, la direction...

Un fait au moins s'impose à nous : la langue est un champ de forces où certains sens prennent vite le dessus. Des sens *dominent,* à une époque, tandis que d'autres sont plus ou moins violemment rejetés. Comme dans les rêves, il y a dans la langue des sens manifestes et d'autres latents.

Plus précisément encore, nous pourrions retrouver la fameuse distinction freudienne entre *conscient, préconscient* et *inconscient* : le sens conscient est immédiatement présent dans notre parole, le sens préconscient reste en réserve, enfin le sens inconscient est cette part de la langue qui nous *tient* mais que nous ignorons.

Pourquoi des sens sont-ils ainsi mis à l'écart ?

Tout d'abord, bien sûr, ils se transforment au gré des changements techniques. La *cassette,* aujourd'hui, est rarement celle d'Harpagon. Quant aux *salades,* elles n'évoquent plus (sauf pour quelques spécialistes) cette partie de la cuirasse qui couvrait la tête. Mais l'évolution technique n'explique pas tout : la notion de progrès est inopérante dans le langage des mœurs et des sentiments.

Il est par ailleurs nécessaire qu'un mot soit chargé de sens divers au cours de son histoire, les uns finissant par éloigner les autres. Il est plus simple, en effet, face à une réalité nouvelle, de réutiliser des mots existants que d'en inventer d'autres. Car si nous devions employer un mot différent pour chaque notion, nous serions rapidement confrontés à un insurmontable problème de mémorisation — un peu comme les savants de Laputa, chez Swift, sont obligés de transporter avec eux les objets dont ils veulent parler.

Il faut également noter que le sens latent présente parfois un contenu *sexuel,* que le discours ordinaire tend à réprimer. Roland Barthes indiquait par exemple qu'il ne pouvait s'empêcher de penser, en entendant parler des problèmes de *pollution,* au sens du mot tel qu'il est employé chez Sade !

La question n'est pas neuve, puisque Bouhours observait déjà (au XVIIᵉ siècle) à propos du mot *aisance : Il y a des gens qui ne peuvent souffrir ce mot à cause de ce que signifie le pluriel* (les « lieux d'aisances »).

Un malin génie a créé des chausse-trappes dans le tissu apparemment poli de la langue, en conférant à de très nombreux mots un sens plus ou moins scabreux. Freud, penseur essentiel du langage, a longuement traité le sujet dans son ouvrage sur *le Mot d'esprit.* Il cite par exemple ce trait : *Cette jeune fille me rappelle Dreyfus : l'armée ne croit pas à son* innocence. Pour lui, le jeu avec le sens est une manière de *déshabiller* l'autre (objet du désir et du mot d'esprit).

La langue possède ainsi des doubles fonds, afin que les individus puissent y loger ce qui ne peut se dire qu'à demi-mot : le sexuel et l'excrémentiel.

N'oublions pas toutefois la leçon de Dupin, dans *la Lettre volée,* d'Edgar Poe : la meilleure cachette est celle qui crève les yeux. En témoigne par exemple le mot *concupiscent* (terme du vocabulaire religieux le plus austère), qui laisse affleurer en lui trois signifiants pour le moins éloquents... Peut-on mieux juger du travail de l'Inconscient dans la langue ?

Enfin, il est clair que bien des mots, dont le sens originel était très concret, se sont peu à peu décolorés, pour ne plus renvoyer qu'à des sens abstraits. Ainsi l'on n'entend plus, dans le mot *épaté,* le fait d'être « tombé à quatre pattes », ou dans *étonné,* celui d'être « frappé violemment, comme par le tonnerre ». Mais le phénomène inverse s'est également produit. Au XVIIIe siècle, *désespéré* n'avait pas que le sens grave qu'il possède seulement aujourd'hui ; il signifiait aussi « être contrarié », comme dans la phrase suivante : *Je suis désespéré de n'avoir pu vous rencontrer.*

Il faut donc rester prudent face au prétendu « dépérissement » ou « vieillissement » de la langue. Les comparaisons anthropomorphiques sont parfois plaisantes mais rarement fondées. Qui plus est, en matière de langage, la référence à une mythique « pureté originelle » définit une attitude douteuse... Comme l'écrivait Saint-Évremont, *il est à craindre qu'un trop grand attachement à la pureté ne cause enfin de la sécheresse.*

L'abandon de sens ou de mots révèle d'abord une moins grande subtilité dans notre rapport au monde : la complexité du réel nécessite l'usage d'une langue fine, où toutes les ressources du sens puissent être mobilisées.

Un sens délaissé, c'est une manière singulière de dire qui s'est éloignée. Littré regrettait par exemple que *se défaire* ne signifiât plus « se suicider ». Certes, la fin de qui accomplit cet acte est la même, quel que soit le mot utilisé... Mais *se défaire* dit peut-être un peu plus — et un peu mieux — que notre actuel verbe : l'idée d'un départ qui n'est pas nécessairement violent...

Rêvons d'une histoire de nos modes (linguistiques ou autres) qui s'attacherait à donner sens à tout ce que nous avons à tort délaissé. Le livre reste à faire ; mais la morale de la fable s'imagine sans peine : « Dis-moi ce que tu quittes, je te dirai qui tu seras »...

*
* *

Dans le domaine du langage comme ailleurs, l'opulence est préférable à la pauvreté. Mais comment s'enrichir ?

On peut tout d'abord accroître le nombre de ses mots par des emprunts à une langue étrangère. Pas de privations puritaines ! Ce qui nous manque doit être importé, ou mieux : *détourné*. Toutefois, le souci d'échapper à l'aliénation impose que l'on travaille le mot, qu'on le retouche. C'est bien assez de voir disparaître, dans ce transfert, la polysémie.

Pour qu'un vocable volé se mette à croître dans notre langue, il doit se trouver relié — par l'imaginaire qui s'attache au signifiant — à toutes les autres unités : au « trésor » de la langue. Autant dire qu'il doit s'acclimater en respectant les usages variés et contradictoires de notre phonétisme et de notre orthographe. Cela s'est toujours fait, et c'est un gage de réussite. Qui se souvient que *nénuphar, mesquin* ou *épinard* viennent de l'arabe ? *truchement* du persan ? *jubiler* de l'hébreu ?

Cette assimilation n'est en rien choquante, et, dans sa *Pathologie verbale* (heureusement rééditée par les Amis de la Bibliothèque nationale en 1986), Littré remarque, à propos de tous ces mots latins qui, autrefois, ont constitué notre langue : *Du moment qu'ils étaient entrés dans le domaine français, il était juste qu'ils acceptassent toutes les lois de leur nouvelle patrie.*

Aimer une langue, c'est d'abord savourer ses phonèmes et sa graphie. On aime une langue, bien sûr, avant de la comprendre. Que *shop* séduise plus que *boutique* ou *magasin* est plutôt fâcheux... Qu'*opportunité* déloge l'excellent mot *occasion,* parce qu'il est l'ombre massive d'un mot anglo-saxon *(opportunity),* voilà qui nous irrite...

Si nous avions eu le désir ou le courage, avec Raymond Queneau, d'écrire *bloudjinn,* et même *Nouillorque* (à la place de blue-jean et New York), notre position serait meilleure, et notre langue manifesterait plus de vitalité.

On ne sait pas exactement, à lire les textes du passé, *quel âge* avaient les mots pour ceux qui les écrivaient. Pour nous, *opiniâtre* est un vieux mot ; mais c'était un néologisme pour Amyot, Montaigne ou d'Aubigné ; et même un néologisme *vigoureux* selon Littré, qui ajoute à propos de ces auteurs : *Il faut les remercier de n'avoir pas repoussé d'une plume dédaigneuse le nouveau venu ; car il est de bonne signification, et figure bien à côté d'obstination, obstinément, obstiner ; ce sont là des termes anciens. Il est heureux qu'opiniâtre ne les ait pas fait tomber en désuétude ; cela arrive maintes fois.*

Il faut désirer que voient le jour des mots nouveaux, signes de fertilité et d'imagination acceptée. La littérature n'oublie-t-elle pas, aujourd'hui, que c'est également son rôle d'en inventer, sans laisser cette prérogative à la publicité ?

Mais il est vrai que les néologismes ne sont pas toujours très heureux : *saucipain* (pour « hot-dog ») ou *croque-haché* (pour « hamburger ») ne sont guère appétissants... En outre, la néologie est un facteur d'enrichissement incertain, car nombre de mots nouveaux n'ont qu'une existence très brève, souvent liée à quelque phénomène de mode.

Une solution largement employée, et plus discrète, consiste à donner un sens nouveau à un mot qui existe : ce sont les *néologismes de signification*. Suivre la carrière d'un mot, identifier ses avatars procure de grandes joies. Quelle ingéniosité, souvent ! Et quelle audace !

La surprise : ce sentiment heureux que notre langue a encore de très beaux cadeaux à nous offrir.

La langue du XVIIᵉ siècle — on le sent bien à parcourir Molière ou Mme de Sévigné — est un milieu en pleine germination, et qui n'a rien de « classique », au sens moderne du mot ! Littré, une dernière fois : *Je ne nie pas que je me plais à signaler le dix-septième siècle en délits de néologismes. On lui fait une réputation de pruderie qu'il ne mérite ni en bien ni en mal.*

Finalement, on lit toujours mal les textes du passé ; ou plutôt, en les lisant, on ne fait que se lire soi-même, oubliant peu ou prou leur étrangeté... Mais n'est-ce pas pour cela qu'on les fréquente encore ?

L'envie de connaître des sens oubliés, négligés ou méconnus participe à nos yeux d'un travail plus général de réévaluation de notre langue. Non qu'il s'agisse de la défendre ou de la conserver frileusement. Pas de nostalgie craintive dans tout cela, mais au contraire la manifestation vive d'un appétit. Il est sain et stimulant qu'un sujet aimant sa langue se complaise à en honorer les moindres détails ; avec zèle, mais sans jalousie, le seul mot d'ordre étant : « encore ! ».

L'endroit le plus sombre est sous la lampe, nous confie un proverbe chinois. Pour ne pas être sot, il faut être assez loin : on ne considère bien les êtres qu'à une certaine distance. Les relations les plus familières usent les mots comme elles fatiguent le désir. La répétition inévitable de la vie quotidienne finit par nous faire oublier le charme des êtres et des objets les plus proches de nous.

« Obscure clarté », car ces sens délaissés sont appelés par des mots que nous connaissons bien. Nous n'avons pas affaire à l'étrangeté que suscite une langue totalement inconnue, mais plutôt à ce que Freud avait mis au jour sous le nom d'*Unheimliche* : « étrange familiarité » (pour reprendre une traduction actuelle, plus juste que celle, traditionnelle, d'« inquiétante étrangeté ») : quand certains décalages se produisent dans notre univers habituel, qui nous amènent à douter de nos représentations les plus communes...

Dans ses *Mémoires,* Saint-Simon écrit de Mme de Castries qu'elle ressemble *à une espèce de biscuit manqué.* Il la compare en fait à cette porcelaine fine qu'on appelle *biscuit.* Mais cela ne nous empêche pas d'entendre aussi le sens courant de ce mot, et de prêter à cette dame un air de « gâteau sec ». De la même façon, quand nous avons sous les yeux le célèbre titre de Balzac, *la Maison du chat qui pelote,* inévitablement nous pensons, en souriant, à l'image d'un chat un peu entreprenant, même si nous savons que son activité est beaucoup plus sage... La rencontre du sens latent avec le sens manifeste produit une vision ambiguë (« louche »), où le mot présente deux visages *en même temps.* Nos vérités ordinaires s'en trouvent bousculées...

*

*   *

Un texte fameux de Jean Tardieu s'intitule *Un mot pour un autre.* Cette brève parodie du théâtre de boulevard met en scène trois personnages (mari, femme et maîtresse) qui s'enguirlandent copieusement. Leur dialogue a ceci de particulier qu'il n'utilise pas les mots que l'on attendrait. Pourtant, on les comprend sans peine. Par exemple, le Comte, en arrivant chez sa maîtresse, tombe sur sa femme qui lui dit : *Quoi, vous ici, cher Comte ? Quelle bonne tulipe ! Vous venez renflouer votre chère pitance ?... Mais comment êtes-vous bardé ?*

Au-delà du comique, la saynète est exemplaire : elle nous montre, presque gravement, qu'un usage vague du langage n'oblitère pas nécessairement la communication ; et même, qu'à dire quasiment n'importe quoi, on peut se faire malgré tout comprendre.

D'ailleurs, à un certain degré, l'amour et la dispute se passent de mots ! La communication est moins affaire de mots que de désir ; ou, plus précisément, le langage existe — au-delà de la simple communication — parce qu'il y a de l'affect. Ce qui nous rapproche ou nous sépare des autres, c'est moins la langue — qui reste toujours une abstraction — que la parole : « Je ne comprends pas celui dont je ne partage pas le désir. » En jouant sur l'ambiguïté que nous offre le mot, nous pourrions dire qu'il y a *du sens* parce qu'il y a *des sens*.

Mais ce qui apparaît drôle chez Jean Tardieu ne laisse pas d'être inquiétant. Car, si les mots peuvent tout signifier, ils peuvent conduire finalement à dire n'importe quoi.

La pratique de l'équivoque relève aussi d'une logique totalitaire. Dans le roman de George Orwell, *1984,* le pouvoir, symbolisé par « Big Brother », a tant et si bien anéanti tout effet de vérité que son discours se résume à quelques énoncés absolument contradictoires qui n'offrent aucune prise à la critique rationnelle : *La guerre c'est la paix, La liberté c'est l'esclavage, L'ignorance c'est la force...*

Notre société n'est pas en reste sur ce plan. Les discours dominants de la politique et du commerce nous infligent quotidiennement des vocables flous. Existe-t-il un seul homme politique qui ne défende la *liberté* ? Mais chacun ne semble pas utiliser le même dictionnaire... *Liberté, justice, démocratie,*

progrès sont des « mots-oreillers » ou des « mots-sucettes »...
Ce qui importe, c'est uniquement qu'ils soient accueillants,
plaisants, doux à entendre...

De son côté, la publicité nous offre parfois de singulières
« évaporations » du sens, dans des formules où les mots,
employés comme des enseignes clinquantes, perdent toute
vérité. Rappelons seulement ces affiches qui présentaient
naguère une automobile ordinaire comme « *l'affaire du siècle* ».

La langue elle-même propose, de manière brutale, des
évolutions étranges. Pourquoi *mièvre,* qui signifie aujourd'hui
« fade », signifiait-il naguère « alerte » et « malicieux » ?
(Dancourt : *Toi qui es la fille du pays la plus gaillarde, la plus
enjouée, la plus mièvre.*) De façon semblable, *énervé* voulait dire
« mou », « sans nerf », et non « excité »...

L'antinomie existe même parfois dans le présent. Ainsi
l'*hôte,* c'est celui qui reçoit ou l'invité ; *louer,* c'est aussi bien
recevoir de l'argent pour une habitation qu'en donner
lorsqu'on est locataire ; la *cause* désigne à la fois l'origine et
le but...

Freud s'est intéressé à cette question, observant que des
langues anciennes comme l'égyptien possédaient de nombreux mots ayant des sens opposés. Il rapprochait cette
caractéristique du processus du rêve qui *excelle à réunir les
contraires et les représenter en un seul objet.* Malheureusement,
Émile Benveniste a montré (dans *Remarques sur la fonction du
langage dans la découverte freudienne*) que la documentation
utilisée par Freud — et provenant d'un certain Karl Abel —
n'était pas très solide. Mais qu'importe ! Les *fictions* et les
rêveries de la psychanalyse freudienne continuent à nous
toucher, face aux rigueurs de la linguistique.

*
* *

Chaque jour nous devons affronter des malentendus nés
non seulement d'un usage approximatif des mots, mais
surtout d'un flottement général du sens. Un monde où les
mots ne seraient que des coquilles vides, remplies de sens
au gré des caprices de chacun, serait tout à fait invivable. Il

nous faut être vigilants, car les mots les plus séduisants peuvent, en bien des circonstances, recouvrir des sens (et donc des intentions) absolument indésirables.

Pourtant l'ambiguïté reste nécessaire, et même souhaitable...

Réalité indécise, le sens est ce qui conduit chacun de nos gestes, de nos désirs et de nos pensées. Sans cesse, dans nos relations avec les autres et avec les objets qui nous entourent, nous avons besoin de *donner du sens,* c'est-à-dire d'interpréter.

Donner trop de sens — vouloir que tout signifie — ou n'en pas donner du tout, c'est être dans la folie (qui n'est pas un état nécessairement enviable !). En revanche, se conformer uniquement aux sens dominants (reconnus par la communauté), ou ne vouloir donner aux mots qu'une seule acception, c'est exclure le désir, dans ses troubles et ses tremblements.

Le rêve récurrent de fonder une langue universelle, où tout signifierait sans ambiguïté, a toujours été un échec. Il suffit de penser à l'*espéranto.* En se voulant un pur code, bon pour tous et inaltérable, une telle langue empêchait que vînt l'habiter tout désir et toute émotion. Plus de sujet, plus d'histoire...

Il ne faut donc pas trop se plaindre des équivoques de notre langue : ce sont elles qui nous permettent de dire plus que ne l'exige la simple communication.

L'utopie d'un monde où l'échange se ferait sans reste et sans faille est un leurre absolu. La liberté réclame au contraire non seulement la pluralité des sens mais aussi leur *jeu.* C'est là l'objet même de la pratique littéraire.

*
* *

La première voie pour jouer avec le sens nous est offerte par la *métaphore.* Imager le langage, c'est l'ouvrir aux scintillations de la subjectivité. Dès le jour où un poète a parlé de la femme comme d'une *rose,* il faisait vibrer tout ce qui nous trouble sensuellement chez l'être aimé : la couleur de sa peau dans l'émoi du plaisir, son parfum, la douceur de sa chair... Et, plus tard, l'argot nous a dit qu'on pouvait faire *feuille de rose...*

Aujourd'hui, la science elle-même ne dédaigne pas de cousiner avec la poésie et use fréquemment de métaphores pour cerner des notions nouvelles : les mathématiques parlent de « catastrophes » et de « lézardes », l'astrophysique de « naines blanches » et de « trous noirs »... Tous ces mots nous invitent, au-delà de leur stricte acception, à des rêveries heureuses. Les scientifiques les plus estimables savent que la compréhension qu'ils espèrent ne peut se passer d'images.

Cette activité métaphorique est également pratiquée par la philosophie. L'affirmation d'une réflexion soutenue passe en effet par la réactivation de certains sens délaissés ou par le dévoiement de mots appartenant à un vocabulaire usuel. Au risque d'être incompris de ceux qui resteraient à l'écart de leurs propositions paradoxales, André Comte-Sponville fait l'éloge du *désespoir* et Clément Rosset nous entretient joliment de l'*idiotie* du réel...

Pour mettre en cause nos évidences ou nos préjugés, de nombreux intellectuels s'emploient à redéfinir des mots apparemment très simples. L'entreprise est d'autant plus utile quand il s'agit de réutiliser des mots alourdis par une tradition théorique sclérosante. On désire, en somme, se réapproprier des mots appartenant à la langue mais confisqués par un usage devenu autoritaire. Lors d'un séminaire du Collège de France, Roland Barthes évoquait ce problème : *Il faut absolument accepter de redonner de l'aération à des mots hypothéqués par la psychanalyse. À tout instant, maintenant, nous n'osons plus employer certains mots, parce qu'ils ont un sens très fort en psychanalyse. Mais il faut se regimber et rappeler que ces mots existaient dans la langue auparavant. Pulsion existe dans le Littré ; forclusion aussi. Il faut avoir le courage d'employer ces mots, je dirais, en s'excusant de moins en moins. (Tenir un discours, 9 février 1977.)*

Ces modifications de sens restent pourtant timides : la métaphore, comme les autres transferts sémantiques, est un procédé tout à fait courant dans la parole ordinaire ; elle permet des *transports* intenses, mais elle n'est désirable que dans sa nouveauté : comme n'importe quelle figure, elle s'abaisse en se répandant.

La rhétorique, dans l'arsenal des procédés qu'elle recense, reste sur le fond très mesurée : elle est une codification reconnue des *écarts* du langage, et c'est pourquoi chacun en use, sans forcément le savoir.

Seul l'écrivain, à l'occasion, inaugure un jeu plus radical avec le sens. Et nous aimerions opposer aux *figures* traditionnelles de la rhétorique les *postures* mises en œuvre par la littérature. La *posture* a lieu quand les sens sont utilisés pour le plaisir plus que pour l'échange, au rebours de l'usage ordinaire, légal, économique.

Propos ambigu, dira-t-on. En effet, la recherche des sens oubliés semblerait a priori s'apparenter à la quête d'une vérité : celle, avant tout, de l'*étymologie*, qui représenterait le sens authentique du mot. Mais, pour l'écrivain, le projet n'est pas d'établir un rigide état civil de la langue. Il peut désirer, comme le revendiquait Mallarmé, *redonner un sens plus pur aux mots de la tribu,* mais à la condition que cette « reconnaissance » n'interdise pas le métissage et la bigarrure.

L'écrivain veut voir exister en même temps tous les sens et toutes les sensations. Il en appelle à notre mémoire, non par goût passéiste, mais par désir de mêler les temps et les genres. Ainsi, quand Francis Ponge décrit *l'huître,* il évoque l'animal comestible, mais aussi la création du monde (*sous un firmament de nacre...*), et l'objet même du plaisir : la *perle,* qui est non seulement la parure et le poème, mais encore cet autre « bijou » du sexe féminin.

Voilà la *posture,* par laquelle l'écrivain installe une érotique inouïe. En utilisant les sens dans tout leur pouvoir de réfraction, il nous montre que le langage mérite qu'on s'en occupe et qu'il *vaut plus* que ne le laissent imaginer nos habitudes.

Il faut rendre hommage aux surréalistes d'avoir su ébranler le langage, pour le rendre à son chatoiement sensuel. Ainsi, selon André Breton et Paul Éluard, qu'est-ce que le *lynx* ? C'est *lorsque la femme, vue de face, place ses jambes sur les épaules de l'homme*. L'*oiseau-lyre* ? *Lorsque la femme, reposant sur le dos, lève ses cuisses verticalement*. La *vigne-vierge* ? *Lorsque l'homme est couché sur sa maîtresse qui l'enlace de ses jambes*.

Mais la *posture* s'avère plus radicale encore quand l'emploi des mots s'éloigne de ce qu'ils sont supposés désigner. Dans un poème du recueil *Paroles,* Jacques Prévert écrit :

Comme c'est curieux les noms
Bonaparte Napoléon de son prénom
Pourquoi comme ça et pas comme ça
Un troupeau de bonapartes passe dans le désert
L'empereur s'appelle Dromadaire.

Le geste est ici radicalement critique : intenable, dans l'échange quotidien, mais absolument nécessaire. Un peu, comme chez Sade, les pratiques excessives des libertins nous révèlent jusqu'où peut aller le désir, ces manifestations sémantiques singulières dessinent les limites mêmes de notre parole et de notre pensée.

L'écrivain est celui qui demande, face aux mots de tous les jours : « Mais pourquoi ces mots-là ? Veulent-ils vraiment dire ce qu'ils prétendent signifier ? Sont-ils absolument justes ? Et notre monde tout à fait vrai ? »

*

*   *

Pour ajouter à toutes ces embrouilles de mots, de nombreuses illustrations du *Nouveau Larousse illustré* (publié à la fin du XIXe siècle) semblent avoir été disposées par un maquettiste facétieux qui se serait ingénié à mélanger bien des vignettes et leur légende. Le geste est tout à fait diabolique : dans les anciens contes, des personnages maléfiques font souvent des tours de ce genre. Et le désarroi s'insinue vite parce qu'on ne s'y retrouve plus. Rien n'est plus comme avant ; on connaît alors un désagrément semblable à celui que l'on éprouve à revoir un lieu d'enfance qui a trop changé. Les déplacements de cet ordre affolent toujours : ce n'est pas pour rien qu'on dit parfois de quelqu'un qu'il est *dérangé* ou qu'il *déménage*.

Les pages qui suivent proposent quelques échantillons : le mot *chat* se tient en dessous d'un bateau, *miséricorde* est associé à une espèce de dague, *gentilhomme* à une espèce de canon et *canon* à une partie de vêtement...

Autant dire que les mots n'ont plus la fonction de « garde-fou » des textes (plus ou moins brefs) qui accompagnent d'ordinaire une illustration : circonscrire ce qui pourrait *déborder* de l'image : son excentricité.

Pensons à la publicité et ses belles images, irrémédiablement vouées à servir le sens explicite et autoritaire avancé par l'énoncé : celui du *commerce*.

Quel trouble, pour beaucoup, quand la figuration n'est plus recouverte par le discours ! Le son coupé, les images de la télévision rejoignent peu à peu la douce insignifiance du réel. Quelle gêne, certes, mais quel repos aussi, quelle possibilité de se retrouver soi-même !

Évidemment, la peinture médite régulièrement tout cela. Esquissons quelques variations.

Le plus rassurant, c'est quand le titre vient *fixer* (au sens photographique du mot) les images. Au musée, le spectateur contemple un instant la toile, puis s'approche... Rarement pour examiner les aventures du matériau : gouache ou acrylique ? planche de hêtre ou toile marouflée ? Il n'est pas question de retourner le tableau. En fait, on vient tout près pour déchiffrer le titre...

Ce dernier ne rassure que dans la *redondance* : *la Falaise d'Étretat après l'orage* (Courbet), *Light red over black* (Rothko). C'est avec le titre que la toile se *charge* vraiment. La célèbre fresque de Picasso, *Guernica,* aurait-elle la même force d'évocation si elle n'était pas suspendue, par son titre, à un épisode cruel de la guerre d'Espagne ?

Parfois, un léger décalage ouvre de nouveaux espaces à l'imagination. Bien des peintres soignent leurs titres ; près de nous, Paul Klee ou Alechinsky, se sont plu à les regrouper dans un volume : *le Bureau du titre* (Fata Morgana, 1983).

Le trouble n'augmente vraiment que lorsqu'un abstrait abandonne la dénomination habituelle (dans le genre : *Composition n° 7* ou *Sans titre* !) pour une appellation figurative. Le spectateur en veut au peintre de ne rien apercevoir de ce qui est mentionné sur le catalogue...

Ainsi, Twombly laisse parfois ses nombreux *Untitled* pour des syntagmes mythologiques : *Vengeance of Achilles* (1962), *Aristeus mourning the loss of his bees* (1973), *Pan* (1975). Mais, en regardant de plus près, on s'aperçoit que ces assemblages de lettres ou de mots sont présents dans la composition même.

Là encore, il faut savoir gré aux surréalistes et à quelques autres de nous avoir appris à remettre en cause notre vision ordinaire des choses. Marcel Duchamp nous invite à voir une œuvre d'art dans un simple présentoir à bouteilles ; Picasso confectionne une tête d'animal avec une selle et un guidon de bicyclette. Dans *l'Empire des lumières,* Magritte montre une maison éclairée, entourée d'arbres, la nuit, alors que le ciel est parfaitement clair. *Obscure clarté...*

Mais nous ne rejoignons vraiment nos chers dictionnaires qu'avec quelques-unes de ses toiles les plus connues, comme *la Clé des songes.* Dans ces images rangées, et pour tout dire scolaires, on découvre un sac qui s'appelle *le ciel,* une feuille qui devient *la table* et un canif *l'oiseau.* Parfois même se profilent des phrases inquiétantes, qui infirment l'image offerte à nos yeux : *Ceci n'est pas une pipe...*

Admettons un instant (par aversion pour les croyances) que le peintre a quelque peu raison. Que nos représentations coutumières ne sont pas nécessairement justes ou pertinentes... Alors nous regarderons le monde plus légèrement et plus librement.

a

abaissement nom masculin
Déchéance, humiliation. *Un peu d'abaissement suffit pour une reine.* (Corneille) *Son humilité la sollicite à venir prendre part aux abaissements de la vie religieuse.* (Bossuet)

abandon nom masculin
[de l'ancien français *être à bandon,* être à merci de]
Facilité d'expression. *Il surprend toujours ses amis en parlant avec un tel abandon.* Simplicité, négligence heureuse. *Cette femme a dans les manières un abandon séduisant.*
Confiance entière. *Dans l'abandon de sa vive amitié, / Hier à son rival Monfort s'est confié.* (Delavigne)

abandonné, ée adjectif et nom
Qui est sans frein et, par suite, sans mœurs. *J'aime fort la beauté qui n'est pas profanée, / Et ne veux pas brûler pour une abandonnée.* (Molière) *Cette lettre était un tissu d'ordures, à faire trembler les plus abandonnés.* (Saint-Simon)

abîmer verbe
Jeter dans un abîme ; détruire. *L'inceste où malgré vous tous deux je vous abîme / Recevra de ma main sa première victime.* (Corneille)
Disparaître. *Paris va abîmer. Mais par où abîmera-t-il ?* (La Rochefoucauld)
Perdre sa réputation. *Voilà une femme bien abîmée.* (Mme de Sévigné)
Abîmer son adversaire : ne lui laisser rien de bon à répondre. *On voit en tous ces endroits comme il les abîme.* (Bossuet)

Accolades

abondance nom féminin
[du latin *abundare,* affluer]
Épanchement des sentiments.
*Il faudrait que la bouche parlât
selon l'abondance du cœur.*
(Fénelon)
Parler d'abondance : parler
sans avoir préparé son
discours ou sans réciter de
mémoire. *Ce député parle
toujours d'abondance.*
Mélange d'un peu de vin et
de beaucoup d'eau qu'on
donnait aux enfants dans les
collèges (ainsi nommé parce
qu'il peut se boire en grande
quantité ou parce que l'eau y
abonde).

abstrait, aite adjectif
[du latin *abstractus,* isolé par la
pensée]
Qui n'a d'attention que pour
l'objet intérieur qui le
préoccupe ; qui rêve.
*Théocrine est abstrait,
dédaigneux, et il semble toujours
rire en lui-même de ceux qu'il
croit ne le valoir pas.*
(La Bruyère)

abus nom masculin
[du latin *abusus,* mauvais usage]
Erreur. *Mais il faut renoncer à
des abus si doux.* (Corneille)
*Vous avez ouvert les yeux sur
l'abus de ce monde misérable.*
(Massillon)

Adèle

académie nom féminin
Académie d'amour, ou
académie publique : maison
close. *Allons-nous à l'académie
ce soir ?* (Le Vallois)

accabler verbe
[en normand, abattre, écraser]
Vaincre, ruiner. *Rome ne
désarma point sa fureur
vengeresse / Qu'elle n'eût
accablé l'amant et la maîtresse.*
(Racine)

accessoire nom masculin
[du latin *accedere,* s'adjoindre]
Embarras, danger, situation
malheureuse. *Et tout ce qu'elle
a pu, dans un tel accessoire, /
C'est de me renfermer dans une
grande armoire.* (Molière)

accident nom masculin
[du latin *accidere,* survenir]
Événement fortuit, quel qu'il
soit, pas forcément fâcheux.
*Un accident favorable, un
heureux accident.* (Académie) *La
poésie n'était pas mon métier :
c'était un accident, une aventure
heureuse, une bonne fortune
dans ma vie.* (Lamartine)

accommodé, ée participe
passé
Riche. *Mon père était des
premiers et des plus accommodés
de son village.* (Scarron)
Être mal habillé ou avoir des
habits sales. *Un cabriolet l'a
éclaboussé ; le voilà bien
accommodé !*

accommoder verbe
[du latin *commodus,* convenable]
Arranger, ajuster. *Un geai prit son plumage, / Puis après se l'accommoda.* (LA FONTAINE)
Ridiculiser. *On ne saurait aller nulle part, où l'on ne vous entende accommoder de toutes pièces.* (MOLIÈRE)
Vendre, prêter, échanger. *Je vous accommoderai de ma maison, si vous voulez l'acheter.* (ACADÉMIE)
Coïter. *Ils accommodent à cœur gai ces fillettes.*
(BEROALDE de VERVILLE)

accompagner verbe
Convenir à, aller avec. *Sa voix, son geste accompagnent son visage.* (LA BRUYÈRE)

accoutrer verbe
[de l'ancien français *acostrer,* arranger]
Maltraiter en paroles ou en actes. *Pendant son absence, on a parlé de lui, et on l'a accoutré de toutes pièces.*

accrocher verbe
Retarder, susciter des obstacles. *Les bâtards ne songèrent plus qu'à embarrasser et accrocher l'affaire.*
(SAINT-SIMON)

accroître verbe
Accroître quelqu'un : lui donner plus de pouvoir, plus d'honneur. *Je mourrai satisfaite après cet orgueilleux / Sous qui César m'abaisse à force de l'accroître.* (ROTROU)

L'AIGLE ÉTENDU

accueillir verbe
Coïter. *Il l'a accueillie debout.*
(Fabliaux)

acharner verbe
[de *chair*]
Donner aux chiens, aux oiseaux de proie, le goût de la chair. *Il prenait un grand plaisir à acharner ses deux setters.*

achevé, ée adjectif
Fou. *Le petit voyage qu'elle a fait l'a ramenée plus achevée qu'elle n'était.* (Molière)

acquérir verbe
Devenir meilleur, en parlant des personnes et des choses. *Cet écrivain acquiert à chaque nouveau livre.*
Ce vin acquiert en vieillissant.

action nom féminin
Gestes, allure. *Elle a encore les cheveux aussi blonds et en aussi grande quantité que si elle n'eût que vingt ans, la taille haute, l'action impérieuse et hautaine.* (Mlle de La Force)
Discours public, plaidoyer ; animation en parlant (dans les gestes et le débit). *Cet avocat a fait une belle action.* (Académie) *Quel avantage n'a pas un discours prononcé sur un ouvrage qui est écrit ! Les hommes sont les dupes de l'action et de la parole.* (La Bruyère)

admirer verbe
[du latin *admirari*, s'étonner]
Voir avec étonnement.
Admirez cependant quel malheur est le mien. (Corneille)
J'admire encore un coup cette faiblesse étrange. (Molière)

s'adonner verbe
Pénétrer. *Une grande quantité de loups s'étaient adonnés dans les bois.* (Scarron)

adorable adjectif
[du latin *adorare*, prier]
Digne d'être adoré. *Jeune peuple, courez à ce maître adorable.* (Racine)

s'adresser verbe
S'attaquer à quelqu'un. *On ne doit point s'adresser aux personnes puissantes.*
(Saint-Évremont)

affaler verbe
[du néerlandais *afhalen*, tirer en bas un cordage]
Pousser vers la côte, en parlant du vent. *Les vents ont affalé ce navire.*

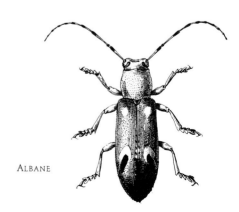

ALBANE

affiner verbe
Tromper par quelque finesse.
Notre Maître Mitis / Pour la
seconde fois les trompe et les
affine. (LA FONTAINE)

affoler verbe
Rendre fou d'amour. *Vous ne*
sauriez croire comme elle est
affolée de ce Léandre. (MOLIÈRE)
Blesser, endommager. *Ce qui*
me console, c'est que la
pauvreté, comme moi, les affole.
(RÉGNIER) *Il m' a perdue, il m'a*
toute affolée. (LA FONTAINE)

affronter verbe
Tromper. *Courons donc le*
chercher, ce pendard qui
m'affronte. (MOLIÈRE)

aggraver verbe
[du latin *gravis,* lourd]
Rendre plus lourd. *Le corps*
nous aggrave et nous abaisse
vers la terre. (PASCAL)
S'aggraver : Devenir plus
lourd. *La main du Seigneur*
s'aggrava sur les Azotiens.
(VOLTAIRE)

agiter verbe
[du latin *agere,* pousser]
Examiner, discuter. *Il fut agité*
dans Versailles si le roi se
retirerait à Chambord sur la
Loire. (VOLTAIRE)

agonie nom féminin
[du latin *agonia,* angoisse]
Extrême angoisse, grande
peine d'esprit. *Jésus sera en*
agonie jusqu'à la fin du monde.
(PASCAL)

agrément nom masculin
[du latin *gratus,* ce qui est
agréable]
Ornement que l'on met aux
vêtements et aux meubles. *Je*
fis cinq charges en tout ; j'en fus
quitte pour la croupière de mon
courtaud coupée, et un agrément
d'or de mon habit bleu déchiré.
(SAINT-SIMON)
Notes d'agrément : dans la
musique écrite, notes plus
petites que les autres qu'on
est libre de faire ou non.

aimable adjectif
Digne d'être aimé. *J'ai cru*
honteux d'aimer quand on n'est
plus aimable. (CORNEILLE) *Rien*
ne rend si aimable que de se
croire aimé. (MARIVAUX)
Qu'on aime, en parlant des
choses. *J'ai souvent dit le mal*
dans toute sa turpitude ; j'ai
rarement dit le bien dans ce
qu'il eut d'aimable.
(J.-J. ROUSSEAU) *Il faut rendre la*
République aimable. (SIMON)

ALLONGÉ

AMANDE
MYSTIQUE

s'aimer verbe
S'aimer dans un lieu : s'y plaire. *Je m'aime où tu n'es pas.* (MOLIÈRE) *Elle s'aime mieux en cet endroit que si on lui avait donné le plus bel appartement du logis.* (LA FONTAINE)
Même sens, en parlant des oiseaux et des plantes. *Les pigeons s'aiment où il y a de l'eau.*

air nom masculin
Accueil. *Elle nous fit un air honnête* (Mme de SÉVIGNÉ). *Vous avez vu l'air gracieux que Sa Majesté m'a fait !* (HAMILTON).
Bon air : manière élégante, distinguée. *Il cherchait le bon air.* (PASCAL)
À l'air : à la convenance. *Les femmes doivent se coiffer à l'air de leur visage.*

aisé, ée adjectif
[de *aise,* espace vide, commodité]
Où l'on est à l'aise. *Une route aisée, une voiture aisée, des souliers aisés.* (ACADÉMIE)
Clair, naturel, qui ne sent point le travail. *Montesquieu était moins aisé que Montaigne.* (SAINTE-BEUVE)
Être fort aisée : pour une femme, avoir un sexe plus large que la normale. *La demoiselle a la réputation d'être fort aisée.* (Rapports de police, XVIIᵉ s.)

ajustement nom masculin
Parure, toilette. *La sévérité des femmes est un ajustement et un fard qu'elles ajoutent à leur beauté.* (LA ROCHEFOUCAULD) *La dernière main que met à sa beauté / Une femme allant en conquête. / C'est un ajustement des mouches emprunté.* (LA FONTAINE)

ajuster verbe
Embellir, disposer. *Il se divertit fort à faire ajuster cette maison.* (Mme de SÉVIGNÉ)
Par antiphrase, maltraiter, remettre à sa place, en parlant de personnes. *Molière a souvent ajusté les médecins.*

alarme nom féminin
[de l'italien *all'arme,* aux armes]
Vive inquiétude, souci. *Ah ! dissipez ces indignes alarmes.* (RACINE)
Vivre, être nourri dans les alarmes : être accoutumé à la guerre et à ses dangers.

alerte adjectif
[de l'italien *all'erta,* sur la hauteur]
Vigilant. *Il n'y a point de nouvelle importante : on est toujours alerte du côté de M. de Turenne.* (Mme de SÉVIGNÉ)

AMÉRICAINE

aliénation nom féminin
Antipathie, aversion que des personnes ont les unes pour les autres. *Ô corps mortel avec lequel je ne puis avoir ni guerre ni paix, parce qu'à chaque moment il faut s'accorder, et à chaque moment il faut rompre ! Ô inconcevable union, et aliénation non moins surprenante !* (BOSSUET)

aliéné, ée adjectif
[du latin *alienus,* qui appartient à un autre]
Séparé, éloigné, en termes de religion. *Combien voyons-nous de chrétiens aliénés de la vie de Dieu !* (FÉNELON)

s'aliéner verbe
Se séparer, s'abstraire. *Je sais aussi m'aliéner, talent sans lequel on ne fait rien qui vaille.* (DIDEROT)

aller verbe
Marcher, fonctionner, en parlant d'un mécanisme. *Je ne vous demande pas si votre montre va bien.* (Mme de SÉVIGNÉ)
Faire aller : tromper. *Ce drôle nous a vraiment fait aller.*
La chose s'en va faite : elle est sur le point d'être achevée. *Comme ce rôti s'en allait cuit, arrive un autre homme à cheval, pour dîner dans ce cabaret.* (SAINT-SIMON)

allumé, ée adjectif
Se dit d'une teinte rouge, en parlant du visage, de la peau. *Pourquoi êtes-vous allumée, pourquoi votre sang est-il en colère ?* (Mme de SÉVIGNÉ)

allumer verbe
Mettre en mouvement, agiter. *Tout vous blesse, tout vous allume.* (MASSILLON)

allure nom féminin
Manière de procéder, façons d'agir. *Je me défie toujours des allures des gens paresseux.* (Mme de SÉVIGNÉ)
Tournure des choses. *Notre langue n'a pas les mignardises de la langue italienne ; son allure est plus mâle.* (RIVAROL)
Ce jeune homme a des allures : il a une relation amoureuse secrète.

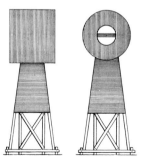

AMERS

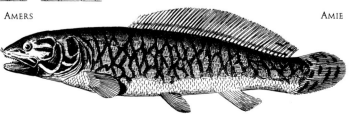

AMIE

REPRÉSENTATIONS DIVERSES DE L'AMOUR

altérer verbe
[du latin *alterare,* changer,
empirer]
Troubler, émouvoir
péniblement. *Quel sujet
inconnu vous trouble et vous
altère ?* (BOILEAU)
Exciter la soif. *Je ne connais
rien qui altère comme de boire.*
(SOULIÉ) *L'ambition altère
l'ambitieux.* (d'HOUDETOT)

amant, ante nom
Amant : celui qui, ayant de
l'amour pour une femme, a
fait connaître ses sentiments
et est aimé ou tâche de se
faire aimer. *J'aime assez mon
amant pour renoncer à lui.*
(RACINE)
Amante : celle qui est
attachée à un homme par des
sentiments tendres et
passionnés. *Ne désespérez pas
une amante en furie.* (RACINE)

ambassade nom féminin
[du latin médiéval *ambactia,*
service]
Commission, message entre
particuliers. *Juste ciel ! j'ai fait
une belle ambassade !* (MOLIÈRE)

ambigu nom masculin
Repas qui n'est ni un
déjeuner, ni un dîner, mais
qui tient le milieu de l'un et
de l'autre, pour l'heure où il
a lieu et par la nature des
mets. *On nous a servi un
somptueux ambigu.*

amorce non féminin
[de l'ancien français *amordre,*
mordre, faire mordre]
Tout ce qui attire. *Craignez
d'un vain plaisir les trompeuses
amorces.* (BOILEAU) *L'hymen où
je prétends ne peut trouver
d'amorce / Au milieu d'une ville
où règnent les divorces.*
(CORNEILLE)
Tout ce qui flatte les sens,
l'esprit, le cœur. *La louange
est une amorce agréable.*
(BOUHOURS)

amorcer verbe
Attirer, par des choses qui
flattent, les sens ou l'esprit.
*Vos raisons, comme vous, sont
de si peu de force, / Que, loin de
m'arrêter, cet obstacle
m'amorce.* (ROTROU)

ANSE DE PANIER

amour nom masculin
Faire l'amour : courtiser, être
en commerce amoureux. *Ah !*
lâche, fais l'amour et renonce à
l'empire. (RACINE) *Est-ce que*
vous croyez qu'on puisse faire
l'amour sans proférer une
parole ? (VOLTAIRE)
Avoir de l'amour : en
imprimerie, on dit d'un
papier qu'*il a de l'amour,*
quand l'encre s'y imprègne
correctement.

amoureux, euse adjectif
Drap amoureux : celui qui est
soyeux, doux au toucher.
Pinceau amoureux : dont la
touche est moelleuse et
légère.
Terre amoureuse : celle qui
est bien ameublie par les
labours et les engrais.

amphibie adjectif et nom
masculin
[du grec *amphibios,* qui vit des
deux côtés]
Ce qui présente deux faces
différentes. *C'était un code*
amphibie, où l'on avait mêlé la
jurisprudence française avec la
loi romaine. (MONTESQUIEU)
Qui vit dans deux milieux
distincts. *Ils sont amphibies ;*
ils vivent de l'église et de l'épée.
(LA BRUYÈRE)
C'est un amphibie : se dit
familièrement d'un homme
qui professe tour à tour des
opinions contraires.

amusement nom masculin
[de *muser,* perdre son temps]
Perte de temps, retardement.
Le moindre amusement vous
peut être fatal. (MOLIÈRE)
Tromperie, prétexte. *La paix*
entre les grands se calme
rarement ; / la paix souvent n'y
sert que d'un amusement.
(CORNEILLE)

amuser verbe
En parlant des choses,
distraire. *Amuser la tristesse, la*
douleur.
Repaître de vaines
espérances, abuser, tromper.
On ne se laissera pas amuser
aux vaines excuses qu'il débite.
(CORNEILLE)
Amuser le tapis : dire des
choses vaines. *Il est bon*
quelquefois de savoir
agréablement amuser le tapis.

ANTENNE

anthologie nom féminin
[du grec *anthos,* fleur]
Choix, collection de fleurs.
Jean-Jacques aimait beaucoup
composer des anthologies.
Partie essentielle,
quintessence. *La morale est*
l'anthologie de l'humanité.
(PROUDHON)

antiquaire nom masculin
Celui qui s'applique à l'étude
de l'Antiquité. *C'est un*
homme docte, et en réputation
de grand antiquaire.
(CORNEILLE) *Les papas me dirent*
qu'ils avaient vu des antiquaires
anglais. (CHATEAUBRIAND)

apéritif, ive adjectif
Qui ouvre. *La vertu apéritive*
d'une clef. (PASCAL)
Qui excite l'appétit. *L'air de*
cette caverne était on ne plus
apéritif. (DUMAS)

apostrophe nom féminin
[du grec *apostrophein,* détourner]
Coup ; trace de coup.
J'accours et je vous vois étendu
sur la place. / Avec une
apostrophe au milieu de la face.
(REGNARD)

apothéose nom féminin
Mise au rang des dieux,
réception parmi les dieux.
L'apothéose des empereurs
romains. Titre donné à de
nombreuses œuvres
picturales ou musicales :
Apothéose d'Henri IV (Rubens),
Apothéose d'Homère (Ingres),
Apothéose de Corelli (Couperin).

appareil nom masculin
Apparat, magnificence,
ostentation. *Elle était née dans*
une cour où la majesté se plaît à
paraître avec tout son appareil.
(BOSSUET) *J'aime aujourd'hui la*
guerre et son mâle appareil.
(HUGO)
Apparence. *Belle, sans*
ornements, dans le simple
appareil / D'une beauté qu'on
vient d'arracher au sommeil.
(RACINE)

appareiller verbe
Accoupler pour la
reproduction. *Appareiller une*
vache flamande avec un taureau
anglais. (ACADÉMIE)
Joindre, réunir des personnes.
Ils l'avaient appareillé avec une
aventurière. (LESAGE)
Assortir. *Le premier devoir d'un*
amphitryon est de bien
appareiller ses convives.
(BRILLAT-SAVARIN)

ANTHRAX

apparence nom féminin
Vraisemblance, probabilité.
Vous tenez des discours qui sont hors d'apparence. (CORNEILLE)
Ce qui est raisonnable. *Il n'y a point d'apparence de transporter ce malade en l'état qu'il est.* (FURETIÈRE)

appas nom masculin pluriel
[ancienne forme du pluriel d'*appât*]
Les beautés qui, chez une femme, excitent le désir. *Et déjà leurs appas ont un charme si fort.* (MALHERBE) *D'Estrées a son amant prodiguait ses appas.* (VOLTAIRE)

appâter verbe
[de l'ancien français *past*, nourriture]
Donner à manger à quelqu'un qui ne peut se servir de ses mains. *Il est triste de devoir appâter cette vieille femme comme un enfant.*

appeler verbe
[du latin *appellare*, aborder]
Défier, provoquer en duel.
Il me pria d'appeler pour lui Melbeville. (RETZ)

appréhension nom féminin
Facilité à comprendre. *Il avait l'appréhension vive, le discernement bon, une sagesse singulière.* (SAINT-SIMON)

ARABESQUE CHORÉGRAPHIQUE

appris, ise participe passé
Instruit. *Une ingénue bien
apprise ne manque pas de
manège.* (LECLERCQ)
Mal **appris** : sans éducation,
sans manières. *Allez, langue
mauvaise, et des plus mal
apprises.* (MOLIÈRE)

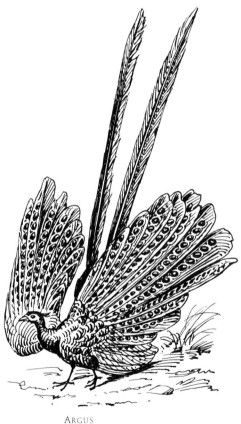

ARGUS

ASILE

arabe nom masculin
Usurier, homme avide, dur
en affaires. *Endurcis-toi le cœur,
sois arabe, corsaire.* (BOILEAU)
*Comment diable ! quel juif, quel
arabe est-ce là !* (MOLIÈRE)

argentin, ine adjectif
Qui résonne comme l'argent.
*Les cloches, dans les airs, de
leurs voix argentines /
Appelaient à grand bruit les
chantres à matines.* (BOILEAU)
Qui a la blancheur, l'éclat de
l'argent. *Le navire glissait
rapidement sur des flots
argentins.*

argus nom masculin
[du nom du personnage
mythologique chargé par Junon
de surveiller Io]
Surveillant, espion. *Je serai, si
je veux, l'argus de votre vie.*
(ROTROU) *Damon établit des
argus à l'entour de sa femme.*
(LA FONTAINE)

aride adjectif
[du latin *arere,* être desséché]
Très maigre. *Vois Harpagon
aride et presque diaphane.*
(REGNARD)

arlequin nom masculin
Homme qui n'a pas de
principes arrêtés, qui change
d'opinion à tout moment.
*Nos arlequins de toute espèce
imitent le beau pour le dégrader.*
(J.-J. ROUSSEAU)
Débris de repas, et surtout de
viandes. *Il nous a servi un
arlequin peu ragoûtant.*

arrangé, ée adjectif
Apprêté, affecté. *Cet homme a toujours un air arrangé.* Rangé, en parlant des hommes. *Vervins était riche, arrangé, et ne fut jamais marié.* (SAINT-SIMON)

arranger verbe
Parer, orner, habiller. *Une femme serait au désespoir, si la nature l'avait faite telle que la mode l'arrange.* (Mlle de LESPINASSE) Se mettre dans une posture convenable pour faire quelque chose. *Il s'arrangea dans son fauteuil pour dormir.*

artifice nom masculin
Art, habileté. *Tout est ménagé dans le corps humain avec un artifice merveilleux.* (BOSSUET) Combinaison ingénieuse. *Démêlez, si vous pouvez, l'artifice infini qui entre dans la formation des insectes.* (MASSILLON)

artisan nom masculin
Artiste. *Vous voyez dans les arts les secrets qui ne sont connus que des artisans.* (G. de BALZAC) *Il y a des artisans dont l'esprit est aussi vaste que l'art qu'ils professent.* (LA BRUYÈRE)

ascendant nom masculin
[du latin médiéval *ascendens,* influence dominante]
Penchant, inclination. *J'écris parfois suivant mon ascendant.* (RÉGNIER) Manière impérieuse de dire ses sentiments. *L'ascendant n'est pas un si grand défaut dans un homme de qualité que dans une personne sans naissance.* (LITTRÉ)

aspect nom masculin
[du latin *aspicere,* regarder]
Orientation d'un bâtiment, la vue qu'il offre. *Cette maison présente un aspect agréable.*

assassiné, ée participe passé
Fatigué, importuné. *Nous étions, l'année passée, assassinés de chenilles.* (Mme de SÉVIGNÉ)

assassiner verbe
Causer un grand préjudice, une vive douleur. *Et cet affreux devoir dont l'ordre m'assassine.* (CORNEILLE) Fatiguer, importuner à l'excès. *Tout le monde m'assassine de votre retour.* (Mme de SÉVIGNÉ) *Ils ont pour vicieuse coutume d'assassiner les gens avec leurs ouvrages.* (MOLIÈRE)

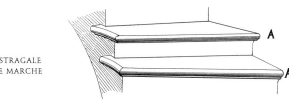

ASTRAGALE
DE MARCHE

A

A

assemblée nom féminin
Bal. *J'aime le jeu, les visites, les assemblées, les cadeaux et les promenades, en un mot toutes les choses de plaisir.* (MOLIÈRE)

assiette nom féminin
[du latin *assedere,* manière d'être assis]
Manière dont on est assis, placé, posé. *Ce malade ne peut trouver une bonne assiette.*
*(ACADÉMIE)
Situation stable, solide. *Il a certaine assiette dans le monde.*
Position topographique d'une maison, d'une ville. *Cette ville a une assiette favorable.*
Ce sont de grandes plaines où il y a peu de lieux forts d'assiette.
(MONTESQUIEU)

assommer verbe
[de *somme,* sommeil]
Tuer avec quelque chose de lourd. *Milon de Crotone assommait un bœuf d'un coup de poing.*
Battre violemment. *Les officiers turcs assommaient les chevaux et le postillon à coups de fouet.* (CHATEAUBRIAND)

s'assortir verbe
Se pourvoir. *Je m'assortis de quelques livres pour les Charmettes, en cas que j'eusse le bonheur d'y retourner.*
(J.-J. ROUSSEAU)

s'assurer verbe
Mettre sa confiance. *Ne vous assurez point dans l'amour qu'il vous porte.* (RACINE) *Madame, assurez-vous sur ma fidélité.*
(CORNEILLE)

atout nom masculin
Coup, blessure. *En se battant, Il ne craint pas les atouts.*
Revers, malheur. *Cette faillite m'a donné un fameux atout.*

attache nom féminin
Consentement, autorisation. *Le public ne doit trouver ni mauvais, ni étrange que nous demandions l'attache des théologiens.* (d'ALEMBERT)

atterrer verbe
Renverser par terre. *Hercule le saisit, le combat et l'atterre.*
(DELILLE) *Tu me subjugues, tu m'atterres, ton génie écrase le mien.* (J.-J. ROUSSEAU)
En terme de marine, approcher de la terre. *Nous atterrâmes à la pointe de l'île.*

attraper verbe
Frapper, heurter. *Une pierre l'a attrapé à la tête.*
Exprimer, rendre avec exactitude. *Le duc de Bourgogne attrapait tous les ridicules avec justesse.*
(SAINT-SIMON)

audience nom féminin
Attention donnée à celui qui
parle. *Il n'y a rien de plus beau
dans les personnes publiques
qu'une oreille toujours ouverte et
une audience facile.* (BOSSUET)

austérité nom féminin
[du latin *austerus,* âpre au goût]
Acerbité, âpreté. *Les fruits
sauvages, quoique mûrs,
conservent de l'austérité.*
Pénitence, mortification, afin
de plaire à Dieu. *Prêtres,
persévérez dans vos austérités.*
(DELAVIGNE) *Les vues de faire
des austérités me sont devenues
suspectes.* (BOSSUET)

avalé, ée adjectif
Pendant, en parlant des
parties du corps. *Ce chien a les
oreilles bien avalées.*
Épars. *Et ses cheveux mêlés /
Flottaient au gré du vent sur son
dos avalés.* (RÉGNIER)

avaler verbe
[de *val,* d'où l'idée de descendre]
Abaisser, faire descendre,
mettre en bas. *Quand autour
du roi quelqu'un avalait son
chaperon, les plus près du roi lui
faisaient place ; c'était une
marque qu'il voulait parler au
roi.* (SAINT-SIMON) *Pourrais-tu
m'aider à avaler ces bouteilles
dans la cave ?*

1.   2.   3.

ATTRIBUTS

avatar nom masculin
[dans l'hindouisme, incarnations successives des divinités]
Métamorphose. *Par quelles interventions de prodigieux avatars, de lentes transformations, de nuances insensibles, Gabrielle était devenue Tata ?* (COURTELINE) *Certains textes connaissent de nombreux avatars avant d'être publiés.*

aveu nom masculin
[de *avouer*]
Agrément, approbation. *Une femme mariée ne peut rien conclure sans l'aveu de son mari.*
Je vous entends : vos yeux demandent mon aveu / Pour engager ailleurs un cœur que je possède. (MOLIÈRE) *Ils ont un ordre de ne rien imprimer sans l'aveu de leurs supérieurs* (PASCAL)

avouer verbe
[du latin *advocare,* appeler, recourir à]
Approuver (en parlant des choses). *Les dieux n'avoueront point un combat plein de crimes.* (CORNEILLE) *J'avouerai tout ce qu'il fera.* (ACADÉMIE)

AUTOUR

babouin nom masculin
[de *babine,* lèvre]
Petit bouton autour des
lèvres. *Un matin, en consultant
son miroir, Elvire découvrit un
babouin.*
Garnement, enfant qui
mérite des réprimandes. *Ah !
le petit babouin ! Voyez, où l'a
mis sa sottise.* (La Fontaine)

bachelier nom masculin
[de l'ancien français *bacheler,*
même sens]
Autrefois, jeune homme qui,
aspirant à être chevalier,
servait sous la bannière d'un
autre pour apprendre le
métier des armes. *Sire, je ne
suis qu'un pauvre bachelier
dans le métier des armes.*
(du Guesclin)

badin, ine adjectif
[du provençal *badin,* sot, niais]
Sot, peu raisonnable. *Moi,
jaloux ! Dieu m'en garde, et
d'être assez badin / Pour m'aller
amaigrir avec un tel chagrin.*
(Molière)

baie nom féminin
[de *bayer,* tenir la bouche
ouverte]
Tromperie, mystification. *Je
fus aussi sensible à cette baie
que je l'ai été dans la suite aux
plus grandes disgrâces qui me
sont arrivées.* (Lesage)

baigneur, euse nom
Celui, celle qui tient des
bains publics.
Au XVIIᵉ s. : celui qui tenait
une maison de bains et de
plaisir. *La Vienne, baigneur à
Paris, fort à la mode, était
devenu celui du roi du temps de
ses amours.* (Saint-Simon)

BALUCHON

bâillement nom masculin
Hiatus : rencontre de voyelles à l'intérieur d'un mot (*créa*) ou entre deux mots (*Il dîna à Amiens*). *Un bon usage de la langue recommande d'éviter les bâillements.*

bailler verbe
[du latin *bajulare,* porter]
Donner. *Elle voulait à tout prix qu'il lui baille un baiser.*
Frapper. *Je te baillerai sur le nez, si tu ris davantage.*
(MOLIÈRE)

baiser verbe
[du latin *basiare,* embrasser]
Embrasser (employé intransitivement). *Allons, saluez Monsieur.* — *Baiserai-je ?* (MOLIÈRE)
Toucher légèrement. *Ces flots qui baisent sans murmure / Les flancs de ce rocher.* (HUGO)
Arriver jusqu'à. *Ceux du conseil des finances y entrèrent ce jour-là sans en savoir davantage que le public, ni même si l'affaire baiserait ou non le bureau de ce conseil.* (SAINT-SIMON)
Rendre visite. *Vous avez donc baisé toute la Provence ?* (Mme de SÉVIGNÉ)
Se baiser : s'embrasser. *Il est constant qu'elles se baisent de meilleur cœur devant les hommes.* (J.-J. ROUSSEAU).

baiser nom masculin
L'acte de chair (comme on dit le *boire* ou le *manger*).
D'un seul baiser il engendra un enfant. (d'ABLANCOURT)

baissé, ée participe passé
Soumis. *Bloin, Fagon, tout baissé et courtisan qu'il était, se demandèrent si on laisserait mourir le roi sans voir son archevêque.* (SAINT-SIMON)
Qui n'a plus la même force qu'auparavant. *Vous êtes vieilli ; voudriez-vous que je crusse que vous êtes baissé ?* (LA BRUYÈRE)

balancé, ée participe passé
indécis, incertain. *Sa pensée, / Entre vos deux amants, / n'est pas fort balancée.* (CORNEILLE)

balancer verbe
Peser, examiner. *Contre un tel attentat, rien n'est à balancer.* (CORNEILLE)
Rendre incertain. *Bérénice a longtemps balancé la victoire.* (RACINE)
Égaler en poids, en force ; compenser. *Quels que soient ses forfaits, sa gloire les balance.* (ARNAULT)
Hésiter, être en suspens. *Elle est aimable, et on l'aime sans balancer* (Mme de SÉVIGNÉ)
Terme de peinture : se correspondre. *Dans cette composition, les personnages se balancent agréablement.*

ballottage nom masculin
Action de ballotter, de mettre
en présence deux ou
plusieurs opinions. *Cette
première partie du discours de
M. d'Aguesseau paraît n'être
que le ballottage des plaidoyers
des avocats pour et contre.*
(MERLIN)

ballotter verbe
[au jeu de paume, se renvoyer la
balle]
Ballotter quelqu'un : se jouer
de lui. *Qu'un fat soit l'aigle des
salons. / Qu'un docteur sente
l'ambre... / Paris, enclin au trait
malin, / Grâce à nous les
ballotte.* (BÉRANGER)
Ballotter une affaire : la
discuter. *Il veut absolument
ballotter cette affaire.*
Aller çà et là. *Je ne fais que
ballotter en attendant que la
poste parte.* (Mme de SÉVIGNÉ)

banal, ale adjectif
[de l'ancien français *ban,*
proclamation du suzerain]
Qui est au service de tout le
monde, qui se prodigue à
tous indistinctement. *Il y
avait là quelques prairies
banales où les plus gênés
menaient pacager leurs vaches.*
(FROMENTIN) *Elvire était une
femme banale.*

bande nom féminin
Troupe de musiciens. *On
avait fait venir la grande bande
de violons du Mans, celle
d'Alençon étant à une autre
noce.* (SCARRON) C'est dans ce
sens qu'il faut comprendre le
nom que se donnent
aujourd'hui certaines
formations de musique
baroque ; par exemple *La
Petite Bande,* des frères
Kuijken.

bander verbe
[de l'ancien français *bande,* lien]
Être tendu. *Cette corde bande
trop.* (ACADÉMIE)
Irriter, envenimer. *M. de
Rheims se permit tant de
brutalités et d'incartades, qu'il
banda entièrement l'assemblée
contre lui.* (SAINT-SIMON)

bandeur nom masculin
Aventurier, coureur de
bandes. *Ce notable bandeur
avait une invention que j'estime
devoir être décrite.* (d'AUBIGNÉ)

BAMBOULA

BARBE-DE-CAPUCIN

barbare adjectif
[du grec *barbaros,* étranger]
Chez les Grecs et les
Romains, se disait de tout
étranger, tenu pour homme
de civilisation inférieure.
*Songez qu'une barbare en son
sein l'a formé.* (RACINE)

barboter verbe
Se troubler, balbutier,
déraisonner. *Les menteurs
barbotent souvent.*
Marmotter. *Il barbote je ne
sais quoi entre ses dents*
(MOLIÈRE)

bardot nom masculin
[de l'ancien français *barde,* bête
de somme]
Celui sur lequel les autres se
déchargent de tout. *C'est le
bardot de la compagnie.*
Homme ou bête qui est en
butte aux plaisanteries et aux
mauvais traitements. *L'âne est
le jouet, le plastron, le bardot
des rustres.*

baron nom masculin
Mari. *Il fallait qu'une femme
fût autorisée par son baron,
c'est-à-dire par son mari.*
(MONTESQUIEU)

baroque adjectif
[du portugais *barroco,* perle
irrégulière]
D'une bizarrerie choquante.
*Ces places étaient destinées aux
évêques les plus distingués, et il
était bien baroque de faire
succéder l'abbé Bignon à M. de
Tonnerre.* (SAINT-SIMON) *C'est
une femme baroque.*

se barrer verbe
Se fermer le chemin. *L'abbé
de Mailly avait des vues et une
vaste ambition, et fort attentif à
ne se barrer sur rien et à
s'aplanir les chemins à tout.*
(SAINT-SIMON)

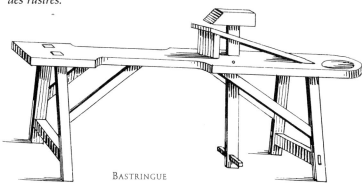

BASTRINGUE

basque nom féminin
[altération probable du
provençal *basta,* couture à longs
points, et plis faits à une robe
pour la relever]
Partie découpée et tombante
de certains vêtements. *Mais
qu'un tendron te tire par la
basque, / Tu lui souris.*
(BÉRANGER)

basse-cour nom féminin
Dans les demeures nobles ou
bourgeoises, cour destinée
aux écuries, aux équipages.
*Sire, en la basse-cour une jeune
beauté / Attend qu'on la présente
à votre majesté.* (ROTROU)

bassesse nom féminin
Défaut de noblesse,
d'élévation dans le rang, la
position ou la naissance. *Il est
bien ridicule de se scandaliser de
la bassesse de Jésus-Christ.*
(PASCAL)

bataille nom féminin
Coït. *Et d'une sanglante
bataille / Il revint couvert de
laurier.* (PIRON)

bâtiment nom masculin
Action de bâtir. *Les
philosophes, et Sénèque surtout,
n'ont point ôté les crimes par
leurs préceptes ; ils n'ont fait
que les employer au bâtiment de
l'orgueil.* (LA ROCHEFOUCAULD)

battant, ante adjectif
Qui bat, qui aime à battre. *Je
ne suis point battant, de peur
d'être battu.* (MOLIÈRE)

batterie nom féminin
[de *battre*]
Querelle. *Il y a toujours dans
cette rue quelque batterie
d'ivrognes.*
Moyen qu'on emploie pour
réussir à quelque chose ou
rendre vaine une tentative.
*Sans changer de discours,
changeons de batterie.*
(CORNEILLE) *Je vais changer de
batterie : désormais, au lieu de
tremper mes flèches dans le
vinaigre, je les tremperai dans
l'huile.* (SAINTE-BEUVE)
Batterie de mots : mots
arrangés de manière à faire
un cliquetis. *Chercher un
détour pour faire une batterie de
mots, cela est puéril.* (FÉNELON)

battre verbe
Diriger une batterie
d'artillerie contre quelque
chose. *Mahomet battit les murs
de Rhodes avec seize canons.*
(CHATEAUBRIAND)
Atteindre, frapper sur. *Le
soleil battait d'aplomb en cet
endroit.*

BÉCASSE

béant, ante adjectif
[de l'ancien français *baer,* être ouvert]
Qui regarde avec étonnement. *Et les peuples béants ne purent que se taire.*
(HUGO)

béat, ate nom
[du latin *beatus,* heureux]
Homme ou femme qui est plongé dans une grande dévotion. *Tu cours chez ta béate à son cinquième étage.*
(VOLTAIRE)
Personne heureuse et tranquille. *Le vieux garçon est un béat, en comparaison de l'homme marié.* (H. de BALZAC)
Adjectif
Un ton béat, une mine béate : un ton, une mine qui expriment une dévotion outrée ou hypocrite.

bec nom masculin
La parole, la langue.
Avoir bon bec : parler avec vivacité et une certaine malice. *M. de Duras ne craignait personne et avait le bec aussi bon que Rose.*
(SAINT-SIMON)
Joli visage. *Un sien valet avait pour femme / Un petit bec assez mignon.* (LA FONTAINE)

bêcher verbe
Dénigrer, critiquer. *À Pâques ou à la trinité, quand les poules auront des dents, quand le Tintamarre ne bêchera plus le Figaro, qui s'en moque comme d'une guigne.* (La Revue théâtrale illustrée) *Cette femme vous bêchait.* (LOTI)

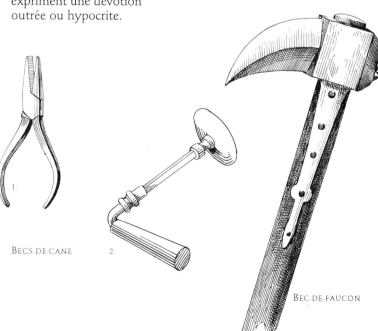

BECS-DE-CANE   2.

BEC-DE-FAUCON

bellement adverbe
Doucement, avec
modération. *Bellement !*
bellement ! que je retire mon
pied, ou tu me l'écraserais.
(SAND)
Simplement, bonnement. *Si*
j'étais soupçonné de la moindre
chose, je serais fusillé tout
bellement. (H. de BALZAC)
Bel et bien. *Gwynplaine est*
bellement en prison. (HUGO)

benjamin nom masculin
[de *Benjamin,* le plus jeune fils de
Jacob, et son préféré]
Enfant préféré. *Le roi*
s'amusait beaucoup plus de
M. du Maine que du comte de
Toulouse, le benjamin de
Mme de Maintenon.
(SAINT-SIMON)

berceau nom masculin
Treillage en voûte garni de
verdure. *Inquiet de ce que me*
voulait Dumont avec tant de
mystère, je gagnai doucement
l'entrée des berceaux de Marly.
(SAINT-SIMON)

berger, ère nom
Dans la poésie pastorale,
amant, amante. *Peignez donc,*
j'y consens, les héros amoureux, /
Mais ne m'en formez pas des
bergers doucereux. (BOILEAU)
L'heure du berger : l'heure
favorable aux amants. *Je sais*
que Mustapha n'a pas trouvé
avec vous l'heure du berger.
(VOLTAIRE)

bergerie nom féminin
Petit poème gracieux et
simple dont les amours des
bergers font le sujet. Les
bergeries furent en faveur à la
fin du XVIe s. et au début du
XVIIe s. *Il aime à relire les*
bergeries de Racan.
Morceau écrit dans ce style.
Il faut bien que pour la
vraisemblance on donne dans la
bergerie. (MOLIÈRE) *Tandis que*
la tragédie rougissait les rues, la
bergerie florissait au théâtre.
(CHATEAUBRIAND)

berner verbe
[de l'ancien français *berne,*
couverture]
Faire sauter quelqu'un en
l'air dans une couverture. *La*
jalousie que quelques écoliers
conçurent les poussa à le berner
dans une couverture.
(SAINT-SIMON) *Mademoiselle, je*
fus berné vendredi dernier, pour
ce que je ne vous avais pas fait
rire dans le temps que l'on
m'avait donné pour cela.
(VOLTAIRE)

BERCEAU

besogne nom féminin
[du francique *bisunnia,* soin]
Ce dont on a besoin. *Le
galant, pour toute besogne, /
Avait un brouet clair ; il vivait
chichement.* (LA FONTAINE)
Coït. *Le sommeil suffoque et
supprime les facultés de notre
âme, la besogne les absorbe et
dissipe.* (MONTAIGNE)
*L'éternuement absorbe toutes
fonctions de l'âme aussi bien
que la besogne.* (PASCAL)

besogneux, euse adjectif et
nom
Qui est dans le besoin. *C'est
un pauvre hère qui montre la
musique à la pupille, infatué de
son art, friponneau, besogneux,
à genoux devant un écu.*
(BEAUMARCHAIS) *Les faux
besogneux m'en veulent de ne
pas être leur dupe.* (SAND)

bête nom féminin
Employé seul, le mot désigne
parfois la personne que l'on
déteste le plus, la « bête
noire ». *Les femmes étaient
toutes ses bêtes, à peine pouvait-
il souffrir ses parents.*
(SAINT-SIMON) *Je craindrais
l'avarice, qui est ma bête.*
(Mme de SÉVIGNÉ)

beurrier, ière nom
Celui, celle qui vend du
beurre. *Il est étonnant en
quelles mains tombent souvent
les pièces originales les plus
curieuses ; il n'est pas rare d'en
trouver chez les beurrières.*
(SAINT-SIMON)

biberon, onne nom
Qui aime boire du vin, qui en
boit volontiers. *La biberonne
eut le bétail.* (LA FONTAINE) *Ce
n'était point un de ces biberons
égoïstes qui rendent à Bacchus
un culte solitaire.* (GAUTIER)

bible nom féminin
Nom donné, au Moyen Âge,
à des ouvrages satiriques. *La
Bible Guyot, la Bible du
seigneur de Berze,* etc.

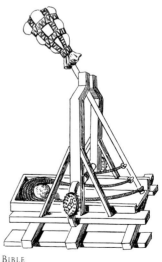

BIBLE

BERTHE

BISOU

bidet nom masculin
Cheval ordinairement de petite taille, spécialement destiné à porter un cavalier dans les voyages. *Louis XV commençait à monter un petit bidet, et il demanda au roi la permission d'aller à la revue des gendarmes.* (SAINT-SIMON)
Bidet de compagnie : cheval qui, dans l'ancienne armée française, portait les tentes des soldats.

billard nom masculin
Bâton recourbé avec lequel, au jeu, on poussait les boules. *Le but est un cœur fier ; la bille, un pauvre amant. / La passe et les billards, c'est ce que l'on pratique / Pour toucher au plus tôt l'objet de son amour* (LA FONTAINE, à Mme de La Fayette, en lui envoyant un petit billard).

biner verbe
[du latin *binare,* faire une chose une deuxième fois]
Dire deux messes différentes le même jour. *Le prêtre qui est autorisé à biner ne doit point prendre d'ablution à la première messe.*

blanchi, ie adjectif
Vieilli, expérimenté. *Les papes sont presque toujours des Italiens blanchis dans les affaires.* (VOLTAIRE)

blanchir verbe
Ne pas réussir. *Les douceurs ne feront que blanchir contre moi.* (MOLIÈRE) *La rhétorique de l'un ne fit que blanchir auprès du beau sexe.* (HAMILTON)

bonhomme nom masculin
Homme plein de bonté. *Le moine, envoyé en prison à Babezières, se trouva un bonhomme qui, gagné par la compassion, alla avertir M. de Vendôme.* (SAINT-SIMON)
Homme âgé. *Les comtes font traîner ce bonhomme en prison.* (CORNEILLE)
Paysan, dans le langage des soldats. *Vivre aux dépens du bonhomme.*
Le Bonhomme : surnom donné à La Fontaine, à cause de sa naïveté, de sa simplicité, qui pourtant ne manquait pas de malice. *Les beaux esprits ont beau se trémousser ; aucun d'eux n'égalera jamais Le Bonhomme.* (MOLIÈRE)

BONHEUR-DU-JOUR

bonsoir nom masculin
Femme peu farouche. *N'est-ce*
pas là quelque bonsoir ?
(GHERARDI)

bordeau nom masculin
[de l'ancien français *borde,*
cabane]
Bordel. *Il vivait au cabaret*
pour mourir au bordeau.
(RÉGNIER)

borgne adjectif
[sans doute de la racine
prélatine *born,* trou]
Chétif, sans apparence. *La*
maréchale d'Humières se retira
dans une maison borgne, au-
dehors des carmélites du
faubourg Saint-Jacques.
(SAINT-SIMON)
Un téton borgne : qui n'a pas
de mamelon. *Je m'aperçus*
qu'elle avait un téton borgne.
(J.-J. ROUSSEAU)

bouchon nom masculin
[de l'ancien français *bouche,*
poignée de paille]
Bouquet servant d'enseigne à
un cabaret. Par extension, le
cabaret lui-même. *Les routiers*
s'arrêtent à tous les bouchons.
Petite fille négligemment
habillée. *C'est un joli petit*
bouchon qui nous réjouit fort.
(Mme de SÉVIGNÉ.)

bouchonner verbe
Cajoler, couvrir de caresses.
Sans cesse, nuit et jour, je te
caresserai, / Je te bouchonnerai,
baiserai, mangerai. (MOLIÈRE)

boue nom féminin
[du gallois *baw,* fange]
En termes mystiques, le
corps humain. *Vous*
connaissez, ô mon Dieu, la
fragilité de notre boue.
(MASSILLON)

BOUCLIER

bouffe nom féminin
Air bouffi, orgueil. *Il n'a point
avec nous la bouffe de
gouverneur.* (Mme de SÉVIGNÉ)

bouffer verbe
[de l'ancien français *bouffard,*
celui qui gonfle les joues]
Témoigner par un certain
gonflement des joues qu'on
est de mauvaise humeur ;
être dans une colère qui
n'éclate pas. *Le grand écuyer se
releva le nez de dessus la table,
regarda toute la compagnie,
toujours bouffant.* (SAINT-SIMON)

se bouffer verbe
Être gonflé par soufflement.
*Les animaux de boucherie
doivent se bouffer avant d'être
écorchés.* (LAROUSSE)

BOULE D'AMORTISSEMENT

bouffissure nom féminin
Orgueil. *La bouffissure du
cardinal de Bouillon est si
générale, qu'il se loue d'avoir
exercé cette charge très
fidèlement.* (SAINT-SIMON)
Emploi de termes ampoulés.
*Je préfère à ces vaines
bouffissures le simple squelette
de pensée.*
(BERNARDIN de SAINT-PIERRE)

bougonner verbe
Réprimander. *On le bougonne
quand il rentre trop tard.*

bougre nom masculin
[du latin médiéval *Bulgarus ;* en
effet, les Bulgares, membres de
l'Église grecque, étaient
considérés comme des
hérétiques et accusés de se livrer
à la sodomie]
Pédéraste actif. *Le cul d'un
jeune garçon, il faut en convenir,
me donne encore plus de plaisir
que celui d'une fille : on appelle
bougres ceux qui se livrent à
cette passion.* (SADE) *Veuves, car
Picholin / Pouvait bien
chevaucher sans laisser
d'orphelins ; / Il fut bougre
parfait.* (VIAU)

bouillotte nom féminin
[du verbe *bouillir,* à cause de la
rapidité du jeu]
Sorte de jeu de cartes. *À
Paris, vous avez bien d'autres
affaires que de songer à nous :
la hausse et la baisse, les
faillites, la bouillotte.* (COURIER)

boulevard nom masculin
[du néerlandais *bolwerc,* rempart]
Place forte qui met un pays à
l'abri de l'invasion des
ennemis. *Cambrai et Saint-*
Omer étaient les deux plus forts
boulevards que les Espagnols
avaient en Flandres. (RACINE)
Sauvegarde, protection. *La loi*
est le boulevard de la liberté.

bouquet nom masculin
Une partie de bois, un
bosquet. *Il a voulu vendre un*
petit bouquet qui faisait une
assez grande beauté.
(Mme de SÉVIGNÉ)
Bouquet à Chloris, à Philis,
etc. : petite pièce en vers que
l'on offre à une dame, le jour
de sa fête, le plus souvent
accompagnée d'un bouquet.
La simplicité des temps
héroïques est aussi supérieure à
tout le clinquant d'aujourd'hui
que la poésie d'Homère l'est aux
bouquets à Iris. (COURIER)

bouquin nom masculin
Vieux bouc. *Allez, bouquin*
puant, faire l'amour aux
chèvres. (RACAN)
Sentir le bouquin : exhaler
une odeur de bouc.
Satyre, démon. *Gageons que*
son brodequin / Cache un pied
de bouquin. (BÉRANGER)

bouquiner verbe
[de *bouquin,* petit bouc]
S'accoupler, en parlant du
lièvre ou du lapin. *Il aimait*
voir bouquiner les lapins.

bourde nom féminin
[de l'ancien français *bihurder,*
plaisanter]
Mensonge, mauvaise excuse.
Tous les uns après les autres, les
voilà à pester contre M. de
Lauzun, et leur sottise d'avoir
donné dans cette bourde.
(SAINT-SIMON)

BOURRIQUE

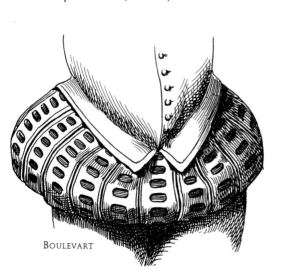

BOULEVART

bourdon nom masculin
[du latin *burdus,* mulet]
Long bâton de pèlerin,
surmonté d'un ornement en
forme de pomme. *Robert*
Guiscard et ses frères vont en
pèlerinage à Rome le bourdon à
la main. (VOLTAIRE)

bourdonner verbe
[de *bourdon,* insecte et
instrument de musique]
Murmurer. *Les plus familiers*
bourdonnèrent contre ce valet
qui avait pris un biscuit.
(SAINT-SIMON)
Faire entendre une chose
avec importunité. *Il faut que*
je bourdonne mes peines comme
la mouche. (Mme de SÉVIGNÉ)

bourgeon nom masculin
Bouton rouge sur le visage.
C'était un gros garçon court,
joufflu, pâle, qui, avec force
bourgeons, ressemblait pas mal
à un abcès. (SAINT-SIMON)

bourrade nom féminin
Attaque en paroles ou
repartie vive. *Il lui donnait des*
bourrades devant le roi qui
mettaient Fagon en colère.
(SAINT-SIMON)

boutique nom féminin
[par assimilation du sexe à une
marchandise]
Organes sexuels de l'homme
ou de la femme. *Bien souvent*
à telle pratique / Les femmes
ouvrent leur boutique.
(DU BELLAY) *Il montra toute sa*
boutique. (Parnasse satirique, XVIIᵉ s.)

brancher verbe
Se percher sur des branches.
La perdrix rouge et le coq de
bruyère branchent.
Pendre, attacher à une
branche d'arbre. *Et le trio*
branché mourut contrit.
(LA FONTAINE) *Autrefois, on*
branchait les receleurs.

branler verbe
[de l'ancien français *brandeler,*
agiter]
Mouvoir d'avant en arrière.
Branlant le dard dont il le
voulait percer. (FÉNELON)
Se remuer, se mouvoir. *On*
leur a dit qu'il ne faut pas
branler, ni aller et venir quand
ils sont dans leurs rangs.
(Mme de SÉVIGNÉ) *La Bretesche*
avait défenses expresses de
branler. (SAINT-SIMON) *Ces*
écoliers n'osent branler devant le
maître.
Menacer de se révolter.
Toutes les provinces qui branlent
déjà, ne se déclareront-elles pas ?
(RETZ)

branlette nom féminin
La seconde des trois pièces
dont se compose une canne à
pêche.
Pêche à la branlette : celle qui
se pratique en imprimant un
mouvement continuel à
l'amorce de la ligne.

BOURSE À LAPINS

braque nom masculin
[d'après le chien du même nom]
Homme très étourdi,
écervelé. *Suis-je un braque /
Dont le cerveau fêlé sans motif
se détraque ?* (AUGIER)

bras nom masculin
Force, courage guerrier. *Ton
bras est invaincu, mais non pas
invincible.* (CORNEILLE) *Je vous
offre mon bras.* (RACINE)

brasser verbe
Tramer, pratiquer
secrètement. *Méchante
femme ! À ton mari tu brassais
un tel tour.* (LA FONTAINE)

BOUT DE TABLE

brave adjectif
[de l'italien *bravo*, même sens]
Vêtu, paré avec soin. *Elle se
fait brave pour la noce de son
fils.* (PERRAULT) *Est-ce que tu es
jalouse de quelqu'une de tes
compagnes que tu voies plus
braves que toi ?* (MOLIÈRE)
Assassin à gages. *Il le fit
assassiner par un brave qu'il
paya.*

braverie nom féminin
Habillement soigné. *Des bals
éternels, des comédies trois fois
la semaine, une grande braverie,
voilà les États.* (Mme de SÉVIGNÉ)

bredouille nom féminin
[le fait de ne pas marquer de
points au jeu de tric-trac]
Échec subi dans ce qu'on
entreprend. *Celui qui sème sur
l'égoïsme et sur l'ingratitude
récolte la bredouille.* (TOUSSENEL)
Au théâtre, courtes phrases
d'un rôle sans importance.
*Cet acteur ne dit que quelques
bredouilles.*

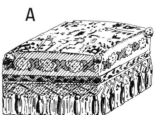

BOUT DE PIED

brelan nom masculin
[de l'ancien allemand *bretling,*
table]
Maison de jeu, tripot. *Courir
le bal la nuit et le jour les
brelans* (RACINE)

bribe nom féminin
[d'origine onomatopéique, pour
désigner des choses de peu de
valeur]
Gros morceau de pain. *Pour
tout repas, il n'avait qu'une
bribe.*

bricole nom féminin
[de l'italien *briccola,* machine de
guerre]
Ruse, tromperie, moyen
détourné. *La politique n'est
qu'un jeu de bricole.* (MERCIER)
Longue pratique, expérience,
habileté qu'elle donne. *Il
avait quarante ans de bricole.*
(H. de BALZAC)
Par bricole : par raccroc, de
seconde main. *Vous m'aviez
paru, dans votre lettre, n'être
instruite que par bricole.*
(Mme de SÉVIGNÉ)

bricoler verbe
S'écarter de la piste, en
parlant d'un chien. *Les chiens
qui bricolent empêchent les
autres de chasser droit.*
Aller par des voies obliques.
*La maison de Lorraine fit en
sorte que Mme la duchesse de
Chartres demeurât à Versailles
avec laquelle il n'eût pas été si
aisé de bricoler.* (SAINT-SIMON)
Pratiquer l'acte sexuel.
*Certain chanoine à la taille
légère / Se confessa d'avoir su
bricoler.* (J.-J. ROUSSEAU)

briquet nom masculin
[de *brique,* morceau]
Sabre court à l'usage de
l'infanterie. *Prends ton briquet,
Francisque, et allons assommer
ce Benjamin Constant.*
(COURIER)

briser verbe
Cesser de parler. *Brisons là, je
crains de trop entendre.*
(CORNEILLE)
Se plier l'un sur l'autre, en
parlant de certains objets. *Ces
volets se brisent.*

brocante nom féminin
[de l'ancien allemand *brocko,*
morceau]
Ouvrage de peu de valeur
effectué pour son propre
compte par un ouvrier en
dehors des heures légales de
travail. *Cet ouvrage n'est
qu'une brocante.*

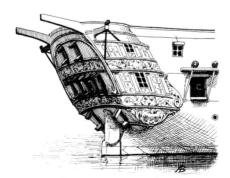

BOUTEILLE

brocher verbe
Faire sans soin, ou à la hâte.
Cet écolier broche ses devoirs.
Et qui vous dit, mes divins
anges, que je brochais un
drame ? (VOLTAIRE)

brodequin nom masculin
[de *brosequin,* soulier, par
altération de *broder*]
Rougeur des pieds et d'une
partie de la jambe après un
bain de pieds très chaud.
Prenez le bain de pieds assez
chaud pour qu'il se produise un
brodequin.

bronzé, ée participe passé
Qui ne redoute rien, endurci,
blasé. *Depuis quelque temps,*
c'est un homme bronzé.

bronzer verbe
Endurcir. *L'égoïsme bronze le*
cœur.

brosser verbe
[de l'ancien français *brosse,*
broussaille]
S'échapper, s'esquiver.
M. l'archevêque, lui dit-il, verba
volant, scripta manent ;
l'archevêque brossa et ne
répondit pas un mot.
(SAINT-SIMON) *Je vis avec*
surprise sortir M. le duc
d'Orléans, qui brossa la
chambre et disparut.
(SAINT-SIMON)

brouiller verbe
[de l'ancien français *broillier,*
mélanger]
Parler confusément. *Que nous*
brouilles-tu ici de ma fille ?
(MOLIÈRE)
Brouiller du papier : écrire
des choses inutiles. *J'ai plus*
brouillé de papier à écrire de
méchantes choses, que vous n'en
aviez employé à écrire les plus
belles choses du monde. (RACINE)
Semer l'intrigue et le trouble.
Il saisit avidement cette occasion
de brouiller. (ANQUETIL)

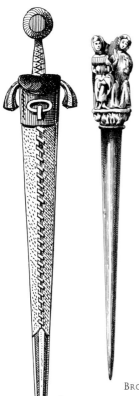

BROCHETTE À CHEVEUX

BRAQUEMART

bruit nom masculin
Réputation. *C'est un petit
garçon, qui a bien le meilleur
bruit qu'on peut imaginer.*
(Mme de Sévigné)
Tumulte, mouvement
séditieux. *On craint pour ce
soir du bruit dans la ville.*
Querelle. *La belle raison de
quitter sa femme et de faire un
si grand bruit !* (La Fontaine)

bucolique nom féminin
Ramassis de choses sans
importance et sans valeur,
comme des papiers, des
nippes ; mais aussi, par
raillerie, les objets qui servent
à quelqu'un pour faire
quelque chose. *Je trouvai le
garde des sceaux et la Vrillière
avec toutes leurs bucoliques.*
(Saint-Simon)

bulletin nom masculin
Membre viril. *Ouvrez-nous, la
belle hôtesse, / Voici notre
bulletin.* (Parnasse des Muses)

bureau nom masculin
[de *bure*]
Grosse étoffe de laine. *Mais
qui n'étant vêtu que de simple
bureau / Passait l'été sans linge
et l'hiver sans manteau.*
(Boileau)

buter verbe
Frapper ou toucher au but.
*Toutes mes volontés ne butent
qu'à vous plaire.* (Molière)

buvette nom féminin
Petit repas entre amis. *En bon
convive, il recherchait la buvette.*

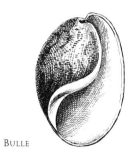

Bulle

C

cabaret nom masculin
[du picard *cambrette,* petite chambre]
Petite table ou plateau mobile sur lesquels on dispose des tasses, des carafes, des verres, etc. Assortiment de ces divers objets. *Un cabaret de laque ; un cabaret de Chine, de Sèvres, etc. On était auprès de plusieurs cabarets de thé et de café ; en prenait qui voulait.* (SAINT-SIMON)

cabas nom masculin
[du latin *capax,* qui contient]
Vieille voiture. *Nous avons voyagé dans un méchant cabas.* Grand et mauvais lit où couchent plusieurs personnes. *La principale chambre de l'hôtel ne contient qu'un grand cabas malodorant.* (CAROU)

cabinet nom masculin
[du picard *cabine,* maison de jeu, lui-même de *cabane*]
Lieu le plus retiré dans le plus bel appartement d'un palais ou d'une grande maison. *Viens dans mon cabinet consoler mes ennuis.* (CORNEILLE) Secrets les plus cachés de la cour. *Quel roi mieux que le nôtre entend le cabinet ?* (LA FONTAINE) Buffet avec divers tiroirs. *Franchement, votre sonnet est bon à mettre au cabinet.* (MOLIÈRE)

CABRIOLET

CADENAS

cadeau nom masculin
Fête, repas que l'on donnait
principalement à des
femmes, partie de plaisir.
J'aime le jeu, les visites, les
assemblées, les cadeaux et les
promenades, en un mot toutes
les choses de plaisir. (Molière)

cadenas nom masculin
Coffret d'or ou de vermeil
contenant les couverts qu'on
sert à la table du roi et des
princes. *Le roi d'Angleterre*
avait la reine sa femme à sa
droite et le roi à sa gauche avec
chacun leur cadenas.
(Saint-Simon)

cadet nom masculin
[du gascon *capdel,* chef]
Gentilhomme qui servait
comme soldat, puis comme
bas-officier ; ainsi nommé
parce que les chefs gascons
qui servirent dans l'armée
des rois de France au XVe s.
étaient les fils puînés de
familles nobles. *J'allais devenir*
militaire, car on avait arrangé
que je commencerais par être
cadet. (J.-J. Rousseau)

cajoler verbe
[a d'abord signifié babiller
comme un geai en cage]
Employer des paroles et des
manières caressantes pour
essayer de gagner quelqu'un.
Une jeune marchande cajole un
homme une heure entière, pour
lui faire acheter un paquet de
cure-dents. (Montesquieu)

cale nom féminin
[sans doute de *écale,* écorce de
bois]
Espèce de coiffure de femme,
en forme de bonnet plat par
en haut, couvrant les oreilles
et échancré par devant avec
une petite bordure de
velours. *Toutes les servantes de*
Brie portent des cales.
(Furetière)
Jeune fille. *Il entreprit de*
prouver que Gombaud, qui se
piquait de n'aimer qu'en bon
lieu, cajolait une petite cale
crasseuse.
(Tallemant des Réaux)
Petite paysanne, soubrette.
Émilie ne se plaisait qu'avec les
cales.

calepin nom masculin
[de l'italien *Calepino,* auteur
d'un dictionnaire]
Dictionnaire, volumineux
recueil de renseignements.
Vous voudriez justement que
mes lettres fussent des calepins.
(Racine)

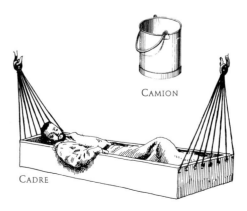

CAMION

CADRE

câlin, ine nom et adjectif
[du normand *caliner,* se reposer à l'ombre pendant les grandes chaleurs, lui-même du latin *calere,* faire chaud]
Indolent, paresseux et niais. *Il est trop câlin pour réussir. Robert n'aime guère les câlins.* Qui favorise la paresse, qui est accompagné d'indolence. *Comment renoncer aux usances câlines, au confort ?*
(CHATEAUBRIAND)

camion nom masculin
Épingle très petite. *Eh ! non, monsieur, je vous dis une grosse épingle et vous me présentez un camion !* (de KOCK et THIBOUET)

canard nom masculin
[d'après l'expression *vendre des canards à moitié*]
Conte absurde, par lequel on veut se moquer de la crédulité des auditeurs. *Cette nouvelle n'était qu'un canard.*

cancre nom masculin
[du latin *cancer,* crabe, écrevisse]
Homme avare, rapace et haïssable. *J'ai compris qu'il ignorait ce cancre.* (BAYARD et LAYA)
Homme sans ressources. *Cancres, hères et pauvres diables, / Dont la condition est de mourir de faim* (LA FONTAINE)

cannelle nom féminin
Mettre en cannelle : briser, réduire en morceaux ; déchirer par ses discours. *La maison que mon âme habite sera bientôt en cannelle.* (VOLTAIRE) *Il m'a mis en cannelle dans son journal.* (LAROUSSE)

canon nom masculin
[de l'italien *canna,* tube]
Ornement de drap, de serge ou de soie qu'on attachait au bas de la culotte, froncé et embelli de rubans, faisant comme le haut d'un bas fort large. *Sont-ce ses grands canons qui vous le font aimer ?* (MOLIÈRE)

capitole nom masculin
[du nom d'une des sept collines de Rome]
Hauteur, sommet élevé. *L'ambition politique substitue insensiblement ses perspectives et ses capitoles lointains aux songes flottants, indéfinis, de la poésie et de l'amour.* (SAINTE-BEUVE, à propos de Chateaubriand)

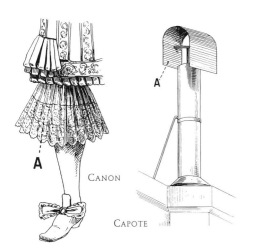

CANON

CAPOTE

caprice nom masculin
[de l'italien *capriccio,* frisson,
lui-même de latin *capra,* chèvre,
cet animal étant réputé pour son
allure capricieuse]
mot d'esprit. *Cet homme a
d'excellents caprices.* (ACADÉMIE)
*Puis dessus le papier mes
caprices je rime.* (RÉGNIER)
Pièce littéraire où l'on n'a pas
observé les règles de l'art.
*Saint-Amant a, dans ses œuvres,
plusieurs pièces intitulées
caprices.*

captiver verbe
[de *captif,* lui-même du latin
capere, prendre]
Retenir prisonnier. *Et déjà son
amour, lassé de ma rigueur, /
Captive ma personne au défaut
de mon cœur.* (RACINE)
Soumettre, maîtriser. *Quoi !
votre amour souffre qu'on le
captive ?* (RACINE) *Celui qui ne
sait captiver ses pensées ne sera
jamais savant.* (VENTURA)

carabin nom masculin
[altération sans doute de
escarrabin, ensevelisseur de
pestiférés]
Soldat de cavalerie légère, au
XVIe siècle. *Vous êtes obligée de
n'exposer pas davantage à la
funeste adresse d'un carabin
tant de vertus naturelles et
acquises, civiles et militaires.*
(G. de BALZAC)
Homme qui agit très vite. *J'ai
fait cela en carabin* (ACADÉMIE)

caractère nom masculin
[du grec *kharaktêr,* signe gravé]
Graphie propre à un
individu. *Cet écrivain a un fort
bon caractère.*
Titre naturel ou légal qui
donne qualité de. *Un père est
toujours père ; / Rien ne peut
effacer le sacré caractère.*
(CORNEILLE)
Qualité, ordre, mission.
*Ariane nous dit qu'elle n'avait
pas eu caractère pour préparer
le repas.*

carcan nom masculin
Collier d'or ou de pierreries.
*Les méchants portent l'orgueil à
leur cou comme un carcan d'or.*
(CHATEAUBRIAND) *Eugénie
portait, ce soir-là, un très joli
carcan.*
Mauvais cheval. *Cette rosse-là
a été, comme une demi-douzaine
de carcans de son espèce,
envoyée au roi l'an passé par je
ne sais quel mamamouchi d'un
pays du côté des Turcs.* (SUE)

CARABIN

cardinal nom masculin
[du latin *cardo,* pivot]
Nom d'oiseaux de différents
genres dont la couleur
dominante est le rouge. *Le
lendemain je m'éveillai au chant
des cardinaux nichés dans les
acacias.* (CHATEAUBRIAND)

carreau nom masculin
[du latin *quadrus,* carré]
Coussin carré de velours. *Une
de ses femmes lui apporte un
siège : l'autre met un carreau
dessus.* (LA BRUYÈRE)
Flèche de l'arbalète. *Pour qui
gardes-tu tes carreaux embrasés,
/ Si de pareils tyrans n'en sont
point écrasés ?* (CORNEILLE)

carrière nom féminin
[de l'italien *carriera,* chemin de
chars]
Lieu fermé de barrières et
disposé pour les courses, les
combats. *Je laisse aux plus
hardis l'honneur de la carrière /
Et regarde de loin assis sur la
barrière.* (BOILEAU)
Entreprise, voie où l'on
s'engage. *Nous entrerons dans
la carrière / Quand nos aînés n'y
seront plus.* (ROUGET de LISLE)
La course que peut fournir
un cheval sans perdre
haleine. *Ce cheval a bien fourni
sa carrière.*

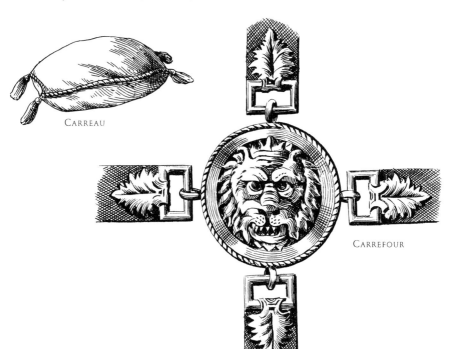

CARREAU

CARREFOUR

cartel nom masculin
[de l'italien *cartello,* affiche, puis lettre de défi]
Appel en duel. *Vous êtes beaucoup plus propre à écrire un cartel qu'une lettre.*
(VOLTAIRE)
Règlement entre deux nations belligérantes pour la rançon ou l'échange de prisonniers. *Ce combat fut ensuite suivi d'un cartel en Italie.* (SAINT-SIMON)

cascade nom féminin
[de l'italien *cascare,* tomber]
Série de faits qui se succèdent et produisent un effet final. *Samuel Bernard culbuta Lyon par sa banqueroute énorme, dont la cascade produisit les plus terribles effets.*
(SAINT-SIMON)
Faute de jugement, erreur de conduite. *Où étiez-vous quand il fit cette magnifique cascade ?*
(G. de BALZAC)

cassette nom féminin
[du latin *capsa,* petit coffre]
Petit coffre renfermant des bijoux, de l'argent. *Il a près de lui une cassette remplie de billets doux.* (LESAGE)
Trésor d'un souverain. *Avoir une pension sur la cassette royale.*
Il n'y a rien pour lui sur la cassette. (LA BRUYÈRE)

catastrophe nom féminin
[du grec *katastrophê,* renversement, bouleversement]
Dans une pièce de théâtre ou dans un récit, changement de la situation des personnages, qui constitue le dénouement. *La catastrophe de ma pièce est peut-être trop sanglante.*
(RACINE) *Dans toute l'épopée, la catastrophe est prévue d'avance.*
(CHATEAUBRIAND)

célébrité nom féminin
Faste, solennité. *Cette cérémonie se fit avec une grande célébrité.* (LA BRUYÈRE)

chagrin nom masculin
Cuir grenu fait de peau de mulet ou d'âne. *C'est avec le cuir de l'âne que les Turcs font le sagri que nous appelons chagrin.* (BUFFON)
Avoir la peau de chagrin : avoir la peau rugueuse.
Inquiétude, colère. *Pourquoi témoigner un chagrin bizarre contre les fautes d'autrui qui ne nous regardent pas ?*
(SAINT-ÉVREMONT) *Dans vos brusques chagrins je ne puis vous comprendre.* (MOLIÈRE)

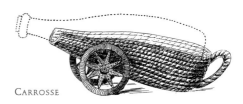

CARROSSE

chaise nom féminin
Chaise roulante : voiture de voyage, à deux ou quatre roues.
Mon fils tout éclopé s'en va demain en chaise roulante, sans nul équipage. (Mme de Sévigné)

chalumeau nom masculin
[du latin *calamus,* roseau]
Espèce de flûte. *Les bergers dans leur douleur brisaient leurs chalumeaux.* (Fénelon)

chambrée nom féminin
Quantité de spectateurs que contient un théâtre ; recette fournie par un spectacle. *Si vous pouvez donner quatre ou cinq représentations de la pièce avant la fin du carême, je vous conseille de ne pas perdre ces quatre ou cinq bonnes chambrées.* (Voltaire)

chambrer verbe
Tenir dans une chambre, empêcher de sortir. *Elle chambrera son fils tant qu'il sera malade.*
Tiens, mon marchand de vinasse, s'écria Desmond. Sauve-toi, je vais le chambrer comme un Corton. (Colette)

champion nom masculin
[du germanique *kamp,* champ de bataille, lui-même du latin *campus*]
Combattant. *Les coups de poing trottaient : nos champions songeaient à se défendre.*
(La Fontaine) *Le malheur est un champion difficile à terrasser.*
(Chateaubriand)
Défenseur, à partir du premier sens du mot : le *champion* était celui qui, dans un « champ », une lice, combattait pour sa cause ou celle d'un autre. *En 1789, la France fut le champion de la liberté.* (Madelin)

chandelier nom masculin
En termes de galanterie, individu qui sert à détourner les soupçons d'un mari trompé en fait par un autre. On parlerait aujourd'hui de *paravent.* Alfred de Musset a laissé une pièce intitulée le *Chandelier.*

change nom masculin
Changement d'affections, inconstance. *Le change a des attraits capables de vous plaire.*
(Th. Corneille)

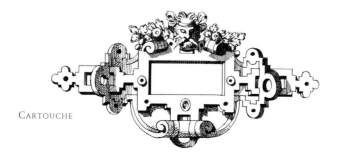

CARTOUCHE

chapitre nom masculin
(Assemblée de religieux ; d'où
l'expression *ne pas avoir voix au
chapitre*.)
Toute espèce de réunion
excessivement sérieuse. *Le
demeurant des rats tint chapitre
en un coin.* (LA FONTAINE)
Réprimande (parce que c'est
en plein chapitre qu'on
blâme les religieux). *Je serais
plus sévère et tiens qu'à juste
titre/Vous lui pouvez tantôt en
faire un bon chapitre.*
(CORNEILLE)

charité nom féminin
[du latin *caritas,* même sens]
Amour du prochain. *Ne faites
pas seulement l'aumône, faites
la charité.* (J.-J. ROUSSEAU)

charme nom masculin
[du latin *carmen,* formule
magique]
Sortilège, acte magique ;
remède auquel on attribue
des propriétés magiques. *Ils
s'aiment ! Par quel charme ont-
ils trompé mes yeux ?* (RACINE)
*Je n'ai que des attraits et vous
avez des charmes.* (CORNEILLE)
*Les Juifs, au Moyen Âge,
vendaient des philtres et des
charmes.* (VOLTAIRE)

charmer verbe
Ensorceler, maîtriser comme
par enchantement. *Le cardinal
de Richelieu pouvait-il charmer
la balle qui l'a tué ?* (VOITURE)
Apaiser un sentiment
douloureux. *Nous charmons
nos ennuis présents par l'espoir
d'un avenir chimérique.*
(MASSILLON) *Je charmerai ta
peine en attendant le jour.*
(LAMARTINE)

charpenter verbe
Tailler, découper
maladroitement. *Les convives
furent saisis d'étonnement en
voyant comment la pintade
avait été charpentée.*

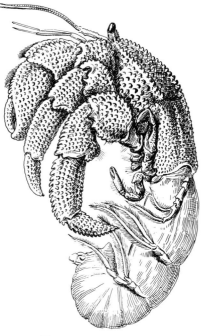

CÉNOBITE

chaste adjectif
[du latin *castus,* pur]
Très pur, en parlant du style.
Le vers de Racine est chaste.
Je m'étonne que votre style
puisse être si chaste, en étant si
mâle et si fort. (BOUHOURS)

chaussé, ée participe passé
Entêté dans une opinion.
J'aurai chaussé ma tête, et l'on
me contraindra ! / Ah ! vous
verrez comme on réussira !
(REGNARD)

chausser verbe
Plaire, convenir. *Des*
diamants ? Ça me chausse !
(LAROUSSE)
Accommoder, confirmer.
J'essaye de chausser mon âme à
son biais. (MONTAIGNE)

CERVELAS

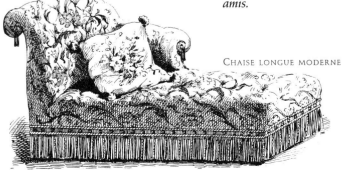

CHAISE LONGUE MODERNE

chef nom masculin
[du latin *caput,* extrémité]
Tête. *Le chef a soin des*
membres qui le servent.
(CORNEILLE) *Par mon chef ! c'est*
un siècle étrange que le nôtre !
(MOLIÈRE) *Le corps n'est pas*
plus vivant sans le chef que le
chef sans le corps. (PASCAL)

chevet nom masculin
[du latin *caput,* tête]
Partie du lit où l'on pose la
tête. *Pecquet était au chevet de*
mon lit pour un épouvantable
rhume. (Mme de SÉVIGNÉ)
Traversin. *Allons sur le chevet*
rêver quelque moyen, / D'avoir
de l'incrédule un plus doux
entretien. (CORNEILLE)
Par extension, tout ce qui sert
à poser la tête pendant le
sommeil. *Un sac de blé lui*
servait de chevet. L'insouciance
est, en quelques circonstances, le
meilleur des chevets.

chic nom masculin
[de l'allemand *schick,* adresse,
talent]
Finesses, procédures
captieuses. *Le chic de Robert*
l'éloignait peu à peu de ses
amis.

chiffonner verbe
Confectionner les objets
servant à la toilette des
femmes.
*Henriette est femme habile à
chiffonner les chapeaux.*
Chiffonner quelqu'un :
déranger le bon ordre de ses
vêtements.
Chiffonner une femme : se
permettre avec elle des
privautés. *Sans nuire à sa
toilette, je la chiffonne à mon
gré.* (BÉRANGER)

chose nom féminin
Désigne parfois une
personne, sans valeur
péjorative. *Je la révère comme
la plus noble, la plus belle et la
plus parfaite chose que j'aie
jamais vue.* (VOITURE)
En termes littéraires, pensée
de valeur. *Je conviens qu'où il
n'y a pas de choses, il ne peut y
avoir de style.* (DIDEROT)

circonflexe adjectif
Tordu, de travers, tourné de
côté et d'autre. *Il avait le nez
fait comme un baldaquin, la
jambe torte et circonflexe, le ton
bourru, la voix perplexe.*
(BEAUMARCHAIS)

civil, ile adjectif
[du latin *civilitas,* civilité, lui-
même de *civis,* citoyen]
Affable, poli. *Les vieillards
sont galants, polis et civils.*
(LA BRUYÈRE)

clair, aire adjectif
Luisant, poli.
Argent clair : argent
comptant. *Sa Majesté, dans les
premiers jours de sa régence,
épuisa l'épargne des plus clairs
deniers.* (LA ROCHEFOUCAULD)
Le plus clair d'un bien : la
partie la plus sûre d'un bien.
*Son plus clair revenu consistait
en bon vin.* (VOLTAIRE)

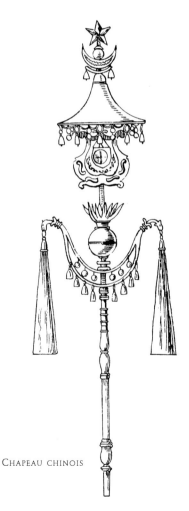

CHAPEAU CHINOIS

claquer verbe
Applaudir. *Je vous avertis que je joue le grand prêtre dans Sémiramis et que je suis fort claqué.* (VOLTAIRE)

clarifier verbe
[du latin *clarificare,* glorifier]
En termes religieux, rendre gloire à quelqu'un. *Comme j'ai clarifié mon Père sur la terre, vous allez me clarifier, confesser mon nom et le porter dans tout l'univers.* (MASSILLON)

cœur nom masculin
Courage, fermeté, énergie morale. *J'admire en vous surtout ce cœur infatigable.* (RACINE) *Bon cœur vient à bout de mauvaise fortune.* (DAMAS-HINARD)

coiffer verbe
Inspirer un engouement excessif, enticher. *Il s'était laissé coiffer de chimères et de visions.* (HAMILTON)
Enivrer. *Cet homme est aisé à coiffer.*
Le petit vin blanc de Bourgogne coiffe proprement. (LAROUSSE)
Être infidèle, en parlant d'une femme. *Depuis longtemps, Angélique se plaît à coiffer son mari.*

CHARLOTTE

se coiffer verbe
S'enticher. *C'est un bonheur de n'être point sujette à se coiffer de ces oisons-là.* (Mme de SÉVIGNÉ)

coloré, ée participe passé
Trompeur, hypocrite. *On ne pouvait pas proposer à un roi une vue politique plus colorée.* (BOSSUET)

colorer verbe
Présenter sous un aspect favorable. *La calomnie cherche un peu de vraisemblance pour colorer ses noirceurs.* (MIRABEAU)

combustion nom féminin
Désordre, trouble, effervescence. *Il fait plus de bruit que quatre autres et met tout en combustion.* (LA BRUYÈRE) *Jean-Jacques met tout en combustion dans sa petite république.* (VOLTAIRE)

commerce nom masculin
Manière de se comporter avec les autres. *Il est homme d'un bon commerce.* (LA BRUYÈRE)
Relation. *Voilà tous mes commerces dérangés, et je ne puis plus être bonne seulement à votre divertissement.* (Mme de SÉVIGNÉ)
Conversation. *Les commerces nous répandent trop au-dehors.* (MASSILLON)
Relation amoureuse illicite. *A-t-elle eu commerce avec le chevalier de Lorraine ?* (la France galante, XVIIe s.)

commère nom féminin
Marraine. *Il s'avisa de me prier de lui tenir un enfant, et me donna Mme Coccelli pour commère.* (J.-J. Rousseau)
Terme d'amitié, pour désigner des personnes qui ont des relations fréquentes. *Ma commère la carpe y faisait mille tours / Avec le brochet son compère.* (La Fontaine)

commettre verbe
Confier, charger d'une tâche. *Reprenez le pouvoir que vous m'avez commis.* (Corneille)
Compromettre. *Je ne crois point vous avoir commise.* (Mme de Sévigné)
Brouiller deux personnes. *Il a fait des rapports qui ont pensé les commettre l'un avec l'autre.* (Académie)

commode adjectif
D'un caractère arrangeant, jusqu'à la complaisance.
Mari commode : celui qui accepte les aventures de sa femme, et qui parfois s'y prête. *Si, pour vous plaire, il faut n'être jamais jaloux, / Je sais certaines gens fort commodes pour vous.* (Molière)
Mère commode : celle qui se complaît aux galanteries de sa fille.

commodité nom féminin
Caractère agréable, tolérant. *Ces manières insinuantes qui prennent les hommes par leurs commodités ne sont plus d'usage ici.* (Fénelon)
Au pluriel : lieux d'aisances. *La princesse d'Harcourt ne se faisait faute de ses commodités au sortir de table, qu'assez souvent elle n'avait pas le loisir de gagner, et salissait le chemin.* (Saint-Simon)

compagnie nom féminin
Union sexuelle. *Tu feras que de ta fille il ait la compagnie.* (La Fontaine)

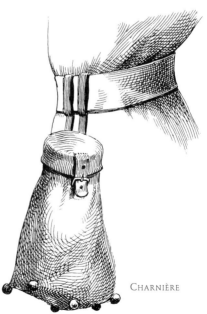

CHARNIÈRE

compassé, ée adjectif
[de *compas*]
Justement disposé, arrangé.
Son festin était magnifique et compassé. (J.-J. ROUSSEAU)
Régulier. *Cette jeune femme mène une vie très compassée.*

compatir verbe
S'accorder, être compatible, vivre avec. *L'ambition et le repos ne peuvent compatir ensemble.* (MONTAIGNE) *Ceux qui font sonner plus haut les défauts de leurs frères sont ceux avec qui personne ne peut compatir.* (MASSILLON) *Une étroite amitié l'un à l'autre nous joint : / Mais enfin nos désirs ne compatissent point.* (CORNEILLE)

compétence nom féminin
Rivalité. *La moindre ombre de compétence avec un fils de France a un grand air de ridicule.* (RETZ)

complaisance nom féminin
Désir de plaire, dévouement (sans nuance péjorative).
J'avais plus espéré de votre complaisance. (RACINE)

complaisant, ante adjectif
Qui aime plaire ou se dévouer. *Elle était impérieuse avec ses enfants, mais complaisante à son mari.* (PERROT)

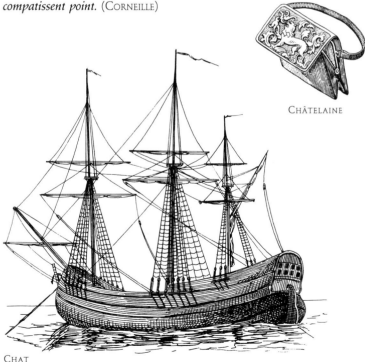

CHÂTELAINE

CHAT

se composer verbe
Prendre une apparence
mesurée. *Il faut que votre sexe
ait fait une étude bien réfléchie
de l'art de se composer pour
réussir à ce point.*
(BEAUMARCHAIS)

composition nom féminin
Accord, compromis. *Ils
n'entrèrent avec Bucer dans
aucune composition.* (BOSSUET)

compté, ée adjectif
Réputé, dont on tient
compte. *En ce temps où mon
père était ami de Colbert, la
vertu était encore comptée.*
(SAINT-SIMON)

concerté, ée adjectif
Prudent. *M. de Turenne était
plus concerté que M. le Prince.*
(SAINT-ÉVREMONT)
Guindé, maniéré. *La conduite
de ce général était si équivoque,
ses démarches si concertées et ses
desseins si cachés, qu'on ne
pouvait compter sur son secours.*
(VERTOT)

concours nom masculin
Affluence, foule. *Il fréquente
les temples où se fait un grand
concours.* (LA BRUYÈRE)

concurrence nom féminin
Rencontre d'idées,
d'expressions. *Si l'on
remarque des concurrences dans
mes vers, qu'on ne les prenne
pas pour des larcins.*
(CORNEILLE)

CHATTE

condition nom féminin
État du noble, noblesse. *Il
s'est mis dans la tête de faire
l'homme de condition.* (MOLIÈRE)
*La condition ne donne pas des
vertus.* (LESAGE)

conditionné, ée participe
passé
Pourvu des qualités requises,
en bien ou en mal. *Je n'ai
jamais respiré une odeur mieux
conditionnée.* (MOLIÈRE)
Rassasié. *Nous nous levâmes de
table, tous assez bien
conditionnés.* (LESAGE)

conférence nom féminin
Conversation privée. *Il a eu
de grandes conférences avec le
roi.* (Mme de SÉVIGNÉ)

confidence nom féminin
[du latin *confidens,* confiant]
Confiance intime. *Ses
débauches et son infamie lui
conservèrent l'affection de
l'empereur et sa confidence.*
(PERROT)

confondre verbe
Faire échouer, réduire à
l'impuissance. *Un regard
confondrait Hermione et la
Grèce.* (RACINE) *C'est Dieu lui-
même qui confond les conseils et
la prudence de nos chefs.*
(MASSILLON)

confort nom masculin
Secours, réconfort. *Vain et
triste confort, soulagement
léger !* (CORNEILLE)

confusion nom féminin
Profusion. *Il y avait à ce repas
une grande confusion de mets.*

CHEVALIER ABOYEUR

CHEVAL FONDU

congrès nom masculin
[du latin *congressus,* réunion]
Épreuve autrefois ordonnée
par la justice pour vérifier la
puissance ou l'impuissance
sexuelle d'un homme, dans
un couple qui voulait faire
annuler le mariage. Le
congrès fut supprimé en 1667.
*Et jamais juge entre eux
ordonnant le congrès, / De ce
burlesque mot n'a sali ses arrêts.*
(BOILEAU)

connaître verbe
Connaître une femme : avoir
avec elle des relations
sexuelles. *Il est plaisant que le
mot connaître une femme veuille
dire coucher avec elle ; comme si
on ne connaissait pas une
femme sans cela.* (CHAMFORT)

considérable adjectif
Qui a de l'autorité, qui
impose le respect. *Le roi a dit
qu'elle était plus considérable
par sa vertu que par la
grandeur de sa fortune.*
(Mme de SÉVIGNÉ)
Qui mérite considération, qui
touche, en parlant des
choses. *Ah ! mon père, le bien
n'est pas considérable, lorsqu'il
est question d'épouser une
honnête personne.* (MOLIÈRE)

consistance nom féminin
[du latin *consistere,* se tenir
ensemble]
Stabilité. *L'homme est comme
le traversin d'une balance qui
branle toujours et n'a point de
consistance.* (RETZ)

consommateur nom masculin
[du latin *consummare,* faire la
somme, achever]
En théologie, celui qui amène
quelque chose à la
perfection. *Ce qu'il y a de
principal à mettre sans cesse
devant les yeux des enfants,
c'est Jésus-Christ, auteur et
consommateur de notre foi.*
(FÉNELON)

conspiration nom féminin
[du latin *conspirare,* souffler
ensemble]
Effort commun vers un
même but. *Aucun coin de la
terre n'a donné lieu, plus que
Venise, à cette conspiration de
l'enthousiasme.* (MAUPASSANT)

constamment adverbe
Avec constance, fermeté. *Qui
vit avec honneur doit mourir
constamment.* (ROTROU) *Il y a
différence entre souffrir la mort
constamment et la mépriser.*
(LA ROCHEFOUCAULD)
Assurément, certainement.
*Il cite pour un maître celui qui
constamment est un ignorant.*
(LA QUINTINYE)

CHIEN-ASSIS

contempler verbe
Méditer, fixer attentivement
sa pensée sur quelque chose.
*J'ai peine à contempler son
grand cœur dans ces dernières
épreuves.* (RACINE) *Pour bien
user de la vie, il faut contempler
la mort.* (BOÏSTE)

contournable adjectif
Flexible, dont on peut user
de diverses façons. *La raison
humaine est un outil souple,
contournable et accommodable à
toute figure.* (MONTAIGNE)

contourner verbe
Tourner de travers, déformer.
*Ce long corps souple et
caressant se contourne en des
émotions extrêmes.* (FROMENTIN)
Tourmenter, forcer. *Cet
écrivain a la fâcheuse habitude
de contourner son style.*

contraint, ainte adjectif
[du latin *constringere,* serrer]
Gêné, mal à l'aise. *Timide et
contraint devant mon père, je ne
trouvais l'aise et le contentement
qu'auprès de ma sœur Amélie.*
(CHATEAUBRIAND)

contrariété nom féminin
Opposition, contradiction. *La
plupart des contrariétés viennent
de ne pas s'entendre, et
d'envelopper dans un même mot
des choses opposées.* (MOLIÈRE)
*Nous ne sommes que mensonge,
duplicité, contrariété.* (PASCAL)
*Il n'avait point à justifier au
prince ni aux courtisans la
contrariété de ses mœurs et de
ses règles.* (FLÉCHIER)

contretemps nom masculin
Moment, action ou propos
inopportuns. *Le contretemps
serait étrange de chercher des
roses sous la neige.* (PASCAL)
*Quittez ces contretemps de
froide raillerie.* (CORNEILLE)

contre-vérité nom féminin
Antiphrase, c'est-à-dire
proposition qui donne à
comprendre le contraire de
ce qu'elle dit. *Il y a des gens
qui ne louent, ou qui ne
blâment, que par des contre-
vérités.* (ACADÉMIE) *Est-ce vérité ?
est-ce contre-vérité ? suis-je à vos
yeux intéressante ou ridicule ?*
(Mme du DEFFANT)
Satire dans laquelle on
attribue à quelqu'un des
qualités qu'il n'a pas.
*Chapelle et Bachaumont ont
fait d'agréables contre-vérités.*
(RICHELET)

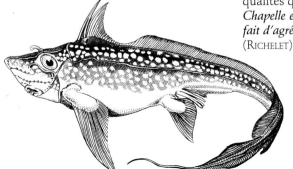

CHIMÈRE

convaincre verbe
Donner des preuves certaines
contre. *J'ai dessein de vous
convaincre d'être hérétique.*
(Mme de SÉVIGNÉ)

converser verbe
[du latin *conversari*, fréquenter]
Vivre avec, avoir des
relations. *Pour m'apaiser, l'on
m'a donné deux chiens. Aussi
bien, en l'humeur où je suis, je
ne dois plus converser avec les
créatures raisonnables.*
(VOITURE) *Nous ne conversons
plus qu'avec des ours affreux.*
(LA FONTAINE)

coquin, ine nom
Individu méprisable,
personne vile et méchante.
*Vos patrons sont de francs
coquins.* (Mme de SÉVIGNÉ) *Un
coquin est celui à qui les choses
les plus honteuses ne coûtent
rien à dire ou à faire.*
(LA BRUYÈRE)
Une coquine : femme aux
mœurs légères. *Nous sommes
liés le baron et moi par nos
coquines.* (H. de BALZAC)

corps nom masculin
Corset. *Il faut lui mettre un
petit corps qui lui tienne la
taille.* (Mme de SÉVIGNÉ)

corroborer verbe
[du latin *robur*, force]
Donner de la force. *Ces
exercices avaient corroboré ses
muscles.* (GAUTIER)

corsage nom masculin
La partie supérieure du corps,
de la taille jusqu'aux épaules.
*Elle est douce d'humeur, gentille
de corsage.* (LA FONTAINE)
S'emploie aussi pour les
animaux. *Ce cheval a un beau
corsage.* (LITTRÉ)

costume nom masculin
[de l'italien *costume*, coutume]
Mœurs, usages. *Cette louange
vous est due d'avoir appris le
costume aux Français.*
(VOLTAIRE)
En peinture, fidélité à
reproduire les objets d'une
époque. *Vermeer excellait à
observer le costume.*

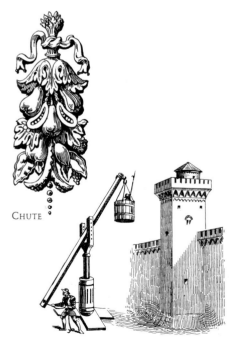

CHUTE

CIGOGNE

coteau nom masculin
Fin gourmet, œnophile.
Pendant que les grands
négligent de rien connaître,
qu'ils se contentent d'être
gourmets ou coteaux, des
citoyens s'instruisent du dedans
et du dehors du royaume.
(LA BRUYÈRE) *Le dîner de M. de*
Valavoir effaça entièrement le
nôtre par son extrême délicatesse
qui a surpassé celle de tous les
coteaux. (Mme de SÉVIGNÉ)
Cette appellation vient,
d'après Littré, de l'événement
suivant : Saint-Évremont
dînait chez M. de Lavardin,
évêque du Mans, qui le railla
sur sa délicatesse : *Ces*
messieurs outrent tout à force de
vouloir raffiner sur tout. Pour le
vin, ils n'en sauraient boire s'il
ne vient d'un des trois coteaux
d'Aï, d'Haut-Villiers et
d'Avenay.

coton nom masculin
Léger duvet qui vient aux
joues et au menton des
jeunes gens. *À peine*
adolescent, de son léger coton /
La jeunesse en sa fleur ombrage
son menton. (DELILLE)

couleur nom féminin
Prétexte. *Vous cherchez,*
Ptolémée, avecque trop de ruses,
/ De mauvaises couleurs et de
froides excuses. (CORNEILLE)
Être haut en couleur : avoir le
visage très coloré. *Cunégonde*
était haute en couleur, fraîche,
grasse. (VOLTAIRE)

couper verbe
Passer devant quelqu'un, en
le séparant de l'endroit où il
va. *Elle coupe la duchesse et*
donne la serviette.
(Mme de SÉVIGNÉ)

COMMODE

LA CLAIRON

COCASSE

courage nom masculin
Sentiment, affection, passion.
Que tu pénètres mal le fond de
mon courage ! (CORNEILLE) *La*
honte suit de près les courages
timides. (RACINE)
L'individu, animé de passion.
Quels courages Vénus n'a-t-elle
point domptés ? (RACINE)

course nom féminin
Expédition faite par une
armée en terre étrangère,
pour s'approprier un butin.
Les Scythes ont plutôt fait des
courses que des conquêtes.
(BOSSUET) *Pourquoi tenter si loin*
des courses inutiles ? (RACINE)

couvert nom masculin
Abri, logement. *En peu de*
jours il eut au fond de
l'ermitage / Le vivre et le
couvert : que faut-il davantage ?
(LA FONTAINE) *On donne le*
couvert à des passants
embarrassés de leur gîte.
(J.-J. ROUSSEAU)

couvreur nom masculin
Homme qui aime faire
l'amour. *Ce sont là d'assez*
bons couvreurs. (LEROUX)

crachat nom masculin
Insigne servant à distinguer
les grades supérieurs dans la
chevalerie. *Figurez-vous, sur*
une estrade, un homme tout
brillant de crachats, devant lui
une table, et sur la table une
urne. (COURIER)

COUCOU

crapule nom féminin
[du latin *crapula,* ivresse]
Ivrognerie, débauche. *Tout ce qu'il cherche n'est que crapule et brutalité.* (PATRU) *Je ne pouvais souffrir ni la gêne de la bonne compagnie, ni la crapule du cabaret.* (J.-J. ROUSSEAU)

crasseux, euse adjectif
Excessivement avare. *Ils vivaient de la manière la plus vile et la plus crasseuse qu'on puisse imaginer.* (J.-J. ROUSSEAU)

crevé, ée participe passé
Bouffi, obèse. *Je vis hier Mme de Verneuil, elle n'est plus rouge ni crevée comme elle était.* (Mme de SÉVIGNÉ)

crudité nom masculin
Mal d'estomac provoqué par des aliments indigestes. *Ces viandes engendrent des crudités.* (ACADÉMIE)

cuir nom masculin
[peut-être par rapprochement avec l'idée d'*écorcher un mot,* comme on défait le cuir d'un animal ; ou peut-être par analogie avec le cuir qui sert à adoucir le rasoir]
Faute de liaison : « j'étais-t-à la campagne », « il était-z-en voyage ». *Ces mots français que nous sommes si fiers de prononcer exactement ne sont eux-mêmes que des « cuirs » faits par des bouches gauloises qui prononçaient de travers le latin ou le saxon.* (PROUST)

cul nom masculin
Jupon rembourré (nommé aussi *tournure*). *Si l'on porte encore des culs, dans ce cas je vous prierai de m'en envoyer deux.* (Mme de GENLIS)

cultiver verbe
Entretenir des relations, fréquenter. *Il cultive les jeunes femmes, et entre celles-ci les plus belles et les mieux faites ; c'est son attrait.* (LA BRUYÈRE)

curieusement adverbe
Avec soin. *Ils décrivent curieusement de petites choses et passent légèrement sur les grandes.* (RACINE) *Chacun sait combien curieusement les Égyptiens conservaient les corps des morts.* (BOSSUET)
Avec habileté, avec une grande délicatesse. *C'étaient des coupes d'or curieusement ciselées.* (G. de BALZAC)

curieux, euse adjectif
[du latin *curiosus,* qui a soin de]
Attentif, soigneux. *Platon fut un curieux observateur des antiquités.* (BOSSUET) *Cette femme est fort curieuse en habits.* (FURETIÈRE)

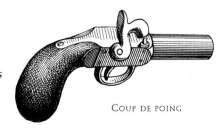

COUP DE POING

débander verbe
Mettre une troupe en désordre. *Le maréchal de Joyeuse débanda sur Gobert, excellent brigadier de dragons, avec son régiment.*
(Saint-Simon)

débauche nom féminin
Excès de manger ou de boire. *Verville fut un grand quart d'heure à réveiller son valet breton, qui avait fait la débauche.* (Scarron)
Petite réjouissance, repas, promenade. *Ils aiment à faire de temps en temps une petite débauche.*
Le mercredi se passa de même en confrontations, débauches et chansons. (Mme de Sévigné)
Dérèglement d'un mécanisme. *Cette horloge ne connaît pas la moindre débauche.*

débordé, ée participe passé
Dissolu. *Il mène une vie débordée.* (Vaugelas) *Jenni, dans sa vie débordée, avait un profond respect pour son père et même de la tendresse.*
(Voltaire)

déceler verbe
[de *celer,* du latin *celare,* cacher]
Révéler involontairement. *Sa colère me plaît et décèle une amante.* (Chénier) *Il y a toujours dans nos manières, dans notre maintien, quelque chose qui nous décèle.* (H. de Balzac)

décevant, ante adjectif
[du latin *decipere,* tromper, séduire]
Trompeur, illusoire. *Il se rapprocha lentement pour mieux contempler la séduisante créature qui gisait étendue à ses yeux, mollement couchée, la tête appuyée sur sa main et accoudée dans une pose décevante.*
(H. de Balzac)

DAME-BLANCHE

décevoir verbe
Tromper, induire en erreur.
Mes yeux ne sont-ils point déçus
par une trompeuse
ressemblance ? (LESAGE)

décharge nom féminin
Lieu d'une maison où l'on
met ce qui n'est pas d'un
usage ordinaire. *Nous avons*
près d'un cellier une décharge
très spacieuse.
Rien ne convenait mieux à M. le
duc que d'avoir la Touanne
pour en faire une décharge à
son château de St-Maur, quand
il y était avec Mme la duchesse
et bien du monde. (SAINT-SIMON)

déchet nom masculin
[de *déchoir*]
Amoindrissement, discrédit.
C'était un désir bien naturel et
bien innocent de remédier au
déchet où étaient tombés ses
appas. (LA FONTAINE)

décider verbe
[du latin *decidere,* trancher]
Mener à son terme, conclure.
Les deux rivaux décidèrent leur
querelle à Pharsale. (BOSSUET)

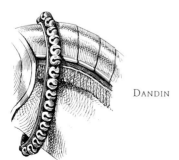

DANDIN

se déclarer verbe
Apparaître clairement tel
qu'on est. *Si cet homme se*
méfie de sa nièce, il doit la tuer
raide avant qu'elle se déclare.
(GIRAUDOUX)

décoller verbe
[du latin *decollare,* décapiter]
Couper le cou. *Lamberi*
rapporte que le czar Pierre avait
décollé de sa propre main son
fils aîné. (VOLTAIRE)

déconcerté, ée participe passé
Dont l'ordre est dérangé. *Ne*
priant plus, toute l'harmonie de
la vie chrétienne est en moi
déconcertée. (BOURDALOUE)

dedans nom masculin
Affaires intérieures d'un État.
Il s'applique à régler le dedans
de son royaume. (RACINE)

déduit nom masculin
Divertissement, occupation
agréable. *Il avait dans la terre*
une somme enfouie. / Son cœur
avec, / N'ayant autre déduit /
Que d'y ruminer jour et nuit.
(LA FONTAINE)
Dans le langage des poètes
érotiques, plaisir de l'amour.
Elle passait pour être au déduit
ce qu'on appelle une bonne
lame, et se prêtant à tous les
goûts. (Rapports de police, XVIIᵉ s.)
Elle le mena dans sa chambre
où il prit le déduit avec elle.
(d'OUVILLE)

défaire verbe
Effacer par plus d'éclat.
Quand elle arrive au bal, elle
défait toutes les autres femmes.
Une fille à seize ans défait bien
une mère. (QUINAULT)
Faire mourir. *Cette*
malheureuse a défait son
enfant.
Se déconcerter, perdre
contenance. *Courage,*
Seigneur... ne vous défaites pas.
(MOLIÈRE)

DAUPHINE

se défaire verbe
Se donner la mort. *Mon père,*
dans l'excès de sa douleur, me
dit : ne va pas répandre le bruit
que ton frère s'est défait lui-
même ; sauve au moins
l'honneur de ta misérable
famille. (VOLTAIRE) *Plusieurs de*
ses disciples se défirent au sortir
de son école. (DIDEROT) « Il est
fâcheux que ce sens du verbe
défaire vieillisse, et qu'on y ait
substitué ou bien *se tuer* qui
est plus vague, puisqu'on
peut se tuer par accident, ou
bien *se suicider* qui est un mot
suspect et d'un aloi
douteux. » (LITTRÉ)

défaite nom féminin
En termes de galanterie,
sujétion d'un cœur. *Et qui sait*
si l'ingrate, en sa longue
retraite, / N'a point de
l'empereur médité la défaite ?
(RACINE)
Excuse, échappatoire,
prétexte. *Il pria Ésope de lui*
enseigner une défaite.
(LA FONTAINE) *Va, mon pauvre*
Figaro, n'use pas ton éloquence
en défaites ; nous avons tout dit.
(BEAUMARCHAIS)

DEMOISELLE DE PAVEUR

DENT-DE-CHIEN

défaut nom masculin
[de *défaillir,* faire défaut,
manquer]
Le défaut de la cuirasse :
l'intervalle entre les deux
pièces d'une cuirasse. *Il
rappela ses esprits, et, tâtant
son ennemi au défaut des
armes, il lui plongea le poignard
dans le flanc.* (VAUGELAS) *Il n'y
a point de guerrier si bien armé
qu'on ne puisse percer au défaut
de la cuirasse.* (VOLTAIRE)
Le côté faible, sensible d'une
personne. *Fuyez un ennemi qui
sait votre défaut.* (CORNEILLE)

dégât nom masculin
[de l'ancien français *degaster,*
dévaster]
Consommation excessive de
denrées. *On fait un grand
dégât de bois et de vin dans cette
maison.*

dégoût nom masculin
Manque de goût, d'appétit.
*Le soir elle eut un grand dégoût /
Et ne put au souper toucher à
rien du tout.* (MOLIÈRE)
Déplaisir, humiliation. *M. de
Coulanges a essuyé un violent
dégoût.* (Mme de SÉVIGNÉ) *Notre
premier duc de Piney est fort
connu par ses deux ambassades
à Rome où il reçut tant de
dégoûts.* (SAINT-SIMON)

déguerpir verbe
[du francique *werpan,* jeter,
abandonner]
Abandonner la propriété
d'un bien pour se soustraire à
une charge. *En fait, il ne songe
qu'à déguerpir son héritage.*

délayer verbe
[de l'ancien français *deslaier,*
différer]
Remettre à plus tard,
retarder. *Ces pensées ont délayé
celles que j'avais apportées de
Provence.* (Mme de SÉVIGNÉ)

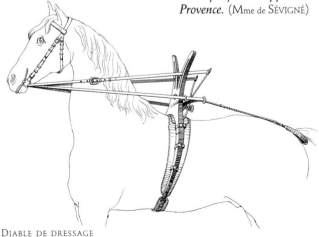

DIABLE DE DRESSAGE

délicat, ate adjectif
Pointilleux, susceptible. *Et
plus l'amour est fort, plus il est
délicat.* (CORNEILLE)

délié, ée adjectif
[du latin *delicatus,* mince]
Mince, fin. *Onuphre porte des
chemises très déliées, qu'il a un
très grand soin de bien cacher.*
(LA BRUYÈRE)
Léger, presque imperceptible.
*Cette erreur est si déliée que
pour peu qu'on s'en éloigne, on
se trouve dans la vérité.* (PASCAL)
Habile par l'adresse et la
finesse. *Les Suisses n'étaient
pas réputés les hommes les plus
déliés.* (VOLTAIRE)

démêler verbe
Apercevoir, reconnaître une
personne ou une chose, au
milieu de beaucoup d'autres.
*Je démêlai mon fils dans le
tourbillon.* (Mme de SÉVIGNÉ)

démentir verbe
Désavouer, renier. *Il courut
démentir une mère infidèle.*
(RACINE)

demeure nom féminin
[du latin *demorare,* tarder, rester]
Retard, délai. *Oui, sans plus
de demeure, / Pour l'intérêt des
dieux je consens qu'elle meure.*
(CORNEILLE) *Le ciel ne veut point
de demeure.* (LAMOTTE)
Péril en la demeure : danger à
attendre. *N'allez pas si vite, il
n'y a pas péril en la demeure.*

demeurer verbe
S'arrêter par fatigue ou
blessure. *Un de mes beaux
chevaux demeura dès Palaiseau.*
(Mme de SÉVIGNÉ) *En 1809, dans
la marche rapide de Napoléon
sur Vienne, un grand nombre de
soldats demeurèrent.*

demoiselle nom féminin
Femme, mariée ou non, née
de parents nobles. *Mettre des
bourgeoises là où le roi ne veut
que des demoiselles, c'est
tromper les intentions du roi.*
(Mme de MAINTENON) *Deux
d'entre elles étaient des
demoiselles de cinquante ans,
timides comme à quinze, mais
beaucoup moins gaies qu'à cet
âge.* (Mme de STAËL)
Libellule. *J'attendais, d'un
fourmilion si bien nourri, une
demoiselle proportionnée à son
énorme corpulence ; et je ne fus
pas médiocrement surpris quand
je vis paraître une demoiselle
dont la taille n'avait rien du
tout de remarquable.* (BONNET)

dénaturé, ée participe passé
Dépravé, corrompu. *Ah !
cœur dénaturé qu'endurcit ma
tendresse !* (VOLTAIRE)

DIABLOTIN

dénoncer verbe
[du latin *denuntiare,* faire savoir]
Déclarer, rendre public. *Il se raccommoda avec la France, puis s'outrecuida jusqu'à dénoncer la guerre à l'Empereur.* (SAINT-SIMON)
Annoncer avec menace. *Les sages lui dénoncèrent qu'il mettait tout l'État en péril.*
(BOSSUET)

dépayser verbe
Donner à des choses ou à des paroles une autre apparence.
Voilà donc ce cher paquet ; vous avez très bien fait de le déguiser et de le dépayser un peu.
(Mme de SÉVIGNÉ) *Nous étions convenus d'un secret entier qui nous faisait cacher nos conversations et les dépayser.*
(SAINT-SIMON)

dépendre verbe
[du latin *dispendere,* dépenser]
Dépenser. *Ma beauté et mes tendres ans ne peuvent endurer que le temps dépende et consume ainsi mes jours en vain.* (LOUIS XI). *Je vais vous montrer qu'il n'est rien de si peu de frais, si vous craignez de dépendre.* (MALHERBE)

déplorable adjectif
Digne de compassion, de pitié. *Prenez quelque pitié d'un amant déplorable.* (CORNEILLE)

déploré, ée participe passé
[du latin *deploratus,* désespéré]
Perdu, désespéré. *La santé du Roi s'affaiblissait tous les jours, mais celle du cardinal était déplorée.* (LA ROCHEFOUCAULD)

se déporter verbe
[du latin *deportare,* emporter]
Se désister, s'abstenir. *Les témoins se sont finalement déportés, devant certaines menaces.*

dépression nom féminin
Abaissement, humiliation.
Craignez de tomber dans cet état de dépression où l'on est contraint de revêtir la livrée de la misère. (H. de BALZAC)

déprimé, ée participe passé
Mis au-dessous du mérite, de la valeur réelle. *Cet auteur a été vivement déprimé par les critiques.*

déprimer verbe
[du latin *deprimere,* abaisser]
Rabaisser, humilier. *Si l'homme s'estime trop, tu sais déprimer son orgueil.* (BOSSUET) *On aimait à le louer pour déprimer son frère.*
(Mme de MAINTENON)

DIAGRAMME

désabuser verbe
Détromper. *Je t'aime encore
assez pour te désabuser.*
(CORNEILLE)
Détourner, éloigner. *Il faut
que le monde nous désabuse du
monde ; ses appas ont assez
d'illusion, ses faveurs assez
d'inconstance, ses rebuts assez
d'amertume.* (BOSSUET)

descente nom féminin
Nom vulgaire de la hernie.
*Mme de La Vallière mourut
d'une descente dans de grandes
douleurs.* (SAINT-SIMON) *C'est
moins en laissant pleurer les
enfants qu'en s'empressant pour
les apaiser, qu'on leur fait
gagner des descentes.*
(J.-J. ROUSSEAU)

désemparer verbe
[du latin *anteparare,* faire des
préparatifs pour se défendre]
Quitter le lieu où l'on est,
abandonner la place.
*L'Anglais recommanda bien à
son valet de ne pas désemparer
le pas de la porte.* (SAINT-SIMON)
*Depuis les charmantes
conversations de Poitiers, vous
n'avez point désemparé mon
cœur.* (REGNARD)

désert, erte adjectif
[du latin *desertus,* abandonné]
Abandonné, seul. *Sur le
simple bruit qui courut que
l'affaire était conclue, il se voit
déjà désert.* (RACINE)
Substantivement : retraite
solitaire, lieu isolé, peu
habité. *Voici le plus beau désert
qu'on puisse imaginer, avec ces
ruisseaux qui tombent des
montagnes.* (FÉNELON)
C'est aussi le sens du *désert,*
dans les Cévennes, depuis les
camisards : endroit reculé où
les protestants célébraient
leur culte, interdit avec la
révocation de l'édit de
Nantes (en 1685).

déserter verbe
Terme de marine.
Déserter quelqu'un :
l'empêcher de retourner au
vaisseau, et le laisser dans
quelque lieu malgré lui.
*Alexander Selkirk, qui a donné
le modèle de Robinson Crusoé,
est le plus célèbre des marins qui
furent désertés.*
Rendre désert. *Le cardinal de
Retz a-t-il part à toutes ces
cruautés qui ont déserté nos
villes ?* (RETZ)

DINGO

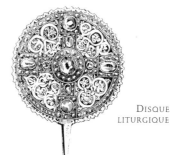

DISQUE
LITURGIQUE

désolé, ée participe passé
[du latin *desolare,* ravager]
Dévasté. *Préparez-vous à voir
vos pays désolés.* (CORNEILLE)
Laissé dans la solitude. *On
s'empresse à vous voir, on
s'efforce à vous plaire ; / Mon
palais près du vôtre est un lieu
désolé.* (CORNEILLE)
Plongé dans une douleur
extrême. *Une femme désolée
s'arrache les cheveux.*
(MAUCROIX) *Sa présence a
surpris mon âme désolée.*
(RACINE)

désoler verbe
Ravager, détruire. *Les Huns
désolèrent tout l'univers avec
une armée immense.* (BOSSUET)
Importuner, harceler. *La
maréchale la désolait de plaintes
et de reproches.* (SAINT-SIMON)

désordonné, ée adjectif
Déréglé, dissolu. *Femme
désordonnée, / Sans mesure et
sans règle, / Au vice abandonnée.*
(BOILEAU)

détail nom masculin
Penchant à s'occuper des
détails, minutie. *Il avait la
prévoyance de Turenne, la
valeur de Créqui, je ne sais quoi
de Frézelière et le détail de
Jacquier.* (Mme de MAINTENON)

détester verbe
[du latin *detestari,* maudire]
Maudire, pester. *Fatigué,
détestant de s'être vu joué, / Il en
pensa crever de rage et de
tristesse.* (LA FONTAINE)

détour nom masculin
Ruse. *Ah ! le détour est bon et
l'excuse admirable !* (MOLIÈRE)
*Faut-il que je dérobe, avec mille
détours, / Un bonheur que vos
yeux m'accordaient tous les
jours ?* (RACINE)

détraquer verbe
[de l'ancien français *trac,* trace]
Détourner, éloigner. *La
maladie de ce jeune homme l'a
fort détraqué de ses études.*
(FURETIÈRE)

2.

DONZELLES

1.

devis nom masculin
[du latin *dividere,* diviser]
Bavardage, conversation
familière. *Car est-ce vivre, à*
votre avis, / Que de fuir toutes
compagnies, / Plaisants repas,
menus devis ? (LA FONTAINE)
Dessein, projet. *Nous ne*
sommes pas seulement capables
de faire le devis et le projet
d'une vie heureuse. (RETZ)

dévisager verbe
Déchirer le visage avec les
ongles ou les griffes. *Je vais*
chercher le chevalier, madame,
et je le dévisagerai si je le trouve.
(DANCOURT) *Je ne suis point du*
tout pour ces prudes sauvages /
Dont l'honneur est armé de
griffes et de dents / Et veut au
moindre mot dévisager les gens.
(MOLIÈRE)

dévoiement nom masculin
Trouble digestif, colique.
M. de Beauvillier se crevait de
quinquina pour arrêter une
fièvre opiniâtre accompagnée
d'un fâcheux dévoiement.
(SAINT-SIMON) *Un dévoiement*
rend souvent un homme
pusillanime. (VOLTAIRE)

devoir nom masculin
Civilité, obligation
mondaine. *Je suis tellement*
accablée de visites et de devoirs,
que de bonne fois je n'en puis
plus. (Mme de SÉVIGNÉ)
Hommage, marque de
déférence.
Rendre, faire son devoir :
présenter ses hommages. *J'ai*
fuit votre devoir à l'abbé
Arnauld. (Mme de SÉVIGNÉ) *Où*
est son Altesse turque ? Nous
voudrions lui rendre nos devoirs.
(MOLIÈRE)

dévouer verbe
Sacrifier. *Un loup quelque peu*
clerc prouva par sa harangue /
Qu'il fallait dévouer ce maudit
animal. (LA FONTAINE)

diane nom féminin
[de *dia,* jour]
Batterie de tambour qui se
fait à la pointe du jour. *La*
diane chantait dans les cours
des casernes. (BAUDELAIRE)

diction nom féminin
Choix de mots justes. *L'on*
doit avoir une diction pure et
user de termes qui soient
propres. (LA BRUYÈRE) *La diction*
naïve, franche, populaire et riche
de La Fontaine. (COURIER)

diffamer verbe
[du latin *fama,* renommée]
Salir. *Il a renversé cette sauce*
sur mon habit et l'a tout
diffamé. (FURETIÈRE)

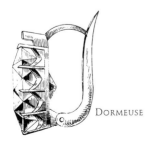

DORMEUSE

diffusion nom féminin
Défaut du langage, du style
diffus. *Il n'y avait pas jusqu'à
Néaulme qui, dans la diffusion
de son bavardage, ne me
montrât du regret de s'être mêlé
de cet ouvrage.* (J.-J. ROUSSEAU)
*La diffusion nuit sans doute à
la clarté, quand on parle à des
hommes accoutumés à une
attention soutenue, qui savent
saisir des nuances fines, qui
peuvent recevoir à la fois un
grand nombre d'idées et
suppléer aux idées
intermédiaires que l'on a
supprimées.* (CONDORCET)

digérer verbe
[du latin *digerere,* porter çà et là,
distribuer]
Mettre en ordre, organiser. *Le
Sénat devait digérer et proposer
toutes les affaires.* (BOSSUET)
*Plus ils cherchent à digérer leur
discours, plus ils
m'embrouillent.* (LA BRUYÈRE)

digne adjectif
Capable. *Je vous crois digne,
ingrat, de m'arracher la vie.*
(RACINE)

diligence nom féminin
[du latin *diligentia,* hâte]
Rapidité. *La diligence du temps
est infinie.* (MALHERBE)
En diligence : en hâte. *Prince,
que tardez-vous ?/Partez en
diligence.* (RACINE)
Terme d'enseignement
religieux : devoir écrit, sorte
de résumé de la leçon du
prêtre que font surtout,
parmi les jeunes filles, celles
qui sont les plus diligentes.
Dans l'enseignement
profane, *diligence* se dit
souvent d'un devoir fait ou
d'une leçon apprise du bon
gré de l'élève, le professeur
ne l'exigeant pas. *Arnolphe se
complaisait à faire des
diligences.*

DORMEUSE DE VOYAGE

dîner verbe
[de l'ancien provençal *disnar,*
faire le repas du matin,
lui-même du latin *disjunare,*
rompre le jeûne]
Déjeuner. *Cliton n'a jamais*
eu, toute sa vie, que deux
affaires, qui sont de dîner le
matin et de souper le soir.
(LA BRUYÈRE) *À onze heures et*
demie, on sonnait le dîner que
l'on servait à midi.
(CHATEAUBRIAND)

direction nom féminin
La méthode particulière que
suivent les gens d'Église pour
conduire les âmes dévotes
dans la voie du salut ;
fonction d'un directeur de
conscience. *Mme de*
Maintenon eut la maladie des
directions qui lui emporta le peu
de liberté dont elle pouvait jouir.
(SAINT-SIMON)

discipline nom féminin
Éducation. *Je les trouve bien*
heureux, madame, d'être sous
votre discipline. (MOLIÈRE)
Sorte de fouet, composé de
chaînettes ou de cordelettes à
nœuds, qui sert d'instrument
de pénitence. *Laurent, serrez*
ma haire avec ma discipline.
(MOLIÈRE) *Recevoir à genoux, /*
De son prieur cloîtré vingt coups
de discipline. (VOLTAIRE)

1.

DORYPHORES

2.

discret, ète adjectif
[du latin *discretus,* capable de
discerner]
Avisé, prudent. *Ma muse, en*
l'attaquant, charitable et
discrète, / Sait de l'homme
d'honneur distinguer le poète.
(BOILEAU)

discursif, ive adjectif
En termes de dévotion,
inquiet, agité. *La foi fait le*
passage de l'état discursif à
l'état contemplatif. (BOSSUET)

disparate nom féminin
[de l'espagnol *disparatar,* faire
des actes extravagants]
Chose faite ou dite hors de
propos. *Une disparate pareille*
ne pouvait pas être un effet de
la pure imprudence. (RETZ) *Les*
petits mots du perroquet égaient
par les disparates. (BUFFON)

disposition nom féminin
Agilité, adresse. *Le duc de*
Saint-Aignan n'a senti ni dans
l'esprit ni dans le corps les
incommodités de la vieillesse. Il
a toujours servi le roi à genoux,
avec cette disposition que les
gens de quatre-vingts ans n'ont
jamais. (Mme de SÉVIGNÉ)

dispute nom féminin
[du latin *disputare,* discuter]
Discussion entre deux ou
plusieurs personnes sur un
point de théologie, de
philosophie ou de science.
J'aimais tant la dispute, que
j'arrêtais les passants, connus
ou inconnus, pour leur proposer
des arguments. (LESAGE)
Dispute de mots : discussion
qui roule sur une distinction
de mots. *Les disputes de mots*
sont toujours des disputes de
choses ; car tous les gens de
bonne foi conviendront qu'ils ne
tiennent à tel ou tel mot que par
préférence pour telle ou telle
idée. (Mme de STAËL)

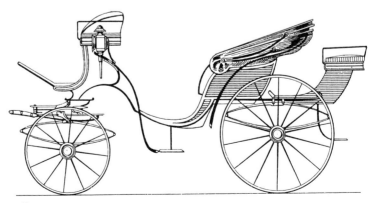

DUC

disputer verbe
Discuter, parfois de manière polémique. *Au lieu de disputer, discutons.* (BUFFON) *Il faut disputer des goûts et des couleurs.* (VALÉRY)

dissimulé, ée adjectif
Accoutumé à la dissimulation. *Les filles, ma foi, sont bien dissimulées.* (MOLIÈRE) *Un homme dissimulé loue ouvertement et en leur présence ceux à qui il dresse de secrètes embûches, et il s'afflige avec eux, s'il leur est arrivé quelque disgrâce.* (LA BRUYÈRE) Substantivement. *Vous n'êtes qu'une dissimulée.* (du FRESNY)

dissolution nom féminin
Dérèglement de mœurs, débauche. *Ne vous laissez point aller aux excès du vin, d'où naissent les dissolutions.* (SACY) *Salomon n'adora les dieux des femmes étrangères que pour se calmer sur ses dissolutions.* (MASSILLON)

distiller verbe
[du latin *distillare,* tomber goutte à goutte] · Examiner avec soin. *Rapaccioli me dit qu'il distillerait le discours du pape.* (RETZ)

distraction nom féminin
[du latin *distrahere,* tirer en divers sens]
Démembrement, séparation d'une partie d'avec son tout. *Tout cela nous a encouragés à demander la distraction de notre petit pays d'avec les fermes générales.* (VOLTAIRE)

distraire verbe
Séparer, démembrer. *La nature divine ne peut être ni séparée, ni distraite.* (BOSSUET) Dissuader, détourner d'une résolution. *Pourquoi suis-je Romaine, ou que n'es-tu Romain ?/Je t'encouragerais au lieu de te distraire.* (CORNEILLE)

PETIT-DUC

divaguer verbe
[du latin *divagari,* errer]
Errer çà et là. *Le monde et ses plaisirs s'écoulent et nous gênent ; / Et quant à divaguer nos plaisirs nous entraînent, / Ce temps qu'on aime à perdre est aussitôt passé.* (CORNEILLE) *Je n'étais plus qu'une âme errante qui divaguait çà et là dans la campagne pour user les jours.* (LAMARTINE) Sortir de son lit, en parlant d'une rivière. *J'ai vu plus d'une fois divaguer les petits fleuves côtiers.* (BASSANGE)

divers, erse adjectif
[du latin *diversus,* qui va en sens opposé]
Opposé, contraire. *Dans ces divers transports, je ne sais que répondre.* (MOLIÈRE) Qui présente plusieurs aspects différents. *Ah ! Dieu ! qu'un divers mal diversement me point !* (RÉGNIER) *L'homme est un animal bien divers et bien bigarré.* (G. de BALZAC)

divertir verbe
[du latin *divertere,* détourner]
Détourner, écarter. *À ce coup vainement j'ai voulu résister ; / Je ne l'ai diverti ni n'ai pu l'éviter.* (ROTROU) *Elle ! s'écria la vieille Zéphirine, l'auteur de tous nos maux, elle qui l'a diverti de sa famille.* (H. de BALZAC)

docteur nom masculin
Celui qui est habile en quelque chose que ce soit. *Et les femmes docteurs ne sont point de mon goût.* (MOLIÈRE) *Que fit-il ? Le besoin, docteur en stratagème, lui fournit celui-ci...* (LA FONTAINE)

doctrine nom féminin
[du latin *doctrina,* enseignement, science]
Savoir, connaissance. *Le dictionnaire de Calepin contient bien de la doctrine.* (FURETIÈRE) *Cet homme est réputé pour sa doctrine.*

domestique nom masculin
Conduite d'un foyer. *Point de hauteur ; soyez ferme et douce dans votre domestique.* (Mme de MAINTENON) *Elle répand sur tout son domestique un air de licence.* (MASSILLON)

doucement adverbe
Dans une certaine aisance. *On peut vivre doucement à la campagne sans grande dépense.*

DUCHESSE

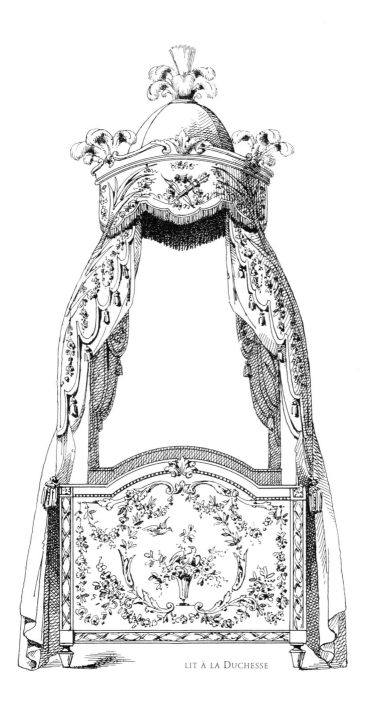

LIT À LA DUCHESSE

douteux adjectif
[du latin *dubitare,* douter,
craindre]
Méfiant, craintif. *Il était
douteux, inquiet, / Un souffle,
une ombre, un rien, tout lui
donnait la fièvre.* (LA FONTAINE)
Dangereux. *Il est douteux pour
lui d'écouter les sanglots.*
(CORNEILLE)

dragon nom masculin
Souci, inquiétude, remords,
chimère. *Je me sens coupable
d'une partie de vos dragons.*
(Mme de SÉVIGNÉ) *Voilà les
dragons qui me traversaient la
cervelle.* (CHATEAUBRIAND)

drapeau nom masculin
Lange. *Sécher les drapeaux
d'un enfant.* (ACADÉMIE)
Chiffon. *Les gueux ont des
habits faits de vieux haillons et
de drapeaux.* (FURETIÈRE)

draper verbe
Critiquer, dénigrer. *Il passe
son temps à draper le sexe
féminin.*
*On dit qu'on l'a drapé dans
certaine satire.* (BOILEAU)
*J'écrivis une épître au colonel
Godard où je le drapai de mon
mieux.* (J.-J. ROUSSEAU)

drôle nom masculin
[du néerlandais *drolle,* lutin]
Homme rusé qui provoque
une certaine méfiance. *C'était
un drôle, intriguant, de
beaucoup d'esprit, doux,
insinuant.* (SAINT-SIMON) *Une
fois au service du pape, le drôle
continua le jeu qui lui avait si
bien réussi.* (DAUDET)
En un sens tout à fait
injurieux : personne
méprisable. *Je ne suis point un
drôle, et je suis honnête homme.*
(COLLIN d'HARLEVILLE)
Faire de son drôle : mener
une vie de galanterie. *J'ai fait
de mon drôle comme un autre.*
(MOLIÈRE)

drôlerie nom féminin
Chose de peu de valeur,
bagatelle. *Hé bien, messieurs,
me ferez-vous voir votre petite
drôlerie ?* (MOLIÈRE) *Je viens de
remettre à l'ami Thiriot une
copie de ma petite drôlerie que
vous me paraissez avoir envie de
lire.* (d'ALEMBERT)

dru, ue adjectif
[du gaulois *druto,* fort]
Vif, plein d'entrain, gaillard.
*Je te promets à ce printemps /
Une petite camusette, / Friponne,
drue et joliette, / Avec qui l'on
t'enfermera.* (LA FONTAINE)

ébranler verbe
Décider quelqu'un.
Monsieur arriva enfin, tard,
M. de Nemours ayant eu
toutes les peines du monde à
l'ébranler. (RETZ)

échafaud nom masculin
[du latin *catafalicum,* lui-même
de *fala,* tour]
Estrade de laquelle on voit un
cortège, une cérémonie. *Les*
échafauds étaient déjà dressés
tout autour, et déjà les
personnes les plus curieuses
commençaient à s'y placer.
(LESAGE)
Par plaisanterie, l'estrade sur
laquelle jouent les
comédiens. *Sur cent cinquante*
échafauds, / Tous les huit jours
on fait des farces. (SCARRON)

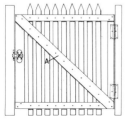

ÉCHARPE

s'échafauder verbe
S'aider, se créer des appuis.
Albergoti savait s'échafauder et
aller de l'un à l'autre.
(SAINT-SIMON)

échappée nom féminin
Action inconsidérée. *Quel*
transport déréglé ! Quelle
étrange échappée ! (CORNEILLE)
Échappée de vue : vue
resserrée entre des collines,
des maisons. *Je craindrais que*
la moindre échappée de vue
n'ôtât beaucoup d'agrément à
cette promenade. (J.-J. ROUSSEAU)

s'échapper verbe
Céder à son emportement, se
laisser aller à des paroles ou à
des actions légères,
condamnables. *Mme de*
Lauzun s'échappa plus d'une
fois avec le roi. (SAINT-SIMON)
Vous vous échapperez sans
doute en sa présence.
(CORNEILLE)

éclaircir verbe
Instruire, informer. *Je*
tremble ; hâtez-vous d'éclaircir
votre mère. (RACINE)

éclairer verbe
Espionner, épier quelqu'un.
On l'éclairera de si près qu'il ne
fera rien sans que nous le
sachions. (SCARRON) *Au diable le*
fâcheux qui toujours nous
éclaire ! (MOLIÈRE)

économie nom féminin
[du grec *oikonomos,*
administration de la maison]
Bon emploi d'un bien. *Ce*
n'est pas assez d'avoir de
grandes qualités ; il faut en
avoir l'économie.
(LA ROCHEFOUCAULD)

écouter verbe
Écouter un amant : ne pas
repousser ses hommages. *Eh*
bien, madame, hé bien, écoutez-
donc Oreste. (RACINE) *J'adore*
depuis six mois une femme
charmante ; j'en suis écouté ;
elle seule peut faire le bonheur
de ma vie. (LESAGE)

écrasé, ée participe passé
Une personne écrasée : une
personne dont la taille est
courte et ramassée. *C'était*
une grosse fille écrasée, bonne,
laide, camarde, avec de l'esprit.
(SAINT-SIMON)

écrivain nom masculin
Secrétaire, copiste. *Je vous ai*
cherché un écrivain qui fera
mieux que l'autre.
(LA ROCHEFOUCAULD)

égout nom masculin
Eau qui tombe et qui s'écoule
goutte à goutte. *Les glands qui*
avaient été trempés dans l'égout
du fumier sortirent de terre plus
tôt que les autres. (BUFFON)

élancement nom masculin
Ardent mouvement de l'âme.
L'amour est circonspect, il est
juste, humble et sage, / Il ne sait
ce que c'est qu'être mol ni
volage ; / Et des biens passagers
les vains amusements /
N'interrompent jamais ses doux
élancements. (CORNEILLE)

élargir verbe
Mettre hors de prison. *Je ne*
doutais pas qu'on ne vous
élargît bientôt. (LESAGE)
Donner, prodiguer. *L'esprit de*
la grâce nous est élargi.
(BOSSUET)

s'élargir verbe
En termes de marine, gagner
le large. *L'amiral vit peu à peu*
le vaisseau s'élargir et
disparaître à l'horizon.

ÉCHAUFFEMENT DE QUÊTE

élargissement nom masculin
Mise en liberté. *Joseph avait prié l'échanson de se souvenir de lui et d'obtenir du roi son élargissement.* (ROLLIN) Satisfaction d'un cœur qui est mis à l'aise. *Les autres pénétrés de douleur ou de gravité et d'attention sur eux-mêmes, pour cacher leur élargissement et leur joie.* (SAINT-SIMON)

élection nom féminin
Choix fait par une personne. *Votre affection n'a pas été fort juste en son élection.* (CORNEILLE) Attachement à l'objet d'un choix. *Sexe ingrat et léger, / Sans foi, sans jugement et sans élection.* (TRISTAN L'HERMITE) Vase d'élection : créature choisie, aimée de Dieu. *Je regarde Mlle de Grignan comme un vase d'élection.* (Mme de SÉVIGNÉ)

ÉCHELLE DE CORSAGE

élite nom féminin
[de l'ancien français *eslit,* action de choisir] Choix. *C'est donc la vérité que la belle Mélite / Fait du brave Philandre une louable élite.* (CORNEILLE)

éloignement nom masculin
Retardement. *Le moindre éloignement / À votre impatience est un cruel tourment.* (RACINE)

éluder verbe
[du latin *ludere,* jouer] Tromper, mystifier. *C'est trop d'être éludés par un fourbe exécrable !* (MOLIÈRE)

s'éluder verbe
S'échapper à soi-même. *Suspends tous ces emplois frivoles, / Homme vain, c'est trop t'éluder.* (LA MOTTE)

élysée nom masculin
Terme de la religion gréco-latine. Dans les enfers, le séjour des héros et des hommes vertueux après leur mort.
Par extension, lieu, séjour délicieux. *Il y a là des moulins, des cabarets et des tonnelles, des élysées champêtres et des ruelles silencieuses, bordées de chaumières, de granges et de jardins touffus.* (NERVAL)

émail nom masculin
Couleurs variées des fleurs.
On découvre de loin une grande
prairie toute parée de l'émail des
fleurs. (MONTESQUIEU)

emballer verbe
Se rendre maître des volontés
de quelqu'un par des paroles
captieuses. *Il fut si bien veillé,*
relayé, tourmenté, qu'ils
l'emballèrent. (SAINT-SIMON)

s'emballer verbe
Monter en voiture, partir.
Allons, il est temps de
s'emballer.
Se surcharger de vêtements,
s'habiller chaudement. *Si*
vous voulez sortir par ce grand
froid, emballez-vous bien.

embarras nom masculin
Tumulte. *L'embarras des*
chasseurs succède au déjeuner.
(LA FONTAINE)

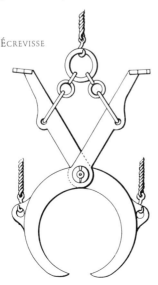

ÉCREVISSE

embarrassée adjectif
Enceinte, en parlant d'une
femme non mariée. *Ma*
fiancée, qui avait peur que je ne
revinsse pas, étant déjà
embarrassée, pensa mourir de
tristesse et du regret de sa noce
perdue. (COURIER)

embarrasser verbe
Compromettre. *Leur liaison se*
rompit, et elle le perdit ensuite à
la conjuration d'Amboise, où il
se trouva embarrassé.
(LA FAYETTE)
Empêcher le fonctionnement
de quelque chose. *Le roi avait*
commandé à l'ouvrier de cette
serrure extraordinaire de trouver
le moyen d'embarrasser le
ressort. (SAINT-RÉAL)

embonpoint nom masculin
Bonne santé du corps. *Je veux*
mourir pour tes beautés,
Maîtresse, / Je veux mourir pour
cette blonde tresse, / Pour
l'embonpoint de ce trop chaste
sein. (RONSARD) *Que me sert en*
effet qu'un admirateur fade /
Vante mon embonpoint si je me
sens malade ? (BOILEAU)

EMPRISE

émotion nom féminin
Agitation populaire qui
précède une sédition, et
quelquefois la sédition
elle-même. *La cherté étant
excessive dans les années de 1709
et 1710, il y eut quelques
émotions qu'il n'eût été ni
prudent, ni humain de punir
trop sévèrement.* (FONTENELLE) *Ils
rencontrèrent le maréchal
d'Huxelles dans son carrosse,
qu'ils arrêtèrent pour lui
demander des nouvelles parce
qu'il venait du côté de l'émotion.*
(SAINT-SIMON)

empêcher verbe
[de l'ancien français *empeechier,*
entraver]
Gêner, embarrasser. *Nous
serions tous bien empêchés, si
l'on nous parlait comme on
pense.* (LAMOTTE) *Mais je crois
que souvent, en voulant
préserver la jeunesse, on
l'empêche.* (GIDE)

enchanter verbe
[du latin *incantare,* prononcer
des formules magiques]
Ensorceler, séduire par des
attraits trompeurs. *Il faut des
coups de surprise à nos cœurs
enchantés de l'amour du monde.*
(BOSSUET) *Je compris tout à coup
qu'elle ne pouvait pas
s'échapper. Il l'avait enchantée
comme une bête.* (BOSCO)

encolure nom féminin
Manière d'être d'une
personne. *Je vois devant notre
maison un homme dont
l'encolure ne me présage rien de
bon.* (MOLIÈRE)

énerver verbe
Ôter le nerf, la force
physique ou morale. *Il y a des
pays où la chaleur énerve le
corps et affaiblit si fort le
courage que les hommes ne sont
portés à un devoir pénible que
par la crainte du châtiment.*
(MONTESQUIEU) *Toute
l'éloquence de Démosthène ne
put jamais ranimer un corps
que le luxe et les arts avaient
énervé.* (J.-J. ROUSSEAU)
S'énerver : Devenir sans
force. *Le courage s'énerve au
milieu des voluptés.*

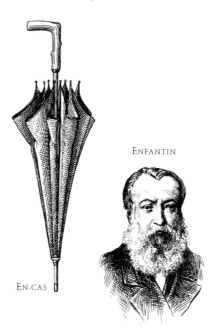

ENFANTIN

EN-CAS

enfance nom féminin
Acte ou sentiment d'enfant ;
enfantillage. *Vous connaissez
toutes les enfances dont elle
s'occupe.* (HAMILTON) *On
passait encore les enfances à
Mme la duchesse de Bourgogne
par la grâce qu'elle y mettait.*
(SAINT-SIMON)

enfiler verbe
Percer de part en part.
*Macartney, qui lui servait de
second, enfila le duc d'Hamilton
par derrière et s'enfuit.*
(SAINT-SIMON)
Être en compagnie de
quelqu'un. *Je me suis trouvée
enfilée avec un tel qui m'a fait
mourir d'ennui.*
(Mme de MAINTENON)

enflure nom féminin
Vanité, prétention. *L'orgueil
est une enflure du cœur par
laquelle l'homme s'étend et se
grossit en quelque sorte en
lui-même et rehausse son idée
par celle de force, de grandeur
et d'excellence.* (NICOLE)

enfoncé, ée participe passé
Un homme enfoncé : un
homme qui cache ses
pensées, ses sentiments.
*Il n'était pas de ces hommes
enfoncés et impénétrables, sur le
cœur de qui un voile fatal est
toujours tiré.* (MASSILLON)

enfoncer verbe
Approfondir un sujet. *Un
certain nombre de gens de la
cour n'ont pas deux pouces de
profondeur ; si vous les
enfoncez, vous rencontrez le tuf.*
(LA BRUYÈRE)
Expliquer, persuader. *Mme la
duchesse d'Orléans n'aurait ni
la grâce ni la force nécessaire
pour le lui bien enfoncer
(convaincre la duchesse de
Bourgogne de l'importance du
mariage du duc de Berry avec
Mademoiselle).* [SAINT-SIMON]

engager verbe
Séduire vivement. *J'ai toutes
les envies du monde de l'engager
pour rabattre un peu son
orgueil.* (MOLIÈRE)

ENGAGÉ

s'engager verbe
Devenir malade, en parlant
des organes. *En s'éveillant ce
matin à cinq heures, il a senti
que sa tête s'engageait.*
(DANGEAU)

engendrer verbe
Pourvoir d'un gendre.
*Ce futur beau-père craint
bien qu'on ne l'engendre.*
(Th. CORNEILLE)

enluminé, ée participe passé
Rouge par l'alcool ou par
quelque passion, en parlant
du teint, de la peau.
*M. de Brissac avait infiniment
d'esprit, avec une figure de plat
apothicaire, grosset, basset et
fort enluminé.* (SAINT-SIMON)

ennemie nom féminin
Belle ennemie : femme
désirée mais qui se refuse.
*Vers ma belle ennemie / Portons
sans bruit nos pas, / Et ne
réveillons pas / Sa rigueur
endormie.* (MOLIÈRE)

ennui nom masculin
Tourment, désespoir causé
par la mort de personnes
aimées, par leur absence, ou
par des malheurs divers. *Ce
n'est qu'avec le temps qu'un
grand ennui se passe.*
(QUINAULT) *La vie est-elle toute
aux ennuis condamnée ? L'hiver
ne glace point tous les mois de
l'année.* (CHÉNIER)

énorme adjectif
[du latin *enormis,* qui est hors
des normes]
Qui sort des règles, qui est
choquant par son excès. *Cette
énorme action, faite presque à
nos yeux, / Outrage à la nature,
et blesse jusqu'aux dieux.*
(CORNEILLE) *Il était riche ; il était
vêtu magnifiquement ; il faisait
bonne chère : que trouvez-vous là
de si énorme et de si criant ?*
(MASSILLON)

entêté, ée participe passé
Dont la tête, le cœur, les
sentiments sont préoccupés
en faveur de quelqu'un. *Mais
il est devenu comme un homme
hébété, / Depuis que de Tartuffe
on le voit entêté.* (MOLIÈRE)
*Savez-vous que je suis plus
entêtée de vous que jamais ?*
(Mme de SÉVIGNÉ)

s'entêter verbe
Prendre des préventions
favorables et tenaces à l'égard
de quelqu'un ou de quelque
chose. *Il n'est point à propos
d'engager les filles dans des
études dont elles pourraient
s'entêter.* (FÉNELON) *Ne méprisez
personne, ne vous entêtez de
rien.* (Mme de MAINTENON)

ENSEIGNE DE BONNET

entiché, ée participe passé
[de *tache*]
Qui commence à se gâter, en
parlant des fruits. *Hier, elle a
acheté des fruits entichés.*
Qui a quelque lésion morale
comparée à la lésion d'un
fruit entiché. *Mon frère, ce
discours sent le libertinage ; /
Vous êtes un peu dans votre
âme entiché.* (MOLIÈRE)
*Raisonner est de toutes les folies
des hommes celle qui nuit le
moins au genre humain, et l'on
voit même des gens sages
entichés parfois de cette folie-là.*
(J.-J. ROUSSEAU)

entonner verbe
Verser une liqueur dans un
tonneau ; boire, faire boire.
Il entonne bien : il boit bien.
*La secourable Émilie et moi
l'entonnions à qui mieux mieux.*
(LACLOS) *La gorge, à force
d'entonner, se trouve un peu
gâtée.* (CHAULIEU)

s'entonner verbe
S'engouffrer avec impétuosité
dans un lieu étroit. *Le vent
siffle et s'entonne dans les portes
d'une grande maison.*
(ROLLAND)

entremets nom masculin
Divertissement qui se faisait
autrefois dans un intervalle
du repas. *Sur la fin du dîner
commença le spectacle ou
entremets ; on vit paraître un
vaisseau avec ses mâts, voiles et
cordages.* (SAINT-FOIX)
Les mets servis en même
temps que le rôti et que l'on
mange après : pâtisseries,
œufs, fritures, salades, etc. *Le
maréchal d'Humières fit manger
des ragoûts et des entremets.*
(VOLTAIRE) *Vers l'entremets,
comme il versait d'un vin de
liqueur à Mme de Bouillon, on
s'aperçut qu'il balbutiait.*
(SAINT-SIMON)

ROBE ENTRAVÉE

entreprendre verbe
Tâcher de gagner quelqu'un, de le séduire. *Il avait mis à mal toutes les femmes qu'il avait entreprises.* (Bussy-Rabutin) Commencer à s'occuper d'une personne pour la former. *Je vous prie d'entreprendre la fille de notre paysanne pour la bien instruire.* (Mme de Maintenon) Attaquer, en paroles ou en actions. *Alexandre voulut s'affermir avant que d'entreprendre son rival.* (Bossuet)

entrepreneur nom masculin
Qui entreprend quelque chose. *Ce cousin entreprend de changer une femme ! / Et quel est donc ce sot entrepreneur ?* (La Fontaine)

entrepris, ise participe passé
Malade, perclus. *Depuis deux jours, je suis entrepris d'un torticolis.*
Ils demeuraient comme entrepris de leurs membres, et l'ennemi survenant ne les réveillait qu'en leur faisant de nouvelles blessures. (Vaugelas) *Ma poitrine s'entreprit ; j'étais maigre et pâle.* (Chateaubriand)

entretien nom masculin
Le sujet d'une conversation. *Tous ses entretiens ne sont que de chevaux, d'équipage et de chiens.* (Molière) *Vous faites aujourd'hui l'entretien de la ville.* (Th. Corneille)

enveloppé, ée participe passé
Embrouillé, compliqué. *Le temps est court pour démêler une affaire si enveloppée.* (Boileau) *Le style enveloppé de cet écrivain lui vaut de nombreuses critiques.*

envenimer verbe
Présenter sous un jour odieux. *Ne vous est-il jamais arrivé qu'on ait envenimé vos discours les plus innocents ?* (Massillon)

envisager verbe
Regarder une personne au visage. *Plus je vous envisage, / Et moins je me remets, monsieur, votre visage.* (Racine) *Et je n'ouvris les yeux que pour envisager / Les miens que sur le marbre blanc on venait d'égorger.* (Voltaire)

ENTRE-DEUX

épave adjectif
[du latin *expavidus,* pour parler d'un animal effrayé, égaré]
Qui est égaré et dont on ne connaît point le propriétaire.
Il observa dans la rue ce chien épave dont elle lui avait parlé.

épices nom féminin pluriel
[du latin *species,* espèce, substance, denrée]
Anciennement, présent fait spontanément à un juge par le plaideur à qui il avait fait gagner le procès (dragées, confitures ou argent). Plus tard, taxe obligatoirement payée au juge comme rétribution. *Il me redemandait sans cesse ses épices ; / Et j'ai tout bonnement couru dans les offices / Chercher la boîte au poivre.* (RACINE)

épigramme nom féminin
Terme de cuisine.
Épigramme d'agneau : ragoût au blanc d'œuf dans lequel on fait entrer quelques parties intérieures de l'animal. *François Ier était à table, quand on lui présenta une épigramme qui lui plut fort, et, en mangeant, il disait sans cesse : Ah ! la bonne épigramme ! Un bon gentilhomme qui ouït cela dit après au maître d'hôtel : Est-ce quelque viande nouvelle ? Hé ! je vous en prie, faites-nous en goûter.* (TALLEMANT des RÉAUX)

épiloguer verbe
Critiquer, trouver à redire.
J'ai été un peu fâchée de ne vous point voir me questionner, m'épiloguer, m'examiner.
(Mme de SÉVIGNÉ)

épingle nom féminin
Don fait à une femme quand on conclut quelque marché avec son mari. *Ce sont les épingles de madame.*
Ah ! que vous êtes adroit, monsieur Dubois ! Vous prétendez que, pour mes épingles, je me contente de ce petit surplus. (DANCOURT)

épris, ise participe passé
Qui est en feu. *La cheminée était remplie de tisons bien épris.*

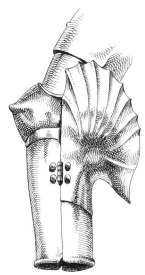

ÉPAULE DE MOUTON

équipage nom masculin
Tout ce qui est nécessaire
pour une activité. *Ce seigneur
était grand chasseur et avait fait
venir au Mans son équipage.*
(SCARRON)
Les objets personnels, le
mobilier. *Mon équipage
consistait en un tapis pour
m'asseoir, une pipe, un poêlon à
café.* (CHATEAUBRIAND)
Suite de chevaux, de voitures,
de valets, etc. *Il marche sans
suite et sans équipage.*
(FLÉCHIER)
Voiture de maître et ce qui
en dépend. *Quel est
l'égarement de certains
particuliers qui, riches du négoce
de leur père, se moulent sur les
princes pour leur garde-robe et
leurs équipages ?* (LA BRUYÈRE)
*On m'assure, mais d'assez
mauvaise part, qu'on vend les
équipages de M. le duc de la
Feuillade.* (Mme de MAINTENON)
Manière dont une personne
est vêtue. *Qu'est-ce donc, mon
mari, que cet équipage-là ?*
(MOLIÈRE) *Si je reste dans un
équipage à faire peur, personne
ne me reconnaîtra plus.*
(J.-J. ROUSSEAU)

équivoque nom féminin
Mauvais jeu de mots,
calembour. *La belle chose de
faire entrer aux conversations du
Louvre de vieilles équivoques
ramassées parmi les boues des
halles et de la place Maubert !*
(MOLIÈRE)

erreur nom féminin
[du latin *errare,* aller çà et là]
Errance, voyage comportant
des aventures. *Contez-moi
d'Ilion les terribles assauts, / Et
vos longues erreurs sur la terre
et sur l'onde.* (DELILLE) *Il se
pourrait que vous m'eussiez
écrit, car, dans mes longues
erreurs, j'ai perdu des lettres.*
(COURIER)

ÉPERVIERS

2.

1.

espèce nom féminin
Personne méprisable, indigne
de considération. *Quand une
femme s'affiche, ce n'est presque
jamais pour un honnête homme,
c'est pour une espèce.*
(CHAMFORT)
Au pluriel : images,
représentation qu'on se fait
des choses, apparences. *Avec
le temps, les espèces se
confondent, se perdent dans
notre âme.* (FURETIÈRE)

essai nom masculin
Petite quantité prélevée sur la
nourriture ou la boisson d'un
prince, pour s'assurer qu'il
n'y a aucun poison dedans.
Avant-goût, aperçu,
échantillon. *Et d'un cruel refus
l'insupportable injure / N'était
qu'un faible essai des tourments
que j'endure.* (RACINE) *D'un
courage naissant sont-ce là les
essais ?* (RACINE) *En voici pour
essai / Une histoire des plus
gentilles.* (LA FONTAINE)

essayer verbe
Mettre à l'épreuve, et, par
extension, fatiguer. *Les
critiques ne manquent jamais
ces sortes de réflexions, parce
qu'on peut les faire sans essayer
beaucoup son esprit.*
(MONTESQUIEU)

état nom masculin
Manière de s'habiller,
vêtement. *Où pouvez-vous
donc prendre de quoi entretenir
l'état que vous portez ?*
(MOLIÈRE)
État de maison : train de
maison. *Ils étalent une grande
magnificence : mais du reste, ils
n'ont ni dîner, ni souper, point
d'état de maison.*
(Mme de GENLIS)

étiquette nom féminin
[de la cour de Bourgogne, où
Philippe le Bon avait instauré un
important cérémonial ; tout ce
qui devait avoir lieu dans une
journée était noté sur un
formulaire, une « étiquette »]
Formes cérémonieuses dont
les particuliers usent entre
eux. *Il environne sa femme
d'étiquettes, et se gouverne ainsi
que toute sa maison par
l'autorité de sa coutume.*
(BERNARDIN de SAINT-PIERRE)

ÉPICIER

étoffé, ée participe passé
Un homme bien étoffé : un homme bien vêtu. *Malgré mon petit habit violet, j'avais l'air si peu étoffé qu'il ne me crut pas difficile à gagner.* (J.-J. ROUSSEAU)
Maison bien étoffée : bien meublée. *On n'y voyait point d'ameublements magnifiques ; mais rien n'y sentait l'épargne, et tout y était bien étoffé.* (LESAGE)

étonnant, ante adjectif
[du latin *extonare,* frapper de la foudre]
Qui ébranle physiquement ou moralement. *Ô nuit désastreuse ! ô nuit effroyable ! où retentit tout à coup comme un éclat de tonnerre cette étonnante nouvelle : Madame se meurt, Madame est morte !* (BOSSUET)

PIERRE D'ÉPREUVE

étonnement nom masculin
Ébranlement physique ou moral. *Dans l'église, l'explosion a produit l'étonnement des voûtes.*
La colère de Dieu le tenait dans un profond étonnement. (BOSSUET)

étonner verbe
[du latin *attonare,* frapper de la foudre, de stupeur]
Ébranler, heurter. *Ce cheval s'est étonné le pied.*
Lézarder.
Étonner un diamant : le fêler en le travaillant.
Causer un ébranlement moral. *Trop de vérité nous étonne.* (PASCAL) *La difficulté des affaires n'étonnait jamais ce grand magistrat.* (BOSSUET)

étourdi, ie adjectif
[du latin *turdus,* grive, celle-ci étant réputée pour s'étourdir, s'enivrer de raisin]
Il se dit parfois des parties du corps où il ne reste plus qu'un léger ressentiment de douleur. *Sa goutte l'a quitté, mais il a le pied encore tout étourdi.*
Remets donc ton esprit de sa chute étourdi. (MAIRET)

étrange adjectif
[du latin *extraneus,* étranger]
Étranger. *Peu de nos chants, peu de nos vers, / Par un encens flatteur, amusent l'univers / Et se font écouter des nations étranges.* (LA FONTAINE)

étranglé, ée adjectif
Qui manque de largeur. *Il lui donna rendez-vous dans une allée étranglée.*
Habit étranglé : habit trop étroit, qui n'a pas assez de tour. Substantivement. *Le roi bâtit à Versailles tout l'un après l'autre sans dessein général ; le beau et le vilain furent cousus ensemble, le vaste et l'étranglé.* (SAINT-SIMON)

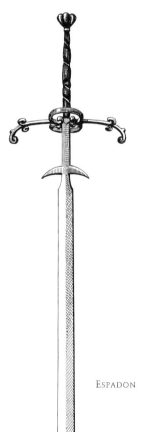

ESPADON

étrenne nom féminin
[du latin *strena,* cadeau fait à titre d'heureux présage]
Première vente que fait un marchand dans sa journée. *J'ai toujours entendu dire qu'il ne fallait jamais refuser son étrenne.* (LEGRAND)
Le premier usage qu'on fait d'une chose. *Ce linge est neuf, vous en aurez l'étrenne.*

étude nom féminin
[du latin *studium,* ardeur, goût]
Soin particulier que l'on apporte à quelque chose. *Le bonheur de vous plaire est ma suprême étude.* (MOLIÈRE)
Affectation, recherche. *Cette jeune fille plaît à tous sans étude.*
Que ne puis-je vous présenter cet homme simple et sans étude ? (FLÉCHIER)
Cabinet de travail. *Plus d'un héros, épris des fruits de mon étude, / Vient quelquefois chez moi goûter la solitude.* (BOILEAU)

évader verbe
Partir, se sauver. *Nous nous amusons trop, il est temps d'évader.* (CORNEILLE)

évaporation nom féminin
Légèreté d'esprit. *Il met beaucoup d'évaporation dans toutes ses attitudes.*

s'évaporer verbe
Montrer de la légèreté dans ses discours, dans sa conduite. *Depuis quelque temps cette jeune fille s'évapore.*

événement nom masculin
Issue, bon ou mauvais résultat. *Et les remèdes que je tente demeurent sans événement.* (MALHERBE) *Mon procès se jugera enfin au commencement de l'hiver. Ce n'est pas que je sois inquiète de l'événement ; d'abord j'ai raison, tous mes avocats me l'assurent.* (LACLOS) Dénouement, dans une pièce de théâtre. *Chaque vers, chaque mot court à l'événement.* (BOILEAU)

éventé, ée adjectif
Étourdi, inconsidéré. *Je la ferai rougir, cette jeune éventée.* (CORNEILLE) *Ses airs éventés me le rendirent insupportable, et mon air froid m'attira son aversion.* (J.-J. ROUSSEAU)

éventer verbe
Flairer. *Lorsque le loup veut sortir du bois, jamais il ne manque de prendre le vent, il s'arrête sur la lisière, évente de tous côtés.* (BUFFON)

évoquer verbe
Faire apparaître les démons ou les âmes des morts par l'effet de certaines conjurations. *La femme lui dit : Qui voulez-vous que je vous évoque ? Évoquez-moi Samuel, répondit Saül.* (BOSSUET)

exact adjectif
[du latin *exactus,* accompli]
Sévère, rigoureux. *Il avait pris soin de mettre une exacte discipline dans le camp.* (FÉNELON) *Un régime exact et même ses austérités lui valurent une santé assez égale.* (FONTENELLE) *Simple dans sa mise et d'une exacte propreté, il sentait le savon de Marseille.* (FRANCE)

exaltation nom féminin
[du latin *altus,* haut]
Élévation, hauteur. *Ce bâtiment, ce plancher ont trop ou trop peu d'exaltation.* (FURETIÈRE)

exécuter verbe
Procéder à la saisie judiciaire d'un bien. *On ira, l'épée à la main, exécuter ton meuble.* (RETZ)

exemplaire nom masculin
Exemple, modèle à imiter. *Cette femme est un exemplaire de vertu.* (FURETIÈRE)

ESTIVAL

exercice nom masculin
Occupation, métier. *Et là,*
comme il pensait au choix d'un
exercice, / Un brave du pays l'a
pris à son service. (CORNEILLE)

expédiée nom féminin
Écriture courante, facile et
rapide. *En relisant ses lettres, il*
admirait sa belle expédiée.

expédier verbe
Faire mourir. *Ce portier du*
logis était un chien énorme, /
Expédiant les loups en forme.
(LA FONTAINE) *Il y a eu*
aujourd'hui quatre hommes
expédiés à la Grève. (FURETIÈRE)
Les habitants d'Avila se font
une grande joie de voir expédier
aujourd'hui quelqu'un de ces
voleurs. (LESAGE)

exploiter verbe
Ironiquement, faire quelque
prouesse. *Vraiment vous avez*
bien exploité !
Voler, dérober. *Nous nous*
mîmes à exploiter sur les grands
chemins. (LESAGE)

exposition nom féminin
Abandon d'un enfant ou
d'un handicapé sur la voie
publique. *Les expositions des*
enfants sont cruelles et
ordinaires parmi les chrétiens.
(LEMAÎTRE) *Comme, malgré les*
expositions d'enfants, le peuple
augmente toujours en Chine, il
faut un travail infatigable pour
faire produire aux terres de quoi
le nourrir. (MONTESQUIEU)

exprès, esse adjectif
Qui est exprimé de manière à
ne laisser aucun doute
possible. *César viendra bientôt,*
et j'en ai lettre expresse.
(CORNEILLE) *Ce Père pouvait-il*
s'en expliquer d'une manière
plus expresse ? (BOURDALOUE)

exquis, ise adjectif
[du latin *exquisitus,* recherché]
Rare, recherché, raffiné. *Les*
rois sont avec raison menacés
d'une justice plus rigoureuse et
de supplices plus exquis.
(BOSSUET) *Les précautions les*
plus exquises s'imposent pour
éviter une trop grande confusion
dans nos esprits. (VALÉRY)

exténuer verbe
[du latin *tenuis,* ténu]
Amoindrir beaucoup, rendre
ténu. *Pour plaire, le poète a*
besoin quelquefois de rehausser
l'éclat des belles actions, et
d'exténuer l'horreur des
funestes. (CORNEILLE) *La*
réflexion que je fais ici peut
exténuer mes torts dans leurs
effets, mais c'est en les
aggravant dans leur source.
(J.-J. ROUSSEAU)

EUSTACHE

f

fable nom féminin
[du latin *fabula,* récit]
Récits mythologiques relatifs
au polythéisme. *La Fable offre
à l'esprit mille agréments divers.*
(Boileau) [En ce sens le mot
s'écrit avec une majuscule et
ne se dit qu'au singulier.]
Sans majuscule, il se dit aussi
pour désigner tout récit ayant
un caractère mythologique
quelconque. *Rien n'est beau
que le vrai, le vrai seul est
aimable ; / Il doit régner partout,
et même dans la fable.* (Boileau)
*Les fables sont l'histoire des
temps grossiers.* (Voltaire)

fabrique nom féminin
[de *fabriquer,* construire]
Toute construction servant à
l'ornement des parcs, des
jardins. *Le désert de Retz
comprenait autrefois de
nombreuses fabriques.
Il me semble que, le temple
n'étant pas ici un pur accessoire,
une simple décoration de fond, il
fallait le montrer davantage et
n'en pas faire une fabrique
pauvre et mesquine.* (Diderot)

fabuleux, euse adjectif
Qui tient de la fable ;
controuvé, imaginaire. *La
parabole est-elle autre chose que
l'apologue, c'est-à-dire un
exemple fabuleux et qui
s'insinue avec d'autant plus de
facilité et d'effet qu'il est plus
commun et plus familier ?*
(La Fontaine)
Qui a rapport à la
mythologie. *Cesse, Pô,
d'abuser le monde ; / Il est temps
d'ôter à ton onde / Sa fabuleuse
royauté.* (Malherbe)

FANFRELUCHE

face nom féminin
Faux cheveux qui couvrent
les tempes. *Il portait des faces
et une petite queue enrubannée.*
(S<small>UE</small>)

fâcheux adjectif
[de *fâcher,* dégoûter, puis causer
de la douleur]
Pénible. *Autant l'abord de cette
ville est fâcheux, autant est-elle
désagréable.* (L<small>A</small> F<small>ONTAINE</small>)
Rigoureux, sévère, cruel.
*L'esclave craint l'arrivée d'un
maître fâcheux.* (B<small>OSSUET</small>)
Bizarre, peu traitable. *On ne
sait comment vivre avec lui, c'est
un esprit fâcheux.* (A<small>CADÉMIE</small>)
*Ces nobles de province sont un
peu fâcheux.* (C<small>ORNEILLE</small>)

facilité nom féminin
Manque de fermeté,
indulgence excessive. *C'est
votre facilité qui est cause de
tout ce désordre.* (A<small>CADÉMIE</small>)
*Roxane satisfaite / Nous
engagea tous deux par sa
facilité / À la laisser jouir de sa
crédulité.* (R<small>ACINE</small>) *L'excessive
facilité de ce grand roi eut les
suites qu'on sait assez.*
(B<small>OSSUET</small>)

façonner verbe
Faire des manières, des
façons. *Le maréchal du Plessis
me parla sans façonner de la
part de la reine.* (R<small>ETZ</small>)
Faire des difficultés pour
exécuter une chose. *Jeunes
cœurs, croyez-moi, laissez-vous
enflammer ; / Tôt ou tard il faut
aimer ; / Et c'est en vain qu'on
façonne ; / Tout fléchit sous
l'amour, il n'exempte personne.*
(B<small>ENSERADE</small>)
Façonner un champ, une
vigne : leur donner les
labours convenables. *Vous
savez comment je vivais chez
nous, toujours travaillant,
labourant ou façonnant ma
vigne, et chantant la vendange
ou le dernier sillon.* (C<small>OURIER</small>)

factice adjectif
Terme de grammaire. Mot
factice : mot qui est formé
par imitation d'un son,
onomatopée (par exemple
glouglou). Cet écrivain aime
introduire des mots factices dans
ses poèmes.
Recueil factice : réunion, sous
une même reliure,
d'opuscules de provenances
diverses.

F<small>AUCILLE</small>

fagot nom masculin
[du grec *phakelos,* faisceau]
Bourde ; récit de choses peu
importantes. *Je n'écrirai point
aujourd'hui à mon ami ; je ne
l'en aime pas moins : il me conte
toujours des fagots fort jolis.*
(Mme de SÉVIGNÉ) *Tant que vous
ne cesserez de nous conter des
fagots et de vous servir de fagots
allumés, au lieu de raisons, vous
n'aurez pour partisans que des
hypocrites et des imbéciles.*
(VOLTAIRE)

fagoter verbe
Arranger un conte, un
mensonge. *Ils m'ont fagoté
cent histoires invraisemblables.*
Tramer une action suspecte.
*Je ne sais ce qu'ils fagotent
ensemble.*

fait nom masculin
Le bien, la fortune de
quelqu'un. *Son fait, dit-on,
consiste en des pierres de prix : /
Un grand coffre en est plein,
fermé de dix serrures.*
(LA FONTAINE) *Bienheureux celui
qui a tout son fait bien placé.*
(MOLIÈRE)

falot, ote adjectif
[de l'anglais *fellow,* compagnon]
Gai, plaisant. *Par quelque
chanson falote / Nous
célébrerons la vertu / Qu'on tire
de ce bois tordu.* (SAINT-AMANT)
*Eugène écrit des romans très
falots.*

fanatique adjectif
[du latin *fanaticus,* qui concerne
le temple]
Qui croit avoir des
inspirations divines. *Il est
vraisemblable que Mahomet fut
d'abord fanatique, ainsi que
Cromwell le fut dans le
commencement de la guerre
civile.* (VOLTAIRE)

fantaisie nom féminin
[du grec *phantasia,* apparition,
imagination]
Imagination. *Fantaisie
signifiait autrefois
l'imagination, et on ne se servait
guère de ce mot que pour
exprimer cette faculté de l'âme
qui reçoit les objets sensibles.*
(VOLTAIRE) Esprit, pensée,
idée. *Il a en fantaisie qu'il se
porterait mieux s'il changeait
d'air.* (ACADÉMIE) *J'ai bien
reconnu qu'un peu de jalousie /
Touchant votre Clindor
brouillait sa fantaisie.*
(CORNEILLE)

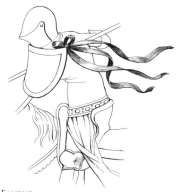

FAVEUR

fantasmatique adjectif
[du grec *phantasma,* vision, fantôme]
Qui tient de la vision, du fantôme. *Sous la lueur fantasmatique d'un ciel crépusculaire s'élevait une énorme masse noire chargée d'aiguilles et de clochetons.* (Hugo)

fantastique adjectif
[du grec *phantasia,* apparition, imagination]
Qui n'existe que dans l'imagination. *Les de Saussure, les Deluc, les Werner, sont partis de là pour arriver à la véritable connaissance de la structure de la terre, si différente des idées fantastiques des écrivains précédents.* (Cuvier)
Qui se laisse aller à sa fantaisie, à ses rêveries. *Ronsard avait le cerveau fantastique et rétif.* (Régnier)

farceur, euse nom
[de l'ancien français *farser,* railler]
Auteur ou joueur de farces. *Le paysan ou l'ivrogne fournit quelques scènes à un farceur ; il n'entre qu'à peine dans le vrai comique.* (La Bruyère) *Ainsi donc celui qui a refusé pour moi tant de princesses m'abandonne pour une farceuse des Gaules.* (Voltaire)

se farder verbe pronominal
Se dit des chats qui se passent les pattes sur les oreilles quand vient le mauvais temps. *À l'approche de la pluie, les hirondelles se tiennent près des habitations et rasent la terre dans leur vol, les lézards se cachent, les chats se fardent, les oiseaux lustrent leurs plumes.* (Littré)

fastidieux, euse adjectif
[du latin *fastidium,* dégoût]
Dégoûté, difficile à satisfaire. *La critique la plus fastidieuse fut obligée de reconnaître que son roman était réussi.*

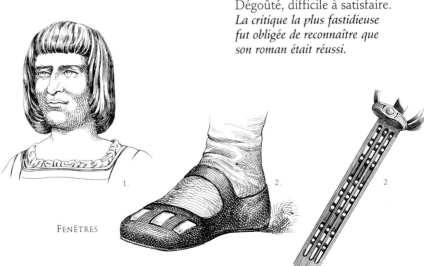

Fenêtres

faveur nom féminin
Ruban uni et très étroit (ainsi nommé parce qu'il était donné par faveur à un chevalier par sa dame). *Elle entreprit de nouer son paquet avec une faveur.*
On appelait autrefois faveurs, des rubans, des gants, des boucles, des nœuds d'épée, donnés par une dame.
(Voltaire)

feindre verbe
[du latin *fingere,* inventer, imaginer]
Hésiter, faire difficulté. *Nous feignons à vous aborder, de peur de vous interrompre.* (Molière)
Il se construit avec la préposition *de* quand il est accompagné d'une négation. *Monsieur et madame, ne feignez point de me mettre au nombre de ceux que vous aimez et qui vous aiment ; toute ma vie vous persuadera que je mérite d'y être.* (Mme de Sévigné)

feinte nom féminin
Art du poète ; fiction. *La feinte est un pays plein de terres désertes, / Tous les jours nos auteurs y font des découvertes.*
(La Fontaine)

fermentation nom féminin
Agitation des esprits. *La fermentation est aussi forte dans les provinces qu'à Paris.*
(Voltaire) *La plupart des grands hommes apparaissent au milieu des grandes fermentations populaires.*
(Larousse)

se fermer verbe
[de l'ancien provençal *firmar,* fixer, assurer]
Prendre une ferme résolution. *Le roi s'était fermé à n'accorder plus de survivances.*
(Saint-Simon)

féroce adjectif
[du latin *ferox,* fier, orgueilleux]
Farouche, peu sociable. *La solitude rend un esprit féroce.*
(Furetière)

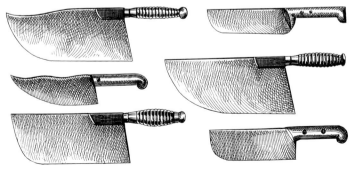

FEUILLES

férocité nom féminin
Naturel farouche. *Il y aurait une espèce de férocité à rejeter indifféremment toute sorte de louange.* (LA BRUYÈRE)

festonner verbe
[de l'italien *festone,* ornement de fête]
Aller en zigzag quand on est ivre. *Chaque nuit, elle les voyait festonner sous ses fenêtres.*

feu nom masculin
[du latin *focus,* foyer]
Un ménage, une famille, dans un village. *L'auteur réduit chaque feu à trois personnes ; mais, par le calcul que j'ai fait dans toutes les terres où j'ai été et dans celle que j'habite, je compte quatre personnes et demie par feu.*
(VOLTAIRE)
Vivacité d'action, de mouvement. *Cet orateur a du feu. Tant que l'on a du feu, on est aimable ; mais ce feu s'éteint, il se perd.* (PASCAL)

fidèle adjectif
Qui ne commet pas de vol, en parlant d'un employé ou d'un domestique. *Elle est adroite, soigneuse, diligente, et surtout fidèle ; et vous savez qu'il faut maintenant de grandes précautions pour les gens que l'on prend.* (MOLIÈRE)

fier adjectif
[du latin *ferus,* sauvage, farouche]
Violent, qui a l'audace, l'intrépidité d'une bête farouche. *Quelque fier qu'il puisse être, il n'est pas invincible.* (RACINE) *À la fois fier et rusé, Kutusof savait préparer avec lenteur une guerre tout à coup impétueuse.* (SÉGUR)
Grand, remarquable. *À moins qu'on ne l'écorche vif, je prédis qu'il mourra dans la peau du plus fier insolent.*
(BEAUMARCHAIS)
Une perdrix fière : qu'il n'est pas facile d'approcher.
Une pierre fière ou un marbre fier : des matériaux difficiles à tailler à cause de leur grande dureté.

fierté nom féminin
État de l'âme d'une femme qui ne se rend pas à l'amour. *Contre un amant qui plaît pourquoi tant de fierté ?*
(RACINE) *Les poètes ont eu peut-être plus de raison qu'ils ne pensaient : la fierté d'une femme n'est pas simplement la pudeur sévère, l'amour du devoir, mais le haut prix que son amour-propre met à sa beauté.*
(VOLTAIRE)
Terme de peinture. *On a dit quelquefois la fierté du pinceau pour signifier des touches libres et hardies.* (VOLTAIRE)

fille nom féminin
Nom qu'on donne à
certaines religieuses. *Les filles
du Calvaire.*
*Savez-vous que les filles de
Port-Royal sont en liberté ?*
(Mme de MAINTENON)
Se dit des églises, abbayes et
prieurés qui sont de la
fondation et de la
dépendance d'une autre
église et abbaye.
*L'abbaye de Trois-Fontaines est
fille de Clairvaux.*
Prostituée. *Depuis longtemps il
fréquentait les filles.*
*Taisez-vous, vous sentez le vin et
la fille.* (BÉRANGER)

fils nom masculin
Un **beau fils** : jeune homme
élégant et recherché dans sa
toilette. *Et quel est ce beau fils
qui cause tant de flamme ?*
(MONTFLEURY)

fin, ine adjectif
[du latin *finis,* ce qui est au point
extrême, accompli]
Extrême, à la limite. *Dans
tous les cas, je saurai le fin de
cette affaire.* (STENDHAL) *De
concert avec la Palatine, je leur
fis voir le fin des intentions de
Monsieur.* (RETZ)
Dans un langage très
vulgaire, **la plus fine** : les
excréments. *On dit que de la
plus fine / Son brun visage fut
lavé.* (Cabinet satirique)

flagrant adjectif
[du latin *flagrans,* brûlant]
Qui est en feu. *Et la guerre
civile est aujourd'hui flagrante.*
(BARTHÉLEMY)

flatté, ée participe passé
Embelli. *Il me remit devant les
yeux un portrait qui n'était pas
flatté.* (J.-J. ROUSSEAU)

flatter verbe
[du francique *flat,* plat]
Adoucir. *Je ne conçois rien qui
flatte mon ennui.*
Favoriser. *Le vent qui nous
flattait nous laisse dans le port.*
(RACINE)
Faire espérer. *On m'a flatté
que vous pourriez venir dans
nos retraites.* (VOLTAIRE)

FIANCÉE

FOLIE

flétrir verbe
Marquer une personne d'un fer chaud en punition d'un crime. *Celui qui aura dérobé des cordages, ferrailles et ustensiles des vaisseaux étant dans les ports, sera flétri d'un fer chaud portant la figure d'une ancre.* (RICHELET)
Frapper d'une condamnation déshonorante. *Il serait contre la raison que la loi flétrît, dans les enfants, ce qu'elle a approuvé dans le père.* (MONTESQUIEU) *Obscur, on l'eût flétri d'une mort légitime ; il est puissant, les lois ont ignoré son crime.* (GILBERT)

fleur nom féminin
Ornement du discours. *J'ai du regret de voir Tite-Live jeter des fleurs sur ces énormes colosses.* (MONTESQUIEU)
Fleurs de rhétorique : expressions poétiques conventionnelles. *Ses poèmes contiennent trop de fleurs de rhétorique.*
Velouté délicat qui recouvre la peau de certains fruits. *On a détruit la fleur de ces fruits en y touchant.*
Dans le tableau, on apercevait des prunes couvertes de leur fleur.
La virginité. *Cette fleur, qui avait été réservée pour le beau prince de Massa-Carrara, me fut ravie par le capitaine corsaire.* (VOLTAIRE)

fleurette nom féminin
Propos galant. *Cidalise est jolie et souffre la fleurette.*
(HAUTEROCHE)

fluide adjectif
[du latin *fluere,* couler]
Qui dure peu. *L'homme est une matière fluide, caduque et sujette à toutes sortes d'inconvénients.* (MALHERBE)

flux nom masculin
Flux honteux : maladie vénérienne. *Qu'il y ait à jamais dans la maison de Joab des gens qui souffrent un flux honteux !* (SACY)

foire nom féminin
[du latin *foria,* colique]
Diarrhée. *Il dit qu'il ne pouvait sortir parce qu'il avait la foire.*

FORMES   1.   2.

folie nom féminin
Riche maison de plaisance, souvent construite de manière bizarre. On y adjoint d'ordinaire le nom de celui qui les a fait construire ou du lieu dans lequel elles sont situées : la *Folie Méricourt,* les *Folies-Bergère.*
Ces villages des environs de Paris gardent encore à leurs portes des parcs du XVIIe et du XVIIIe siècle, qui furent les « folies » des intendants et des favorites. (PROUST)

forme nom féminin
Au pluriel : manière d'agir, de s'exprimer. *Cette jeune femme a des formes très agréables.*
La douceur des formes n'exclut pas la fermeté du caractère.
(de LEVIS)
Banc garni d'étoffe et rembourré. *Les ducs devaient avoir des fauteuils en tout pareils à ceux des princes du sang ; M. le duc, toujours entreprenant, les avait tous supprimés ; il ne s'en trouva que trois pour les trois princes du deuil, et une forme joignant le dernier fauteuil et plusieurs autres formes de suite.*
(SAINT-SIMON)

formidable adjectif
[du latin *formidare,* avoir peur]
Qui inspire la plus grande crainte. *Des hommes formidables et violents me cherchent pour m'ôter la vie.*
(RICHELET) *Son aspect était formidable et monstrueux.*
(GAUTIER) *La côte de Brest est sinistre et formidable.*
(MICHELET)

formulaire nom masculin
Livre, recueil de formules.
Tout ce jargon n'est qu'un vain formulaire. (J.-J. ROUSSEAU)

fort, orte adjectif
Épais, dru. *Après avoir dépassé la maisonnette, ils traversèrent un bois extrêmement fort.*
Substantivement, l'endroit le plus touffu d'un bois. *Des chasseurs l'ont surpris dans la forêt prochaine, / Où, caché dans un fort, il attendait la nuit.* (CORNEILLE)

FORMICA

fortune nom féminin
[du latin *fortuna,* sort]
Chance, hasard, risque.
*M. le prince ne courait aucune
fortune, s'il lui plaisait de
revenir à la cour.* (RETZ) *De
quelque manière que vous jetiez
les dés, ils amèneront toujours
les mêmes points ; voilà une
étrange fortune !*
(CHATEAUBRIAND)
Bonheur, succès. *Le métier de
la parole ressemble en une chose
à celui de la guerre ; il y a plus
de risques qu'ailleurs, mais la
fortune y est plus rapide.*
(LA BRUYÈRE) *C'est une grande
fortune d'être né bon.* (JOUBERT)
Situation où l'on se trouve.
*Le capitaine de vaisseau, touché
de ma fortune, me prit en
amitié.* (MOLIÈRE)
Succès de galanterie. *Vous
est-il point encore arrivé de
fortune ?/Vous êtes de taille à
faire des cocus.* (MOLIÈRE)
Malheur, danger. *Dieu veuille
que vous fassiez votre voyage
sans fortune.* (ACADÉMIE)

fougère nom féminin
Verre à boire ; ainsi nommé
parce qu'avant qu'on eût,
pour la fabrication du verre,
reconnu la supériorité de la
soude, on y employait la
potasse extraite des cendres
de la fougère ou de tout autre
végétal. *Elle voit le barbier qui,
d'une main légère, / Tient un
verre de vin qui rit dans la
fougère.* (BOILEAU)

fourniture non féminin
Fines herbes que l'on
emploie pour
l'assaisonnement : cerfeuil,
ciboulette, civette, estragon,
baume nouveau, baume des
jardins, bourrache, capucine
fleurie, perce-pierre,
pimprenelle, etc. *Il n'y a pas
assez de fourniture dans cette
salade.*

1.

2.

3.   FRAISES

FOURCHES PATIBULAIRES

fourré, ée adjectif
Qui a une peau garnie de
plumes. *Les oiseaux presque
nus tels que l'autruche, le
casoar, le dronte, ne se trouvent
que dans les pays chauds ; tous
ceux des pays froids sont bien
fourrés et bien couverts.*
(BUFFON)
Garni d'arbres et d'arbustes.
*Il habite dans un pays fourré.
Le maréchal de Lorge voyait des
coteaux fourrés dont il ne
connaissait ni les revers ni ce qui
y pourrait être des troupes.*
(SAINT-SIMON)
Paix fourrée : paix fausse, peu
sincère. *Ces deux confidents
avaient fait entre eux une paix
fourrée.* (RETZ)

franc, anche adjectif
[du francique *frank,* libre]
Qui jouit de sa liberté. *Je ne
me résoudrai jamais à
l'hyménée / Que d'une volonté
franche et déterminée.*
(CORNEILLE)
Qui n'a point souffert de
dommage. *Il échappa, mais
non pas franc, car pour gage il y
laissa sa queue.* (LA FONTAINE)
Exempt d'impôts, de dettes,
de charges. *Le comte son beau-
père, nommé Renaud, ayant
obtenu de grandes immunités en
faveur de ce mariage, s'intitula
le comte franc, et c'est de là
qu'est venu le nom de
Franche-Comté.* (VOLTAIRE)

franchise nom féminin
Liberté. *Conservez-vous l'esprit,
gardez votre franchise.* (RÉGNIER)
S'emploie surtout dans le
domaine de l'amour. *Chers
ennemis de ma franchise, /
Beaux yeux, mes aimables
vainqueurs.* (CORNEILLE)

friandise nom féminin
[de *frire*]
Goût pour la chère fine et
délicate. *La gourmandise gît
dans la quantité, la friandise
dans la qualité.*
(Mme de MONMARSON)

fricasser verbe
Dissiper en dépenses
extravagantes. *Guilleragues
avait des amis et vivait à leurs
dépens, parce qu'il avait tout
fricassé.* (SAINT-SIMON)

friper verbe
[de *fripe,* mangeaille]
Dissiper en de folles ou
vilaines dépenses. *Cet homme
a fripé tout son bien.*
Manger goulûment. *Les dieux
du liquide élément, / Conviés
chez un de leur troupe, / Sur le
point de friper la soupe, / Seront
saisis d'étonnement.*
(SAINT-AMANT)

friponnerie nom féminin
Friandise. *Elle endetta le
couvent des Dix-Vertus d'une
somme considérable, et cela pour
des friponneries ; car le pâtissier
seul demande beaucoup.*
(TALLEMANT des RÉAUX)

se froncer verbe
Avoir un mouvement
d'humeur envers quelqu'un.
*Je n'ai pas envie de me froncer
avec elle.*
*Montseigneur se fronça encore
plus qu'à l'ordinaire avec M. le
duc d'Orléans* (SAINT-SIMON)

fronde nom féminin
[du latin *frondis,* feuillage]
Branche garnie de feuilles.
*Autour de nous rien n'a
changé ; les hommes restent les
mêmes ; les mêmes habitudes
vont béquillant du même pas ;
la jeune sève pousse les mêmes
frondes ; aujourd'hui ressemble
à hier.* (Mme de GASPARIN)

front nom masculin
L'air, l'attitude, le langage, les
manières. *Et reconnaissez-vous
au front de vos amis / Qu'ils
soient prêts à tenir ce qu'ils vous
ont promis ?* (CORNEILLE) *De
quel front soutenir ce fâcheux
entretien ?* (RACINE)

fureur nom féminin
[du latin *furor,* folie, égarement]
État d'exaltation extrême. *Il
fut saisi d'une fureur divine. Je
sens au second vers que la muse
me dicte, / Que contre sa fureur
ma raison se dépite.* (RÉGNIER)
Au pluriel, le mot peut
désigner des emportements
en tout genre. *De l'amour j'ai
toutes les fureurs.* (RACINE) *Les
princes trouvent toujours des
âmes assez viles pour excuser
leurs fureurs.* (DUCLOS)

furieux, euse adjectif
Qui éprouve de l'exaltation,
un enthousiasme frénétique.
*Dans les premiers temps de la
république romaine, on était
furieux de liberté et de bien
public.* (SAINT-ÉVREMONT)
Excessif, en parlant des
personnes ou des choses. *Je
vais vous montrer une furieuse
plaie.*
*J'ai une délicatesse furieuse
pour tout ce que je porte.*
(MOLIÈRE)

futé, ée adjectif
[de *fût,* bâton]
Harassé, comme celui qui a
reçu des coups de bâton. *Ils
accusent les grands, le ciel et la
fortune, / Qui, futés de leurs vers
en sont si rebattus.* (RÉGNIER)

FUTILE

g

gageure nom féminin
[de *gage*]
Promesse de payer telle ou telle somme, de donner tel objet, stipulée par des personnes ayant fait un pari. *Puis vinrent les immondes gageures ; ils s'enfonçaient la tête dans les amphores, et restaient à boire sans s'interrompre comme des dromadaires altérés.* (FLAUBERT)

gagner verbe
[du francique *waidanjan,* se procurer de la nourriture]
Paître, en parlant des animaux de chasse. *À la tombée du jour, le lapin sort du bois et vient gagner.*
Gagner sur : obtenir que. *Il vient de me quitter assez triste et confus ; / Mais j'ai gagné sur lui qu'il ne me verra plus.* (CORNEILLE)

gaillard, arde adjectif
[sans doute du gallo-roman *galia,* force]
Gai, vif. *Cette jeune fille est jolie ; elle a l'esprit gaillard.* (CORNEILLE)
Qui est légèrement pris d'ivresse. *Il sortit de ce repas un peu gaillard.*

gaillarde nom féminin
Danse d'origine italienne en grande vogue aux XVIe et XVIIe siècles. Elle prenait parfois un caractère licencieux ; en la décrivant, Praetorius la cite comme *une invention du diable, plein de gestes honteux et obscènes, et de mouvements immodestes.* (Elle serait, en quelque sorte, la *lambada* de l'époque !)

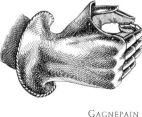

GAGNEPAIN

galamment adverbe
Avec goût et élégance. *Un rideau de soie, galamment retroussé, laissait pénétrer, à travers la persienne, un demi-jour mystérieux.* (MUSSET)
De bonne grâce. *Allons, monsieur, faites les choses galamment et sans vous faire tirer l'oreille.* (MOLIÈRE)
Avec courage. *Ton maître a soutenu galamment cette affaire.* (PIRON)
« Ce mot reçut une signification plus noble dans les temps de chevalerie, où le désir de plaire se signalait par les combats ; *se conduire galamment, se tirer d'affaire galamment,* veut même encore dire *se conduire en homme de cœur.* » (VOLTAIRE)

galant, ante adjectif
[de l'ancien français *galer,* s'amuser, mener joyeuse vie]
Un galant homme : un homme qui a de la probité, de l'urbanité. *Il traite la médecine en galant homme.* (Mme de SÉVIGNÉ)
Homme alerte, à qui il ne faut pas trop se fier. *Le galant fait le mort, et du haut d'un plancher / Se pend la tête en bas.* (LA FONTAINE)

galant, ante nom masculin et féminin
Amant, amoureux. *Je vous ai promis pour galant à deux belles dames de mes amies.* (VOITURE)
Ruban noué, nœud de rubans. *Viens, je te veux donner tout à l'heure un galant.* (CORNEILLE)
Verts galants : bandits du XVe siècle, qui se tenaient dans les bois et qui s'attaquaient aux seigneurs et aux riches. Par extension, homme vif, vigoureux, et particulièrement, homme empressé auprès des femmes. *Nous n'avions alors que vingt-huit ans, / Et nous étions, ma foi, tous deux de verts galants.* (MOLIÈRE)

GARDE-ROBES

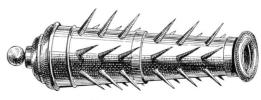

GENTILHOMME

galanterie nom féminin
Commerce amoureux. *Le roi
n'a point de galanterie, et
vraisemblablement n'en aura
plus.* (Mme de MAINTENON) *Tout
hors d'haleine enfin il entre aux
Tuileries, / Cherchant partout
matière à ses galanteries.*
(REGNARD)
Petits cadeaux. *Il m'a fait une
jolie galanterie. Tout ce spectacle
est une magnifique galanterie.*
(MOLIÈRE)

galoper verbe
[du francique *wala hlaupan,* bien
sauter]
Poursuivre quelqu'un. *Les
gendarmes l'ont galopé.*
Galoper une femme : lui faire
une cour pressante. *Le duc
galope vos filles d'honneur l'une
après l'autre.* (HAMILTON) *Le
marquis la galope et la flaire.*
(REGNARD)
Se dit de ce qui tourmente
intensément. *Il n'est rien que
nous ne fassions / Pour éviter
l'ennui qui nous galope.*
(DORAT)

GIGOT

galopin nom masculin
Petit garçon qu'on emploie à
faire des commissions. *Et
souvenez-vous bien, vous et vos
galopins, / De mieux à l'avenir
enfermer vos lapins.* (REGNARD)
Dans les grandes maisons
royales, petits marmitons qui
tournent les broches et
courent çà et là aux besoins
de la cuisine. *Les galopins,
tous les valets de la cour
quittèrent tout pour environner
la chaise de poste.* (SAINT-SIMON)

galvauder verbe
[sans doute de *galer,* s'amuser, et
de *vauder,* maltraiter]
Réprimander quelqu'un. *Son
patron l'a durement galvaudé.*

garce nom féminin
[féminin de *gars*]
Fille nubile. *Le mâle est gars à
quatorze ans et la femelle est
garce à douze.* (MONTFAUCON)
Fille ou femme (sans valeur
péjorative). *C'est une belle
garce qui lui a bien mangé son
bien.* (GUI PATIN) « Autrefois
garce n'avait aucun sens
déshonnête ; c'était
simplement le féminin de
garçon, et ce mot signifiait
jeune fille. *Garce* avait un
sens très bon, on l'a rendu
déshonnête ; il a fallu
prendre *fille.* Aujourd'hui *fille*
est devenu déshonnête à son
tour en certains cas ; on ne
peut plus dire une pension de
filles ; il faut dire : *de jeunes
filles* ou *de jeunes personnes.* Où
s'arrêtera-t-on ? » (LITTRÉ)

garçon nom masculin
Domestique, valet. *Ce prêtre vit tout seul avec son garçon.*
(Furetière)

garder verbe
[du francique *wardôn,* veiller]
Rester dans la chambre d'un malade. *Je l'avais gardé dans sa maladie, à peine me venait-il voir dans la mienne.*
(J.-J. Rousseau)

garde-robe nom masculin et féminin
Tablier servant à protéger les vêtements. *Un garde-robe gras servait de pavillon.* (Régnier)
Lieux d'aisances. *Il n'était pas jusqu'à sa garde-robe, où les soldats-citoyens ne prétendissent conduire Marie-Antoinette, la baïonnette au bout du fusil.*
(Michelet)

gascon, onne nom
Fanfaron, hâbleur. *Seissac était fort riche, fort gascon, gros joueur et beaucoup du grand monde.* (Saint-Simon) *Sans doute, il pouvait, il devait dire ces choses-là, mais les dire plus légèrement, d'un ton moins accentué et pour ainsi dire moins gascon.* (Sainte-Beuve)

Glorieuse

gascon, normand
« Ces deux mots sont pris habituellement dans le sens de menteur, mais avec les différences propres aux provinces qu'ils rappellent. Le Normand, comme coutumier des procès, ment par ce qu'il dissimule la vérité ; le Gascon ment comme vantard et fanfaron. *Le Louvre tout entier tiendrait dans une des cours du château de mon père.* C'est un Gascon qui parle ainsi et non pas un Normand. » (Littré)

gâté, ée participe passé
Blessé, meurtri. *Voilà mon loup par terre, / Mal en point, sanglant et gâté.* (La Fontaine)
Sali. *Fi ! cela sent mauvais et je suis tout gâté.* (Molière)
Affecté d'une maladie qui vicie le sang, et particulièrement, d'une maladie syphilitique. *M. le maire prit à Christophe sa fille unique, et au bout de huit jours la lui rendit gâtée.* (Courier)

gâter verbe
[du latin *vastare,* ravager]
Ravager, dévaster. *L'armée ennemie gâta le pays en se retirant.*
Communiquer une maladie honteuse. *Ah ! voulez-vous, Jean-Jean, nous gâter tous ?*
(Boileau)
Fausser le jugement. *La lecture a gâté Démocrite.*
(La Fontaine)

gauchir verbe
[de l'ancien français *guenchir,*
faire des détours]
Éviter. *Mais hélas ! qui*
pourrait gauchir sa destinée ?
(CORNEILLE)

gêne nom féminin
[de l'ancien français *gehine,*
torture]
Question qu'on faisait subir
aux accusés pour leur
arracher des révélations.
Menacés de la gêne, ils ont tout
découvert. (CORNEILLE) *On le*
retira de la gêne pour le mettre
au gibet. (CHATEAUBRIAND)
Douleurs très vives,
physiques ou morales. *Sont-ils*
d'accord tous deux pour me
mettre à la gêne ? (RACINE) *Il ne*
faut point tant se donner la gêne
en faisant des vers. (ACADÉMIE)

gêné, ée participe passé
Mis à la question, torturé.
Mon cœur gêné d'amour n'a
vécu qu'aux ennuis. (RÉGNIER)

gêner verbe
Faire extrêmement souffrir,
torturer. *Celle que dans les fers*
elle aimait à gêner. (CORNEILLE)
Infliger une torture morale.
Retournez, retournez à la fille
d'Hélène. / Et le puis-je,
Madame ? Ah ! que vous me
gênez ! (RACINE)

généreux, euse adjectif
[du latin *generosus,* de bonne
race, noble]
Courageux. *J'aime, je*
l'avouerai, cet orgueil généreux /
Qui jamais n'a fléchi sous le
joug amoureux. (RACINE) *Vous*
êtes mon lion superbe et
généreux ! (HUGO)

GLOUTON

génial, ale adjectif
[du latin *genialis,* qui a un
caractère de fête]
Gai, abondant, fécond. *La
soirée se déroula de façon
géniale.*

génie nom masculin
[du latin *genius,* talent, don
naturel]
Disposition naturelle, talent
particulier à chacun. *Ce n'est
pas son génie que d'écrire en
vers.* (ACADÉMIE) *Va, sers la
tyrannie ; / Abandonne ton âme
à son lâche génie.* (CORNEILLE)
*M. de Candale, dont le génie
était au-dessous du médiocre,
était gouverné par l'abbé.* (RETZ)

gentil, ille adjectif
[du latin *genitus,* noble, beau]
Noble. *Averti des tournois qui
se préparaient au gentil pays de
France, le chevalier se rendait au
rendez-vous des braves.*
(CHATEAUBRIAND)
Délicat, joli, gracieux. *Le
sorcier en fit une fille / De l'âge
de quinze ans, et belle, et si
gentille / Que le fils de Priam
pour elle aurait tenté.*
(LA FONTAINE) *Il n'était rien
moins que gentil quand je l'ai
connu.* (MARMONTEL) *Le cœur de
Lola était tendre, faible et
enthousiaste. Le corps était
gentil, très aimable.* (CÉLINE)
On peut vivement regretter
que, par un curieux
retournement, *gentil* soit
souvent employé aujourd'hui
en mauvaise part ;
phénomène que l'on retrouve
avec le mot *brave*. *Gentil*
devrait toujours être un
compliment.

2.

1.

gentil nom masculin
Désigne les anciens
polythéistes, par opposition
aux juifs. *C'était un gentil,
mais tout gentil qu'il était, il
avait de la religion.*
(BOURDALOUE)

gentillesse nom féminin
Caractère de ce qui est à la
fois joli et gracieux. *Les
Parisiens sont des brutaux,
ennemis de la gentillesse et du
mérite des autres villes.*
(MOLIÈRE) *L'écureuil, par sa
gentillesse, par sa docilité,
mériterait d'être épargné.*
(BUFFON)
Trait d'esprit. *Je vais me
confesser, ce qui n'excite pas
l'esprit aux gentillesses.*
(Mme de MAINTENON)
Petit ouvrage délicat, petite
curiosité. *Il a mille gentillesses
dans son cabinet.*

geste nom masculin et féminin
[du latin *gerere,* faire]
Exploits, actions
mémorables. *La tradition ne
nous a transmis que les gestes
de quelques nations.*
Au féminin, **chanson de geste**
ou simplement **geste** : poème
destiné à célébrer les hauts
faits d'un peuple ou d'un
prince. *La grande geste de
Loherains est un monument
presque unique.*

gestes nom masculin pluriel
Faux semblants, prétentions
ridicules. *Sa mère, en haussant
les épaules, prétendait que tout
cela c'était des gestes.* (FLAUBERT)

gifle nom féminin
[du francique *kifel,* mâchoire]
Joue. *Ses joues plissées comme
des bourses à jetons, ressemblant
aux gifles d'un singe.* (XVIIᵉ s.)

glaive nom masculin
Droit de vie et de mort. *Qu'à
la fureur du glaive on le livre
avec elle.* (RACINE)

3.

4.

gloire nom féminin
[du latin *gloria,* réputation,
ostentation]
Orgueil, amour-propre. *Ne
vous enflez donc point d'une si
grande gloire.* (MOLIÈRE)

glorieux, euse adjectif
Orgueilleux. *Vous êtes
glorieux ; je vois bien que vous
voulez que je vous aille voir la
première.* (Mme de SÉVIGNÉ)

gouge nom féminin
[du languedocien *goujo,* fille]
Femme, fille, le plus souvent
de mœurs légères. *L'affront fit
monter le rouge / Au nez de cette
belle gouge.* (SCARRON)

goujat nom masculin
[garçon, en languedocien, de
l'hébreux *goja,* servante
chrétienne]
Valet d'armée. *Mieux vaut
goujat debout qu'empereur
enterré.* (LA FONTAINE)
Apprenti maçon. *Nous
n'avons pas assez de goujats.*

gourde nom féminin
[de l'ancien français *courde,*
courge]
Coup qui engourdit ; bosse
résultant d'un coup. *Je me
suis donné contre la grille une si
fière gourde à la main, que je ne
peux plus remuer ni pied ni
patte de ce doigt-là.*
(BEAUMARCHAIS)

gourmandé, ée participe passé
[de *gourmander,* lui-même de
gourmer, mettre la gourmette à
un cheval]
Dominé, maîtrisé. *Son esprit
veut être gourmandé.* (TRISTAN)
Lardé, en termes de cuisine.
*Un carré de mouton gourmandé
de persil.* (MOLIÈRE) [Ce sens
n'est pas attesté dans les
ouvrages culinaires de
l'époque.]

gourmander verbe
[de l'ancien français *gromet,* valet
de marchand de vins]
Se livrer à la gourmandise.
*Abonder en toutes délices et
gourmander à plaisir.* (CALVIN)
User avec avidité.
Gourmander son bien : le
dépenser dans des excès.
Gourmander les livres : les
lire avec passion.

gousset nom masculin
[de l'ancien français *gousse,*
creux de l'aisselle]
Aisselle ; mauvaise odeur
provenant de l'aisselle.
Il sentait un peu le gousset.
(SCARRON)

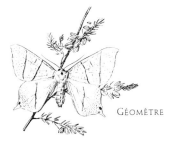

GÉOMÈTRE

gouverner verbe
Avoir soin qu'une chose soit
en bon état. *Ce gourmet
gouverne sa cave avec soin.*
Vivre en certains termes avec
quelqu'un. *Dis-moi comme en
ce lieu l'on gouverne les dames.*
(CORNEILLE)
Avoir une conduite bonne ou
mauvaise. *Ces femmes de bien
qui se gouvernent mal.*
(CORNEILLE)

gracieux, euse adjectif
[du latin *gratiosus, aimable]*
Poli, doux, civil. *Et quel est cet
abord ? Qu'il est peu gracieux !*
(ROTROU)
Bienveillant, qui témoigne du
désir d'être agréable à
quelqu'un. *C'est un chef
gracieux pour ses inférieurs.*
(LAROUSSE)

grade nom masculin
Dignité, degré d'honneur.
*Rome n'attache point le grade à
la noblesse.* (CORNEILLE)

gratter verbe
Flatter, caresser. *Il le gratte
par où il se démange.* (MOLIÈRE)

gredin, ine nom
[du néerlandais *gredich,* avide]
Mendiant, mendiante. *Pour
toute armée, une trentaine de
gredins montant la garde avec
un parasol de peur du soleil.*
(VOLTAIRE)
Écrivain médiocre. *Des
gredins du Parnasse ont dit que
je vends mes ouvrages. Ces
malheureux cherchent à penser
pour vivre, et moi je n'ai vécu
que pour penser.* (VOLTAIRE)

grenouiller verbe
Ivrogner. *Nous voit-on comme
eux grenouiller dans les
cabarets ?* (LE ROUX)

grésiller verbe
[variante de *griller,* d'après *grésil*]
Déterminer un plissement,
un racornissement. *Les
campagnes, les jardins de la
partie méridionale de l'Italie
n'ont ni peuvent avoir
l'agrément des nôtres ; l'ardeur
du soleil grésillerait bientôt les
feuilles de nos arbres ordinaires.*
(DUCLOS)
Causer la ruine, la mort. *C'est
une fièvre quarte qui l'a grésillé.*
(GUI PATIN)

GRÈVE
DE CORSAGE

GRIMACE

grippe nom féminin
[du francique *grîpan,* saisir]
Fantaisie soudaine, caprice.
C'est un homme de grippe, de
fantaisie, d'impétuosité
successive, qui n'a aucune suite
dans l'esprit que pour les
trames, les brigues.
(Saint-Simon) *Mais encore*
suis-je plus heureux / Que tant
de fous et d'amoureux / Qui se
sont perdus par leurs grippes.
(Corneille)

grippé, ée participe passé
Qui a un caprice pour
quelque chose. *Mme la*
marquise, notre maîtresse, est
un peu grippée de philosophie.
(Lesage)

grivois nom masculin
[de l'argot *grive,* guerre]
Au XVIIᵉ siècle, soldat de troupes
étrangères au service de la
France. Par extension, soldat.
Ma foi, vive la pipe, c'est
le salut du grivois. (La Fille savante,
1690) *Toujours prêt, comme le*
grivois, / De brusquer un friand
minois. (Moreau)
Bon compagnon, joyeux
luron. *Un essaim de grivois /*
Buvant à leurs mignonnes.
(Béranger)

grivoise nom féminin
Femme qui vit avec les
soldats. *Cette cantinière est une*
bonne grivoise.

se grouiller verbe
[de l'ancien français *grouler,*
s'agiter]
Bouger, remuer. *L'église était*
si pleine qu'on ne s'y grouillait
qu'avec peine. (Loret) *Ah ! le*
chameau, il n'a pas grouillé
d'un pouce. (Zola)

grue nom féminin
Niais, personne qui se laisse
facilement tromper. *Me*
prends-tu pour une grue ?
(Brueys)

gruger verbe
[du néerlandais *gruizen,* écraser]
Briser avec les dents ;
croquer, manger. *Perrin fort*
gravement ouvre l'huître et la
gruge. (La Fontaine) *Je ne*
crains plus que les rats qui
pourraient gruger ma noblesse
(Marivaux)

Grivoise

habile adjectif
[du latin *habilis,* maniable, apte]
Dispos, apte à agir, expéditif.
Allez vite tous deux et revenez :
on verra lequel est le plus habile.
(ACADÉMIE) *Mais demain, du*
matin, il vous faut être habile /
À vider de céans jusqu'au
moindre ustensile. (MOLIÈRE)

habilement adverbe
Promptement. *Il a fallu ôter le*
corps habilement de la chapelle.
(Mme de SÉVIGNÉ)

habillage nom masculin
[de l'ancien français *abillier,*
préparer, apprêter]
Dans l'art culinaire,
préparation d'un animal,
consistant à le dépouiller, le
vider, et le piquer s'il y a lieu.
Dans la cuisine, Victor était
occupé à l'habillage d'une poule.

habiller verbe
Déguiser. *Les enfants aiment*
habiller leur visage.
Les femmes repoussent les
choses ; mais habillez les choses
de mots, elles les acceptent.
(HUGO)
Servir à produire un certain
effet, en parlant d'un
vêtement. *Une grande*
couturière a dit : « Il n'y a que
le nu qui habille. » (MÉRIMÉE)
Habiller quelqu'un, l'habiller
de toutes pièces : le
maltraiter en paroles, dire
beaucoup de mal de lui. *Voilà*
comme ils vous habillent.
(d'ALEMBERT)
Coïter. *Je ne sais pas s'il les*
habillait de la même façon qu'il
habillait sa maîtresse.
(BRANTÔME)

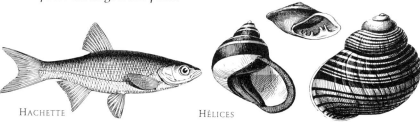

HACHETTE   HÉLICES

habitation nom féminin
[du latin *habere,* se tenir]
Climat que chaque être
vivant préfère. *Le tigre fait son
habitation dans les contrées
brûlantes.*
« On ne doit pas confondre
l'habitation avec l'habitat,
qui est un lieu spécial, tandis
que l'habitation est un
climat, une région. » (LITTRÉ)
Relation sexuelle. *J'avais
d'ailleurs remarqué que
l'habitation des femmes
empirait sensiblement mon état.*
(J.-J. ROUSSEAU)

habiter verbe
Habiter avec une femme, ou
*avoir une habitation avec une
femme :* avoir avec elle un
commerce charnel. *On dit
qu'Appollon, épris de la beauté
de sa mère Périctioné, habita
avec elle, et que Platon dut le
jour à ce Dieu.* (DIDEROT)

habitude nom féminin
Fréquentation régulière. *Vous
avez habitude avec ce cavalier ?*
(CORNEILLE) *Ce n'est qu'avec les
ours que j'ai quelque habitude.*
(REGNARD)

haleine nom féminin
[du latin *halare,* souffler]
Force, capacité. *Au bout d'une
carrière et si longue et si rude /
On a trop peu d'haleine et trop
de lassitude.* (CORNEILLE)
En haleine : en train, en
habitude de travailler, de
corps ou d'esprit.
*Mes chevaux s'animèrent et se
mirent peu à peu en haleine.*
(FÉNELON)
Être en haleine : être en
bonne disposition pour faire
quelque chose. *Il faut que
j'interrompe mon travail ; je ne
suis pas en haleine, je n'avance
pas.*

halte nom féminin
[de l'allemand *halt,* arrêt]
Repas que l'on fait pendant
une halte. *Il avait fait préparer
une bonne halte.*

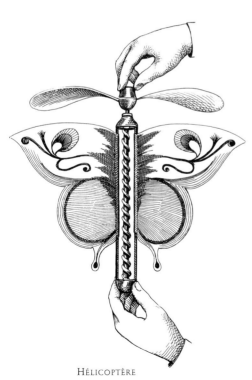

HÉLICOPTÈRE

hanneton nom masculin
Un étourdi. *Son beau-fils était un petit hanneton, grand dissipateur, qui jouait volontiers, qui perdait tant qu'on voulait, mais qui ne payait pas de même.* (HAMILTON)

hanté, ée participe passé
Fréquenté, visité. *Je ne crois pas que sur la terre / Il soit un lieu d'arbres planté / Mieux fait, plus joli, mieux hanté / Que l'ennuyeux parc de Versailles.* (MUSSET)

hanter verbe
[du scandinave *heimta*, retrouver ; puis en ancien français, habiter]
Parcourir un lieu, l'occuper. *Il y avait alors aux environs des barrières de Paris des espèces de champs pauvres. Jean Valjean les hantait avec prédilection.* (HUGO)
Fréquenter des personnes. *Dis moi qui tu hantes, je te dirai qui tu es.*

hantise nom féminin
Action de hanter, fréquentation familière. *Il a l'esprit fort bon, il aime les bons mots / Et ne saurait souffrir la hantise des sots.* (VIAU) *Isabelle pourrait perdre dans ces hantises / Les semences d'honneur qu'avec nous elle a prises.* (MOLIÈRE)

hardes nom féminin pluriel
[de l'arabe *fard,* drap, vêtement]
Meubles. *Il y a de belles hardes dans cette maison.* (ACADÉMIE) *Il vendait tantôt sa vaisselle, tantôt ses chaises et autres hardes.* (d'OUVILLE)

haricot nom masculin
[de l'ancien français *harigoter,* mettre en morceaux]
Haricot de mouton : ragoût fait de mouton, de navets, de pommes de terre, mais sans haricots. *Il faudra de ces choses dont on ne mange guère, et qui rassasient d'abord ; quelque bon haricot bien gras.* (MOLIÈRE)

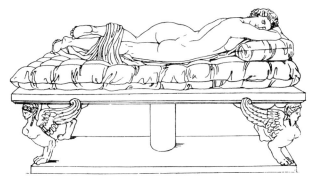

HERMAPHRODITE

hasard nom féminin
[de l'arabe *az-zahr,* dé, jeu de
dés]
Marchandise d'occasion. *Je
viens de l'avertir que j'aurai
tantôt un bon hasard ; mais elle
n'est point en argent.* (LESAGE)
Risque, danger. *Vous le verrez
voler, plus vite que la foudre, /
Au milieu des hasards.* (RACINE)
*Je n'abandonne plus ma vie et
ma puissance / Au hasard de sa
haine, ou de ton inconstance.*
(CORNEILLE)

hasardé, ée adjectif
Mot hasardé, expression
hasardée : employés de
manière incorrecte ou
curieuse. *Il y a un mot, dans
votre ouvrage, qui est bien
hasardé.* (LA BRUYÈRE)
Leste, grivois. *Cette veuve avait
la plaisanterie lourde et
hasardée.* (SAND)
Blond hasardé : blond qui
tire sur le roux. *Il lui restait de
ses anciens charmes un air un
peu plus que hardi, qui réveillait
merveilleusement la fadeur
d'une blonde un peu hasardée.*
(DUCLOS)

haut, aute adjectif
[du latin *altus,* haut, profond]
Profond. *L'eau est fort haute
en cet endroit.*
Ardu à comprendre. *Ils
répugnent à notre doctrine,
parce qu'elle leur semble trop
haute.* (BOSSUET)
Orgueilleux. *Armelle est une
femme bien haute.*

hauteur nom féminin
Se dit de ce qui va en montant.
*C'est un chemin que sa hauteur
et son âpreté rendent toujours
assez difficile.* (BOSSUET)

havre nom masculin
[du néerlandais *havene,* port]
Port situé à l'embouchure des
fleuves. *Maldonado, qui faisait
tout son espoir, est maintenant
reconnu pour un des plus
mauvais havres qui soient.*
(RAYNAL)
Port de mer qui est sec à
marée basse. *Les baies, les
ports et les havres.* (BUFFON)

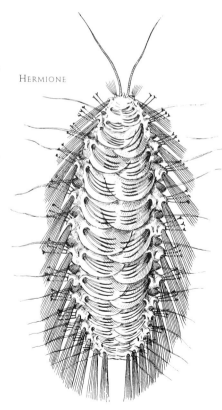

HERMIONE

hétéroclite adjectif
[du latin *heteroclitus,* irrégulier]
Se dit de certaines choses qui
s'écartent des règles de l'art.
Un bâtiment hétéroclite.
Ton drame hétéroclite eut-il
l'honneur d'un peu de réussite ?
(VOLTAIRE)
Ridicule, bizarre. *Ah ! te voilà,*
Thaler ? Ta mine hétéroclite me
réjouit l'esprit. (REGNARD) *Vos*
yeux sont donc hétéroclites.
(QUINAULT)

hilarité nom féminin
[du grec *hilaros,* gai, joyeux]
Joie douce et calme.
Contentez-vous de lui souhaiter,
du fond du cœur, prospérité,
hilarité, succès en tout.
(VOLTAIRE) *Il a suffi de*
prononcer le mot ''gastronomie''
pour porter sur toutes les
physionomies le sourire de
l'hilarité. (BRILLAT-SAVARIN)

honnête adjectif
[du latin *honestus,* honorable]
De bonne compagnie, de
conversation agréable. *Hors*
de Paris, il n'y a point de salut
pour les honnêtes gens.
(MOLIÈRE) *Une belle femme qui*
a les qualités d'un honnête
homme est ce qu'il y a au
monde d'un commerce plus
délicieux. (LA BRUYÈRE)
Poli, courtois. *Il n'est guère*
honnête à un amant de venir le
dernier au rendez-vous.
(MOLIÈRE) *Il faut être honnête*
avec tout le monde. (LAROUSSE)
Conforme à la bienséance,
convenable, en parlant des
choses. *Tout courageux qu'il*
est, sans doute il ne souhaite /
Que de faire une honnête
retraite. (RACINE)

honnêteté nom féminin
Pudeur, modestie, chasteté.
L'honnêteté d'une femme n'est
pas dans les grimaces. (MOLIÈRE)
L'amour est privé de son plus
grand charme quand l'honnêteté
l'abandonne. (J.-J. ROUSSEAU)

HOBEREAU

HÔPITAL

HUISSIER À VERGE

honneur nom masculin
En parlant d'une femme, la
chasteté, la pudeur ou le
mariage légitime. *Honneur,
cruel tyran des belles passions.*
(RACAN) *Notre honneur est,
monsieur, bien sujet à faiblesse, /
S'il faut qu'il ait besoin qu'on le
garde sans cesse.* (MOLIÈRE)
En parlant d'un mari, la
bonne réputation qui rejaillit
sur lui de la fidélité de sa
femme. *Il prend, pour mon
honneur, un intérêt extrême.*
(MOLIÈRE)

honte nom féminin
[déshonneur, en ancien français]
Pudeur, timidité. *Les filles ont
toujours honte à témoigner
d'abord ce qu'elles ont dans
l'âme.* (MOLIÈRE)
Courte honte : insuccès. *Tu
me vois avec ma courte honte.*
(TH. CORNEILLE) *La coterie
hollandaise prétendait
hautement que je ne
supporterais pas trois mois de
solitude, et qu'on me verrait
dans peu, avec ma courte honte,
vivre comme eux à Paris.*
(J.-J. ROUSSEAU)

HUITAINE

honteux, euse adjectif
Timide, pudique. *Il était même
si honteux qu'en parlant à l'un
il regardait l'autre.* (FURETIÈRE)
*Un peu de hardiesse réussit
toujours aux amants ; il n'y a
en amour que les honteux qui
perdent.* (MOLIÈRE)

hoquet nom masculin
[d'origine onomatopéique ;
heurt, en ancien français]
Choc, coup. *Mes gens s'en
vont à trois pieds /
Clopin-clopant, comme ils
peuvent / L'un contre l'autre
jetés / Au moindre hoquet qu'ils
trouvent.*
(LA FONTAINE)
Empêchement, obstacle
imprévu. *M. de Metz se
disposa à se faire recevoir au
parlement ; il y trouva un
hoquet auquel il n'avait pas lieu
de s'attendre : son habit fut
contesté par les magistrats.*
(SAINT-SIMON)

hors d'œuvre locution
adverbiale et adjective
Hors des habitudes, des
usages ; à un moment
inhabituel. *J'écris ceci hors
d'œuvre, pour vous divertir.*
(Mme de SÉVIGNÉ)
Accessoire, inopportun. *Ce
supplément de sermon du P. de
la Rue sur les quiétistes dura
une demi-heure, et se montra
tout à fait hors d'œuvre.*
(SAINT-SIMON) *M. de Chevreuse,
se voyant assez hors d'œuvre à
Paris, prit le parti d'en sortir.*
(RETZ)

humeur nom féminin
[du latin *humor,* liquide]
Toute substance fluide qui se
trouve dans un corps
organisé. *Par l'exercice, on
dissipe les humeurs superflues.*
(FÉNELON) *Elle se plaignait sans
cesse de ses nerfs, de sa poitrine,
de ses humeurs.* (FLAUBERT)
Disposition chagrine,
impatience, colère. *L'humeur
est de tous les poisons le plus
amer.* (VOLTAIRE)
Penchant à la plaisanterie,
originalité facétieuse. *Cet
homme a de l'humeur.* − *C'est
un vieux domestique, / Qui,
comme vous voyez, n'est pas
mélancolique.* (CORNEILLE)

humoriste adjectif
[de l'italien *umorista,* capricieux]
Qui a de l'humeur, peu facile
à vivre. *Le philosophe Saint-
Lambert était naturellement
sévère et même un peu
humoriste.* (LA HARPE)

hymen nom masculin
[du latin *hymen,* membrane]
Mariage. *J'ai vu beaucoup
d'hymens, aucun d'eux ne me
tentent.* (LA FONTAINE) *Ainsi que
ses chagrins, l'hymen a ses
plaisirs.* (BOILEAU)

HYMEN

i

idée nom féminin
[du latin *idea,* aspect, forme, image]
Image que l'on se fait de quelque chose ou de quelqu'un. *Je m'en vais avec le bon abbé et mes livres, et votre idée, dont je recevrai tous mes biens et tous mes maux.* (RACINE)
Très petite quantité. *Il nous a offert une idée de liqueur.*

idole nom féminin
[du grec *eidôlon,* image]
Homme qui se tient à ne rien faire. — *Le second de mes fils n'est qu'une franche idole. — Eh bien ? — J'en ai fait un abbé.* (DESTOUCHES)
Personne qui n'a guère d'esprit et qui paraît insensible comme une statue. *Angélique n'a point de charmes, / Ce n'est qu'une idole mouvante ; / Ses yeux sont sans vigueur, sa bouche sans appas.* (CORNEILLE)
Femme impassible, cruelle. *À tort ou à raison, je lui prêtais des indifférences et des impassibilités d'idole.* (FROMENTIN)

illustration nom féminin
[du latin *lustrare,* éclairer]
Action de rendre illustre ; état de ce qui est illustre. *Nous lui fournirons de l'illustration, nous en avons à vendre dans la famille.* (DANCOURT) *La célébrité la plus complète ne vous assouvit point et l'on meurt presque toujours dans l'incertitude de son propre nom, à moins d'être un sot. Donc l'illustration ne vous classe pas plus à vos yeux que l'obscurité.* (FLAUBERT)
Explication, éclaircissement, commentaire. *Cette nouvelle édition de Tite-Live est enrichie des illustrations de quelques universitaires.*

INDICATEUR

illustrer verbe
Rendre illustre. *Rocroi, c'en serait assez pour illustrer une autre vie que celle du prince de Condé.* (BOSSUET) *Un noir cachot peut illustrer mes vers.* (BÉRANGER)

imbécile adjectif
[du latin *imbecillus,* faible]
Faible de corps et d'esprit. *Quelle chimère est-ce donc que l'homme ? Quelle nouveauté, quel monstre, quel chaos, quel sujet de contradiction ! Juge de toutes choses ; imbécile vers de terre.* (PASCAL) *Les enfants au-dessous de sept ans sont dans un âge imbécile.* (FURETIÈRE)

imbécillité nom féminin
Faiblesse d'esprit et de corps, incapacité. *L'imbécillité de l'âge et du sexe attire la compassion des plus fiers tyrans.* (FURETIÈRE) *Il n'est pas exagéré de dire que l'imbécillité de la nature humaine amuse Montaigne ; Pascal en souffre.* (FAGUET)

impassible adjectif
[du latin *pati,* souffrir]
Qui n'est pas susceptible de souffrance. *L'homme impassible est aussi contradictoire que l'homme immortel.* (VOLTAIRE) *J'ai reçu ces plaies dans mon corps mortel pour tous les hommes ; je les garderai pour toi dans mon corps impassible.* (FLÉCHIER) Qui n'éprouve pas d'altération. *Le diamant est plus impassible qu'aucune autre substance.* (BUFFON)

impatience nom féminin
Irritation. *Cet homme me cause des impatiences.*

impeccable adjectif
[du latin *peccare,* pécher]
Incapable de pécher. *Jésus-Christ devait, quoique exempt de péché et quoique impeccable même, tenir une espèce de milieu entre l'innocence et le péché.* (BOURDALOUE) *Le bon peuple croit toujours que son grand lama est immortel, infaillible et impeccable.* (VOLTAIRE) Qui ne peut faillir. *Les supérieurs ne sont point impeccables, non plus que les inférieurs.* (BOURDALOUE)

IN-FOLIO

impertinent, ente adjectif
[du latin *impertinens,* qui ne
convient pas]
Qui ne convient pas, qui va
contre le sens commun.
Parmi une infinité de fables
impertinentes, on trouve de
beaux restes des anciennes
traditions du peuple juif.
(BOSSUET) *"Qu'il mourût"*
serait détestable dans Zaïre ;
et "Zaïre, vous pleurez" serait
impertinent dans Horace.
(VOLTAIRE)
Incompétent, sot. *Ô fils*
impertinent, as-tu envie de me
ruiner ? (MOLIÈRE)

implacable adjectif
[du latin *placare,* apaiser]
Qui ne peut être apaisé dans
sa passion. *Et ne connais-tu*
pas l'implacable Agrippine ?
(RACINE) *Il passait pour ami*
fidèle et pour implacable
ennemi. (HAMILTON)

importance nom féminin
Vanité de ceux qui veulent
paraître plus considérables
qu'ils ne le sont réellement.
Voyez un peu l'homme
d'importance ! (MOLIÈRE)
L'importance est la fausse
grandeur de l'infériorité.
(LAMARTINE)

d'importance locution
Beaucoup, très fort. *Je vous*
rosserai d'importance. (MOLIÈRE)

important, ante adjectif et
nom
Qui est infatué de soi-même.
Ah ! si ce peuple important / Qui
semble avoir peur de rire /
Méritait moins la satire / Il ne la
craindrait pas tant. (LA FARE) *Je*
goûte le plaisir d'être mieux logé
que les trois quarts de vos
importants, et d'être entièrement
libre. (VOLTAIRE)

INSTRUMENTS DE PAIX

IRÈNE

imposer verbe
[du latin *imponere,* faire porter
une charge, puis en imposer,
tromper].
Imputer. *On a voulu très
méchamment m'imposer une
extravagance pour me tourner
en ridicule.* (Ch. de SÉVIGNÉ) *On
ne peut imposer de tache à cette
fille.* (MOLIÈRE)
Tromper, faire illusion. *Leurs
paroles, aussi peu solides
qu'elles semblaient magnifiques,
imposaient au monde.* (BOSSUET)
*Pour me faire croire ignorant,
vous avez tâché d'imposer aux
simples.* (CORNEILLE)
Imposer quelque chose : faire
croire quelque chose qui
n'est pas véritable. *Mais quoi
qu'à ces mutins elle puisse
imposer, / Demain ils la verront
mourir ou t'épouser.* (CORNEILLE)

impraticable adjectif
Insupportable. *Un hiver est
impraticable à Grignan, et très
ruineux à Aix.* (Mme de SÉVIGNÉ)

incommode, ée adjectif
Pauvre. *Donnez quatre ou cinq
pistoles à cette des Fossés, que
vous dites fort âgée et fort
incommodée avec son mari.*
(RACINE)

indice nom masculin
[du latin *indicium,* signe
révélateur]
Dénonciation. *Si pourtant
quelque grâce est due à mon
indice, / Faites périr Euphorbe
au milieu des tourments.*
(CORNEILLE)

indifférence nom féminin
État d'un cœur insensible, et
souvent cruel, envers l'être
qui l'aime. *Le seul moyen de se
venger de l'indifférence, c'est de
ne point s'en apercevoir.*
(Mme de PUISIEUX) *J'aime et je
sais répondre avec indifférence.*
(MUSSET)

indigne adjectif
En bonne part, qui ne mérite
pas un reproche, un mauvais
sort. *Indigne également de vivre
et de mourir, / On l'abandonne
aux mains qui daignent le
nourrir.* (RACINE) *Un cavalier
indigne des liens / Où l'a mis la
trahison des siens.* (CORNEILLE)

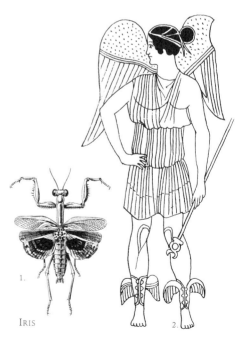

1.

IRIS

2.

indiscret, ète adjectif
[du latin *discretus,* séparé,
capable de discerner]
Imprudent, qui agit hors de
la raison. *Le zèle indiscret de la
religion a été cause de toutes les
guerres civiles.* (FURETIÈRE) *Et si
je m'en croyais, ce triomphe
indiscret / Serait bientôt suivi
d'un éternel regret.* (RACINE)

indiscrétion nom féminin
Imprudence, manque de
discernement. *C'est
l'indiscrétion et l'impatience qui
nous hâtent le pas.*(MONTAIGNE)
*Son indiscrétion de sa perte fut
cause.* (LA FONTAINE)

indolence nom féminin
[du latin *dolere,* souffrir].
État d'une personne peu
sensible à ce qui touche
habituellement les autres.
*L'indolence inséparable des
longs attachements amoureux.*
(Mme de SÉVIGNÉ)

indulgent, ente adjectif
[du latin *indulgens,* qui remet
une peine].
Qui se laisse aller facilement
à. *Indulgente à l'amour, sans
fierté, sans caprice, / De son sexe
cruel n'ayant que les appas.*
(CHÉNIER)

industrie nom féminin
[du latin *industria,* activité]
Habileté à faire quelque
chose, à exécuter un travail
manuel. *Aux personnes comme
moi, le ciel n'a donné d'autres
rentes que l'intrigue et que
l'industrie.* (MOLIÈRE)
Invention, savoir-faire. *Il a
mille industries pour faire
plaisir à son voisin.* (RACINE)
Travail, métier. *Il est
nécessairement équitable que
l'industrie raffinée du négociant
paye plus que l'industrie
grossière du laboureur.*
(VOLTAIRE)
Vivre d'industrie : subsister
par son adresse et son savoir-
faire. *Faute de revenu, je vis de
l'industrie.* (REGNARD)
Chevalier d'industrie :
homme qui vit d'expédients,
souvent d'escroquerie. *Mon
père était chevalier d'industrie,
sans être moins glorieux.*
(BÉRANGER)

informer verbe
Interroger. *Ne m'informez de
rien qui touche cette belle.*
(CORNEILLE)

injure nom féminin
[du latin *injuria,* tort, injustice]
Injustice. *Une extrême justice
est souvent une injure.* (RACINE)

inquiet, iète adjectif
[du latin *inquietus,* agité]
Personne inconstante, qui ne
peut tenir en place. *Un jeune
homme inquiet, ardent, plein de
courage.* (LA FONTAINE)

POINT D'IRONIE

inquiétude nom féminin
Activité, besoin d'agitation.
Le duc d'Albret donne à l'étude
sa principale inquiétude.
(LA FONTAINE)
Au pluriel, douleurs vagues,
surtout aux jambes. *Avoir des*
inquiétudes dans les jambes.
(ACADÉMIE)

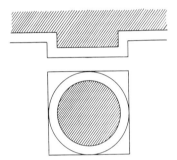

s'instruire verbe
Faire l'amour. *Un jour elle*
trompa la vigilance de ses
gouvernantes et nous nous
instruisîmes. (DIDEROT)

intelligence nom féminin
Relation, complicité. *Je veux*
savoir absolument quel est ce
drôle avec qui elle a des
intelligences. (HAUTEROCHE)

intriguer verbe
[de l'italien *intrigare,* tourmenter]
Embarrasser. *Te voilà bien*
intrigué ; ce retour imprévu ne
dérangerait-il point un peu vos
petites affaires ? (REGNARD)

ISOLEMENT

j

jalousie nom féminin
[du latin *zelus,* zèle]
Inquiétude qu'un prince ou
un État cause aux autres par
sa puissance. *Ils entrèrent en
jalousie contre les Carthaginois.*
(Bossuet)
Inquiétude qu'on fait naître
chez l'ennemi en menaçant
certains points. *Tenir un pays
en jalousie.*

jaloux, ouse adjectif
Zélé, attaché fortement à
quelque chose. *Les Romains
furent jaloux de la liberté*
(Bossuet). *Dona Béatrice, fort
jalouse du pouvoir de ses
charmes, conçut un dépit mortel
de n'avoir pas eu la préférence.*
(Lesage)
Qui cause de l'inquiétude ou
du danger. *Lauzun se divertit à
s'arrêter dans les endroits les
plus jaloux.* (Saint-Simon)
Se dit d'un bateau qui roule
beaucoup et s'incline
facilement sous l'effet du
vent. *Il traversa la rivière dans
une barque jalouse.*

jardin nom masculin
[sans doute du gothique *garda,*
clôture]
Jardin sec : herbier. *Il voulait
passer ses vacances à
confectionner un jardin sec.*
Jardin des racines grecques ;
nom donné par les
grammairiens de Port-Royal
au recueil qu'ils avaient fait
des étymologies grecques (en
jouant sur le double sens du
mot *racine*).

jardinière nom féminin
Petite voiture de campagne à
l'usage des jardiniers.
*Madame M. passant dans sa
jardinière, s'arrêta pour me
demander ce qu'on avait dit à
Castelsarrasin.* (Gazette des
tribunaux)

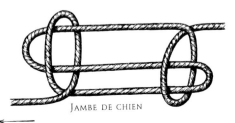

Jambe de chien

jeu nom masculin
Coït. *Elle n'était pas fâchée qu'il recommença le jeu où il avait déjà montré qu'il était des plus savants.* (SOREL) *Nous avons appris qu'elle aime fort bien le jeu.* (TALLEMANT des RÉAUX)

jointure nom féminin
Adresse à trouver les opportunités, les facilités des choses. *Le président de Mesmes qui avait plus de vues et plus de jointures lui répondit : Vous vous moquez.* (SAINT-SIMON)

joli, ie adjectif
[de l'ancien français *jolif,* gai, aimable, agréable]
Qui manifeste de la vivacité, de l'esprit, de la gaieté. *Je meure, ton humeur me semble si jolie, / Que tu vas me résoudre à faire une folie* (CORNEILLE). *À mon gré, le Corneille est joli quelquefois.* (BOILEAU)
Qui plaît par la gentillesse. *Mon Dieu ! Qu'elle est jolie, et qu'elle a l'air mignon !* (MOLIÈRE)
Qui a du mérite, de la valeur. *Monsieur de Turenne et Monsieur le Prince ont été, selon moi, les deux plus jolis hommes que la France ait produit dans le siècle où nous sommes.* (BOURSAULT)

jour nom masculin
Facilité, moyen pour venir à bout de quelque affaire. *Je veux vous faire un peu de jour à la pouvoir entretenir.*
Les petits jours : ceux où l'on fait moins d'apprêts que pendant les autres. *J'en étais quitte pour ne plus aller à la comédie que les petits jours.* (Mme de GENLIS)

journée nom féminin
Chemin qu'on fait d'un lieu à l'autre dans l'espace d'une journée. *Je m'en irai clopin-clopant, à petites journées jusqu'à Paris.* (Mme de SÉVIGNÉ)
Jour de bataille ; bataille. *Il perdit une très sanglante journée près de Chalcédoine.* (MÉZERAI) *Frères ! et vous aussi vous avez vos journées ! Vos victoires, de chênes et de fleurs couronnées.* (HUGO)

joyeux, euse adjectif
Fertile, abondant. *Les moissons joyeuses, les troupeaux bêlants et mugissants* (CHÉNIER).

JOUEUR D'ÉPÉE

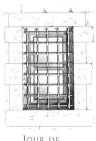

JOUR DE SOUFFRANCE

labourer verbe
[du latin *laborare,* travailler,
peiner dans le travail]
Faire quelque chose avec de
gros efforts. *Je me divertis
autant à causer avec vous
que je laboure avec les autres.*
(Mme de Sévigné)
Débarquer, traîner, pousser.
*Je l'ai vu tout l'après-midi
labourer des tonneaux de vin.*

lacet nom masculin
Piège, embûche. *Sachez que
cette vanité qui vous paraît
innocente machine de loin contre
votre honneur, elle vous tend des
lacets.* (Bossuet)
Sexe masculin (sans doute
d'après l'un des sens de ce
mot, au XVIIᵉ s. : piton sur
lequel vient s'adapter un
anneau). *Elles les poursuivaient
toujours pour avoir un bout de
leur lacet.* (Tabarin)

lâche adjectif
[du latin *laxicare,* détendre]
Qui manque de vigueur et
d'activité. *Sa retraite ne fut ni
lâche ni oisive.* (Fléchier) *Entre
celui qui espère toujours et celui
qui n'espère plus, je ne sais
lequel est le plus lâche.*
(H. de Balzac)
Temps lâche : temps mou et
humide. *Le temps lâche ne leur
donnait guère envie de sortir.*

lâchement adverbe
D'une manière relâchée, sans
force. *Montaigne ne pense qu'à
mourir lâchement et mollement
par tout son livre.* (Pascal) *Il
travaille bien lâchement.*
(Académie)
Écrire lâchement : écrire sans
force, sans précision. *Des vers
métaphysiques traduits
lâchement.* (Voltaire)

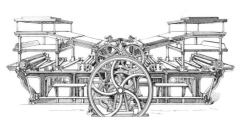

Labeurs

ladre adjectif
[du latin *lazarus,* nom du pauvre couvert d'ulcères, dans la parabole de saint Luc]
Celui qui est insensible physiquement ou moralement. *Il est ladre, il ne sent pas les coups.*
M. de Richelieu dit à M. de Luxembourg qu'il était fort surpris de son procédé, mais qu'il n'était point ladre. (SAINT-SIMON)

langouste nom féminin
[du latin *locusta,* sauterelle]
Anciennement, sauterelle.
Ceins d'un cuir de brebis ton corps, pour couverture / Prends un rude poil de chameau, / La langouste et le miel pour toute nourriture, Et pour tout breuvage un peu d'eau. (CORNEILLE)

langueur nom féminin
Affaissement physique ou moral. *L'amour a des langueurs qui font défaillir.* (BOSSUET)
Absence de chaleur, de force, de mouvement dans les productions de l'esprit. *Il y a de la langueur dans cet ouvrage. Le spectateur pardonne tout, hors la langueur.* (VOLTAIRE) *La langueur et ma mollesse du style sont des écueils voisins de l'élégance.* (MARMONTEL)

lanterne nom féminin
Petite pièce permettant de voir sans être vu. *J'étais dans la lanterne avec M. le prince de Conti...* (SAINT-SIMON)

LANGUE DE CARPE

LANGUE DE BŒUF

LARVE

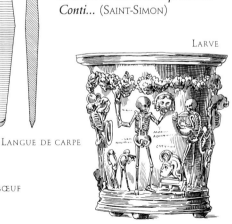

lardon nom masculin
[de *larder,* percer, piquer]
Sarcasme, raillerie piquante
contre quelqu'un. *On agaça
la petite ; je pris sa défense ;
aussitôt les lardons tombèrent
sur moi.* (J.-J. ROUSSEAU)
Nom qu'on a donné
longtemps à de petites
gazettes de Hollande, à cause
des traits piquants qu'elles
contenaient. *Il se fait
applaudir dans tous les
journaux et tous les lardons de
Hollande.* (BOSSUET)

large adjectif
[du latin *largus,* abondant]
Peu scrupuleux, d'une trop
grande liberté. *Voilà ce que
disent des mondains séduits par
la fausse prudence de la chair,
et qui se conduisent par les
principes les plus larges.*
(BOURDALOUE)
Dans les arts du dessin ou en
littérature, le mot désigne ce
qui n'a rien de mesquin, de
timide. *Chaque année rendait
le dessin de Gavarni plus
souple, plus libre, plus large.*
(GAUTIER)

larve nom féminin
[du latin *larva,* fantôme,
masque]
Dans l'Antiquité, génie
malfaisant qu'on croyait
errer sous des formes
repoussantes. *Filles de
l'Achéron, pestes, larves, furies.*
(CORNEILLE). *Les larves, les
dragons, les vampires, les
gnomes.* (HUGO)

lascif, ive adjectif
[du latin *lascivus,* folâtre, enjoué]
Qui se plaît à bondir et à
jouer. *Le chevreau lascif mord
le cytise en fleurs.* (HUGO)

lavé, ée participe passé
Ombré, colorié. *Parlons de ses
têtes peintes, de ses études et
surtout de ses dessins coloriés et
lavés.* (DIDEROT)
Se dit d'un cheval dont la
robe offre une coloration peu
vive. *Il la vit arriver sur un
cheval bai lavé.*

laver verbe
En parlant d'un fleuve ou de
la mer, baigner, passer
auprès. *Et jusqu'au pied des
murs que la mer vient laver.*
(RACINE)
Vendre par besoin d'argent. *Il
a été contraint de laver presque
tous ses vêtements.*

LASCAR

layette nom féminin
[de l'ancien français *laie,* tiroir, boîte]
Tiroir d'armoire où l'on range des papiers. *Mettre des papiers dans une layette.*
Petit coffre de bois. *La lettre où vous avez traité de l'évaluation des monnaies anciennes est toujours dans mes layettes.* (CHAPELAIN)

lazzi nom masculin
[de l'italien *lazzo,* jeu de scène bouffon]
En termes de théâtre, suite de gestes divers qui font une action muette. *C'est au fond une scène de lazzi ; passe encore si cette scène était nécessaire, mais elle ne sert à rien.*
(VOLTAIRE, à propos de *Nicomède*)

LAVABO

lèche nom féminin
Tranche très mince d'un aliment. *Servez-vous juste une lèche de jambon.*

leçon nom féminin
[du latin *lectio,* action de lire]
Forme particulière d'un texte, par comparaison à une autre version. *Vous me ferez plaisir d'assurer la vraie leçon par les manuscrits.* (BOSSUET) *Ces messieurs ont affecté, quand ils ont vu deux leçons dans quelque passage, d'imprimer la plus dangereuse.* (VOLTAIRE)
Manière dont un fait est raconté ; version particulière d'une histoire. *Le duc et la duchesse de Villeroy m'expliquèrent l'énigme de sa conduite ; mais je ne crois pas qu'ils en eussent la véritable leçon.* (SAINT-SIMON)

légal, ale adjectif
Loyal, fidèle, franc. *M. Naudé était un homme fort sage et fort prudent, fort réglé, qui semblait vivre dans une certaine équité naturelle ; il était fort bon ami, fort égal et fort légal.* (L'Esprit de Gui Patin, XVIIIᵉ s.)

légalité nom féminin
Loyauté. *C'est un homme d'une grande légalité.*
(ACADÉMIE)

légende nom féminin
[du latin *legenda,* ce qui doit
être lu]
Écrit long et ennuyeux par
ses détails ; énumération
interminable. *Il nous a
rapporté une légende des actions
de ses ancêtres.*
On a donné d'abord le nom
de *légendes* aux vies des
saints, qui devaient être lues
(legendae) dans les couvents.
La plus célèbre est *la Légende
dorée,* de Voragine.

lent, ente adjectif
[du latin *lentus,* souple]
Souple, flexible. *Son cou faible
et lent ne soutient plus sa tête.*
(CHÉNIER)

léopard nom masculin
Symbole de l'Angleterre,
dont les armoiries
comportent l'image de cet
animal. *D'un bras vraiment
français, je vais, dans nos
remparts, / Sous nos lis
triomphants briser les léopards.*
(VOLTAIRE)
Adjectivement. *Vous plairait-il
seulement, ô beauté léoparde, de
me dire le contenu de cette
lettre ?* (REGNARD)

LIMOUSINE

LISIÈRE

LITIÈRES

leste adjectif
[de l'italien *lesto,* bien équipé]
Élégant, dans son
habillement. *Ta forte passion
est d'être brave et leste.*
(MOLIÈRE) *Rien n'était si beau,
si leste, si brillant, si bien
ordonné que les deux armées.*
(VOLTAIRE)

lettre nom féminin
Manière d'écrire. *Il écrit d'une
méchante petite lettre.*
(ACADÉMIE) *Du prince votre
amant j'ai reconnu la lettre.*
(RACINE)

libéral, ale adjectif
[du latin *liberalis,* qui convient à
un homme libre]
Qui est digne d'un homme
libre. *Il a reçu une éducation
libérale.*
Arts libéraux, par opposition
aux arts mécaniques : ceux
qui exigent une intervention
importante de l'intelligence.
*La poésie, la peinture et la
sculpture sont des arts libéraux.*
(FURETIÈRE)
Qui aime à donner. *Un même
homme sera avare et prodigue,
sans jamais être libéral.*
(CORNEILLE) *Elle était
extrêmement libérale, même
dans son extrême vieillesse.*
(BOSSUET)

libertin, ine adjectif
[du latin *libertinus,* esclave
affranchi]
Désireux d'indépendance,
qui ne suit que son plaisir. *Je
suis tellement libertine quand
j'écris, que le premier tour que je
prends règne tout du long de ma
lettre.* (Mme de SÉVIGNÉ) *Il y a de
quoi s'étonner qu'un homme
aussi libertin que moi se hâte de
quitter tout cela pour aller
trouver un maître.* (VOLTAIRE)
« On dira d'un homme de
bien, qui ne saurait se gêner
et qui est ennemi de tout ce
qui s'appelle servitude : *Il est
libertin, il n'y a pas un homme
au monde plus libertin que lui.*
Une honnête femme dira
même d'elle, jusqu'à s'en
faire honneur : *Je suis née
libertine. Libertin* et *libertine,* en
ces endroits, ont un bon sens et
une signification délicate. »
(BOUHOURS)
Qui ne s'assujettit pas aux
croyances et aux pratiques de
la religion. *Je le soupçonne
encore d'être un peu libertin.*
(MOLIÈRE)
Dissipé, qui néglige son
travail pour le jeu, en parlant
d'un enfant. *Deux petits
libertins mangeaient des cerises.*
(LA FONTAINE)

LOUP

librairie nom féminin
Bibliothèque. *Henri IV dit à Casaubon qu'il voulait qu'il eût soin de sa librairie.* (COLOMIÈS) *J'entrai dans ce que j'appellerai, en vieux langage, "la librairie", et je me mis au travail.* (FRANCE)

licence nom féminin
[du latin *licentia,* liberté d'agir]
Liberté entière. *Efforçons-nous de vivre avec toute innocence, / Et laissons aux censeurs une pleine licence.*(MOLIÈRE)
En littérature, ce qui se fait contre les règles exactes de l'art. *J'ai hasardé ce poème, où je me suis donné des licences qu'ils n'ont pas prises.* (CORNEILLE)

linceul nom masculin
[du latin *linteolus,* petit morceau de toile de lin]
Drap de lit. *Et les enfants, craignant d'être tout seuls, couvrent leurs têtes de linceuls.* (SAINT-AMANT)

livide adjectif
[du latin *lividus,* bleuâtre]
Qui est de couleur plombée, entre le noir et le bleu, telle que devient la chair meurtrie par quelque coup. *Une pâleur livide et une froideur mortelle avaient saisi tout son corps.* (FÉNELON) *Un jour livide et sombre.* (CHÉNIER)

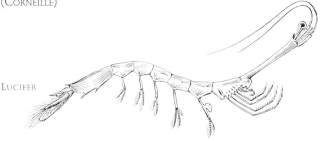

LUCIFER

m

macération nom féminin
[du latin *macerare,* consumer moralement]
Mortification par jeûnes, disciplines et austérités diverses. *Les trappistes ont été continuer leurs macérations dans les bruyères de l'Angleterre.* (CHATEAUBRIAND)

macérer verbe
Affliger son corps par diverses austérités. *Je ne vous dis pas, chrétiens, que vous macériez votre corps par de longues mortifications.* (BOSSUET) *Ils vivent dans la solitude, ils contemplent, ils se macèrent.* (DIDEROT)

machine nom féminin
[du latin *machina,* invention]
Intrigue, ruse, procédé ingénieux. *Quittons notre ajustement de Flamand, pour songer à d'autres machines.* (MOLIÈRE)
Ce bloc enfariné ne me dit rien qui vaille ; / Je soupçonne dessous encore quelque machine. (LA FONTAINE)
Les ressorts d'une composition littéraire. *Que serait-ce si le Tasse eût osé employer les grandes machines du christianisme ?* (CHATEAUBRIAND)
Tout ouvrage de génie. *La tragédie d'Héraclius est une grande et belle machine.* (ACADÉMIE)

MAGNAT

mâchonner verbe
Parler peu distinctement. *Ils
étaient d'accord en bien des
choses ; il y en avait de dures
sur quoi ils mâchonnaient.*
(Mme de SÉVIGNÉ)
Dessiner ou graver sans
netteté, sans fermeté dans les
contours. *Ce peintre mâchonne
toutes ses eaux-fortes.*

madame nom féminin
Titre donné à une femme ou
à une fille, même non
mariée, de bourgeois.
*Peut-être que mes vers
importunent Madame.* (MOLIÈRE)

mademoiselle nom féminin
[de l'ancien français *damoiselle,*
fille noble]
Titre que l'on donnait à toute
femme mariée qui n'était pas
noble, ou qui, noble, n'était
pas titrée. *À mademoiselle de
Montaigne, ma femme.*
(MONTAIGNE) *Monsieur, je vous
assure que vous m'obligerez
beaucoup de me tenir
quelquefois compagnie ; mon
mari est trop mal bâti...
— Mademoiselle, vous me faites
trop d'honneur de me vouloir
souffrir.* (MOLIÈRE)

MAGOT

magasin nom masculin
[de l'arabe *makhâzin,* lieu de
dépôt]
Entassement de choses
inutiles et disparates. *Nos
bibliothèques sont des magasins
de fantaisies humaines.*
(NICOLE)
Ensemble des ressources
personnelles. *Je n'entreprends
point de disputer de civilité avec
vous qui avez des magasins de
belles paroles.* (G. de BALZAC)

magnifique adjectif
[du latin *magnificus,* qui fait de
grandes choses]
Qui dépense ou donne
largement. *Tel a vécu pendant
toute sa vie chagrin, emporté,
avare, qui était né gai, paisible,
paresseux, magnifique.*
(LA BRUYÈRE) *Le monde, pauvre
en effets, est toujours
magnifique en paroles.*
(BOSSUET) *C'est le plus fidèle de
tous les amis, le plus
magnifique de tous les
bienfaiteurs.* (MASSILLON) *On est
regardé par chacun de ces
fainéants comme un patron très
magnifique.* (NERVAL)

magot nom masculin
[du nom d'un singe]
Un homme très laid. *Vous ne
seriez pas le premier magot qui
aurait épousé une jolie fille.*
(REGNARD)
Figure grotesque de
porcelaine, de pierre, etc. *Le
goût pour les magots et le culte
des idoles n'est-il pas le dernier
degré de la stupidité ?* (BUFFON)

maille nom féminin
[du latin *medalia,* lui-même de *medius,* demi]
Petite monnaie de cuivre qui valait la moitié d'un denier. *Montre-leur comme il faut / Ne laisser de sa bourse échapper une maille.* (BOILEAU)
Très petite somme d'argent. *Cela ne vaut pas maille.*
La moindre partie d'une chose ; rien. *De nouveauté dans mon fait il n'est maille.* (LA FONTAINE)

maillot nom masculin
[du même mot, désignant un carré d'étoffe servant de lange]
Nouveau-né. *Voilà où conduisit le deuil d'un maillot de M. du Maine.* (SAINT-SIMON)

maison nom féminin
[du latin *manere,* demeurer]
Ensemble des domestiques d'une personne, d'une famille. *Vous avez eu tort d'emmener avec vous votre maison dans ce voyage.* (GOBINEAU)
Être de maison : être de naissance noble. *Clarisse est de maison, et n'est pas sans beauté.* (CORNEILLE)
Petite maison : maison située dans un quartier isolé, destinée à des rendez-vous avec des maîtresses. *Jamais souper des petites maisons de Paris n'approcha de ce repas.* (J.-J. ROUSSEAU) *Par des cadeaux son altesse m'entraîne / Jusqu'à sa petite maison.* (BÉRANGER)

maîtresse nom féminin
Fille ou femme recherchée en mariage, ou simplement aimée de quelqu'un. *J'ignore ce grand art qui gagne une maîtresse.* (BOILEAU) *Ils semblent, comme moi, servir une maîtresse.* (CORNEILLE) *J'ai dit à mon cœur, à mon faible cœur : N'est-ce point assez d'aimer sa maîtresse ?* (MUSSET)
Fiancée. *Ma fille, préparez-vous à bien recevoir ma maîtresse qui vous doit venir visiter.* (MOLIÈRE)

malaisé, ée adjectif
Qui a peu de ressources pécuniaires. *J'étais avec une de ces beautés malaisées dont le meilleur revenu consiste en un joli visage.* (MARIVAUX)

MAÎTRE À DANSER

MANCHE DE VELOURS

malhonnête adjectif
[du latin *honestus,* honorable, honoré]
Qui manque à l'honneur, à la probité. *Un homme de bien ne saurait empêcher par toute sa modestie qu'on ne dise de lui ce qu'un malhonnête homme fait dire de soi.* (LA BRUYÈRE)
Qui manque à la civilité. *Oui, c'est vous, malhonnête que vous êtes.* (MARIVAUX)

malice nom féminin
[du latin *malitia,* méchanceté]
Méchanceté, penchant au mal. *On est d'ordinaire plus médisant par vanité que par malice.* (LA ROCHEFOUCAULD)
Son cœur n'enferme point une malice si noire. (RACINE)

malicieusement adverbe
Méchamment, avec cruauté. *Je me demande si, malicieusement, tu n'irais point faire courir le bruit que j'ai de l'argent caché.* (MOLIÈRE)

malin, maligne adjectif
Qui se plaît à dire ou faire du mal. *Nous sommes si indiscrets et si malins dans nos paroles.* (FÉNELON)
Qui a un effet nocif, nuisible. *Il faut corriger ce que l'opium a de malin.* (ACADÉMIE)

malotru, ue adjectif
[du latin *male astrucus,* né sous un mauvais astre]
Qui est en mauvaise santé. *Le chevalier de Lorraine est très malotru et très languissant ; il aurait assez l'air d'être empoisonné, si Mme Brinvilliers eût été son héritière.*
(Mme de SÉVIGNÉ)

manège nom masculin
[de l'italien *maneggiare,* manier]
Manière de se comporter, de se prendre aux choses. *Il y a bien de petites choses qu'il faut encore lui apprendre pour le manège de la conversation et de la société.* (Mme de SÉVIGNÉ)
Genlis avait de l'esprit et du manège. (SAINT-SIMON)

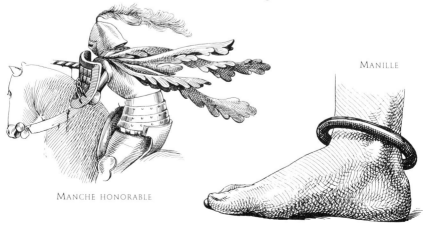

MANILLE

MANCHE HONORABLE

manie nom féminin
[du latin *mania,* folie]
Égarement d'esprit. *Ah ! que
me dites-vous ? Quelle étrange
manie / Peut vous faire envier le
sort d'Iphigénie ?* (RACINE)

se manier verbe
Se conduire avec adresse et
intelligence. *Châteauneuf
savait se manier, et s'était mis
avant dans la confiance de la
princesse des Ursins, à qui il ne
fut pas inutile.* (SAINT-SIMON)

manquer verbe
[de l'italien *mancare,* être
insuffisant, faire défaut]
Échouer, commettre une
faute. *On ne saurait manquer,
condamnant un pervers.*
(LA FONTAINE) *Expliquez-moi du
moins en quoi j'ai pu manquer.*
(QUINAULT)

marchander verbe
Faire traîner en longueur. *Il
n'est pas de ces médecins qui
marchandent les maladies.*
(MOLIÈRE)
Hésiter. *Il ne marchande pas à
dire que son frère est le meilleur.*
Ne pas marchander
quelqu'un : ne pas l'épargner.
*Si je le rencontre, je ne le
marchanderai pas.
Et vive la jalousie ! Elle ne vous
marchande pas !*
(BEAUMARCHAIS)

marche nom féminin
[du francique *markôn,* marquer]
Frontière militaire d'un État.
*Tout ce qui était au-delà était
encore païen, excepté quelques
marches de la Germanie.*
(VOLTAIRE)
Voyage. *J'ai une envie extrême
de savoir de vos nouvelles, et
comme vous vous trouvez de la
tranquillité et de la longueur de
votre marche.* (Mme de SÉVIGNÉ)

MANTEAU D'ARLEQUIN

marcheur nom masculin
Homme qui, par bêtise ou
par passion, devient le jouet
des femmes, et consent
toujours à satisfaire leurs
caprices. *Entre les mains
d'Héloïse il était devenu un
vieux marcheur.*

marcheuse nom féminin
Femme qui appelle les
passants à demi-voix, pour
les engager à entrer dans une
maison close. *Cette femme
était sa marcheuse.* (DIDEROT)
Au théâtre, femme qui joue
un rôle très secondaire. *Elle
ne fut malheureusement, durant
toute sa carrière, qu'une
marcheuse.*

marine nom féminin
Le bord de la mer. *La
cavalerie ennemie voulut nous
poursuivre et s'approcher de la
marine.* (FORBIN)

marionnette nom féminin
[diminutif de *Marion,* lui-même de
Marie, statuette de la Vierge]
Simulacre, représentation.
*Pendant que le mari fait cette
marionnette de guerre au
dehors, la femme est aux prises
avec Monsieur.* (Mme de SÉVIGNÉ)

marron, onne adjectif
[de l'espagnol *cimarron,* réfugié
dans un fourré]
Se dit d'un esclave noir qui
s'est enfui dans les bois pour
y vivre en liberté. *Une
négresse marronne se présenta
sous les bananiers qui
entouraient leur maison.*
(BERNARDIN de SAINT-PIERRE)
Animal domestique qui est
devenu sauvage. *Son chat
marron lui faisait peur.*
Un **marron** : un ouvrage
publié clandestinement.
*Adolphe avait toujours pris
plaisir à publier des marrons.*

masque nom féminin
[du provençal *masco,* sorcière]
Femme laide ou effrontée.
*Ah ! ah ! petite masque, vous ne
me dites pas que vous avez vu
un homme dans la chambre de
votre sœur !* (MOLIÈRE) *Elle ne
m'avait prévenu de rien, cette
petite masque.* (PROUST)

MANTEAU D'ÉVÊQUE

MARABOUT

maussade adjectif
[de *mal* et *sade,* agréable]
Qui est de mauvais goût,
déplaisant, mal fait, en
parlant des choses. *Il a publié
un livre assez maussade.
Je trouvai un petit lit assez
propre ; elle le trouva maussade
et s'en plaignit.* (Mme de SÉVIGNÉ)
Sal, malpropre. *Vous venez
aussi maussade / Et tout crotté
comme un barbet.* (SCARRON)

mécanique adjectif
Qui travaille de ses mains.
*Après avoir fait ces inventions, il
les remit à des personnes
mécaniques pour les exercer.*
(MALHERBE)
Qui exige le travail des
mains. *Il prenait depuis
longtemps Jean-Jacques pour un
homme de quelque état
mécanique.*
(BERNARDIN de SAINT-PIERRE)
Les arts mécaniques : les
activités artisanales destinées
à produire des objets utiles,
par opposition aux *arts
libéraux* (rhétorique,
mathématiques, musique,
etc.) *Les arts les plus
mécaniques sont traités avec
plus d'honneur que la poésie ;
car ceux qui les ignorent ne se
mêlent pas d'en juger.* (GODEAU)
Sans noblesse, vil, mesquin.
*Vous me peignez un fat qui met
l'esprit en roture, une âme vile
et mécanique à qui ni ce qui est
beau ni ce qui est esprit ne
saurait s'appliquer.*
(LA BRUYÈRE)

méchanceté nom féminin
[de l'ancien français *méchoir,* qui
a mauvaise chance]
Mauvaise qualité, médiocrité.
*La méchanceté même des vers
marquait qu'ils partaient d'un
dieu qui avait un noble mépris
pour les règles ou pour la beauté
du style.* (FONTENELLE)

méchant, ante adjectif
Qui ne vaut rien. *Que je vous
plains d'avoir eu un méchant
prédicateur !*
(Mme de SÉVIGNÉ)

méconnaissance nom
féminin
Ingratitude. *Une infinité de
circonstances marquèrent à
M. le Prince et la
méconnaissance et la méfiance
du Cardinal.* (RETZ)

méconnaître verbe
Ne pas reconnaître. *Je vous ai
méconnue en ce déguisement.*
(QUINAULT)
Désavouer, renier. *Les vilains
qui ont fait fortune
méconnaissent aisément leurs
parents.* (FURETIÈRE) *Il méconnaît
sa sœur, il méprise sa mère.*
(RACINE)

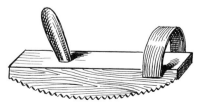

MARGUERITE

médecine nom féminin
Remède. *Je vous prie, ma
bonne, quoi qu'on dise, de faire
de l'huile de scorpion, afin que
nous trouvions en même temps
les maux et les médecines.*
(Mme de SÉVIGNÉ)

médiocre adjectif
[du latin *medius,* qui est au
milieu]
Qui est entre le grand et le
petit, entre le bon et le
mauvais. *Les esprits médiocres
condamnent d'ordinaire tout ce
qui passe leur portée.*
(LA ROCHEFOUCAULD) *Les muses
haïssent le genre médiocre et
tempéré.* (CHATEAUBRIAND)

médiocrité nom féminin
Modération, juste milieu. *Il
faut que je cherche une règle
certaine qui compose mes mœurs
selon la droite raison, et réduise
mes actions à la juste
médiocrité.* (BOSSUET). *Il faut
garder la médiocrité en toutes
choses.* (FÉNELON) *Rien n'est bon
que la médiocrité.* (PASCAL)

méditerrané, ée adjectif
Qui est au milieu des terres.
Les golfes méditerranés.
(BUFFON) *Vont-ils dans la
Tartarie méditerranée ?*
(J.-J. ROUSSEAU)
Substantivement : mer
intérieure. *Les ouvertures des
golfes, des baies, des
méditerranées, rien n'échappe à
la sagesse de ce bon et savant
homme.* (CHATEAUBRIAND)

ménage nom masculin
[de l'ancien français *manoir,* sous
l'influence de *maisniee,* famille]
Gestion de biens
domestiques ou d'autres
revenus. *Les héritiers que vous
aurez béniront votre bon
ménage.* (SOREL) *C'est un
homme qui sait profondément le
ménage de la campagne.*
(Mme de SÉVIGNÉ)
Désordre, dégât. *L'aigle étant
de retour et voyant ce ménage.*

ménager verbe
Administrer, gérer avec soin.
*Il ne songeait qu'à contenter ses
passions, qu'à dissiper les
trésors immenses que son père
avait ménagés avec tant de soin.*
(FÉNELON)
Diriger, conduire. *Ce sont des
hommes dévoués aux femmes,
dont ils ménagent les plaisirs.*
(LA BRUYÈRE) *Il relève le courage
des alliés, il ménage la foi
suspecte et chancelante des
voisins.* (FLÉCHIER)

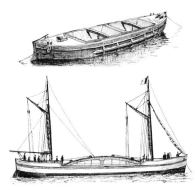

MARIE-SALOPE

mépriser verbe
Repousser un amant, un prétendant. *J'ai méprisé tous ceux qui m'ont aimée, et j'aimerais le seul qui me méprise !* (MOLIÈRE) *Toi / Pour qui j'ai méprisé / Ce mortel qu'aujourd'hui le tort a fait ton maître.* (VOLTAIRE)

mercenaire adjectif et nom masculin
[du latin *merces,* salaire]
Qui se fait uniquement pour de l'argent. *Ils font d'un art divin un métier mercenaire.* (BOILEAU)
Toute personne qui travaille pour de l'argent, et sans indépendance. *Les femmes n'ont plus voulu nourrir leurs enfants ; il a fallu les confier à des femmes mercenaires.* (J.-J. ROUSSEAU)

MARIOLE

merveille nom féminin
Surprise, étonnement. *La surprise me flatte et je me sens saisir / De merveille à la fois, d'amour et de plaisir.* (MOLIÈRE) *Nos sujets de merveille et d'amour s'étaient trouvés assez différents.* (VALÉRY)

merveilleux, euse adjectif
Qui surprend (mais sans nuance admirative). *Il n'est pas merveilleux s'il ne peut s'égarer.* (CORNEILLE) *Cet homme est mort par un merveilleux accident.* (FURETIÈRE)

merveilleusement adverbe
Extrêmement. *M. Vitart m'a merveilleusement oublié.* (RACINE)

mettre verbe
[du latin *mittere,* laisser aller]
Se couvrir, mettre son chapeau sur la tête. *Mettez donc sans façon.* (MOLIÈRE)
Admettre. *Chose incroyable ! les Juifs ont mieux aimé mettre deux Messies.* (BOSSUET)
Sacrifier. *Ils ont mis leur repos, leur santé, pour avoir ces richesses.* (LA BRUYÈRE)

MARMOTTES

se mettre verbe
S'habiller. *Il était l'homme de la cour qui se mettait le mieux* (HAMILTON)
Se mettre de : se joindre à. *Il restait chez moi du matin au soir plusieurs jours de suite, se mettait de mes promenades.* (J.-J. ROUSSEAU)

meuble nom masculin
[du latin *mobilis,* mobile]
Tout objet domestique qu'on peut porter. *Ce couteau à plusieurs lames est un meuble fort commode.* (LITTRÉ)
Cette coupe est le plus beau meuble de son logis. (RACINE)

meurtri, ie adjectif
[de *meurtrir,* tuer]
Mis à mort par un meurtre.
Allez, sacrés vengeurs de vos princes meurtris. (RACINE)

mie nom féminin
Amie. *On me mande toujours des merveilles de ma petite mie.* (Mme de SÉVIGNÉ)
Amante, femme aimée. *Ma petite femme, ma mie, votre peau vous démange.* (MOLIÈRE)

mièvre adjectif
[du scandinave *snoefr,* vif]
Qui a de la vivacité mêlée de quelque malice. *Il n'a jamais été ce qu'on appelle mièvre et éveillé.* (MOLIÈRE) *Toi qui es la fille du pays la plus enjouée, la plus gaillarde, la plus mièvre.* (DANCOURT)

mignonne nom féminin
Maîtresse. *Vous pourriez avoir vingt mignonnes en ville.* (LA FONTAINE) *Un essaim de grivois / Buvant à leurs mignonnes.* (BÉRANGER)

mijoter verbe
[de *migeoler,* cajoler]
Traiter avec un excès de délicatesse. *Elle ne pouvait s'empêcher de mijoter ses enfants.*

militant, ante adjectif
[de *militer,* combattre]
Qui appartient à la milice de Jésus-Christ. *Le fidèle, toujours militant dans la vie, toujours aux prises avec l'ennemi.* (CHATEAUBRIAND)

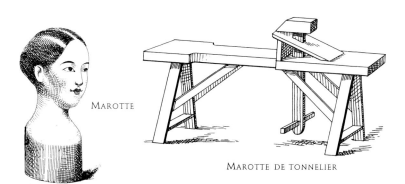

MAROTTE

MAROTTE DE TONNELIER

ministère nom masculin
Travail manuel, métier. *Il
était d'une fort basse naissance,
originaire de Tarente, où il avait
exercé les plus vils ministères.*
(ROLLIN)

ministre nom masculin et
féminin
[du latin *minister,* serviteur]
Celui qui est chargé d'une
fonction, qui exécute
ordinairement les ordres d'un
autre. *Quel sera l'ordre affreux
qu'apporte un tel ministre ?*
(RACINE) *Dois-je prendre pour
juge une troupe insolente, / D'un
fier usurpateur ministre
violente ?* (RACINE)

minute nom féminin
[du latin *minuta,* écriture menue]
Brouillon, original de ce
qu'on écrit. *M. l'abbé Bignon
a laissé parmi ses papiers un
grand nombre de lettres de
savants, et les minutes de ses
réponses.* (MAIRAN)

minuter verbe
Combiner secrètement,
machiner. *Tu lis tous les secrets
que minute le sort.* (L'HERMITE)

minutie nom féminin
[du latin *minutia,* petite parcelle]
Chose sans importance. *Dans
le fond qu'est-ce que toutes ces
méthodes, que toutes ces
pratiques ? Ne sont-ce pas des
minuties ? Mais ces prétendues
minuties plaisent à Dieu.*
(BOURDALOUE)

misérable adjectif
Qui est dans la douleur. *Ce
misérable amant languit dans
les fers.* (FURETIÈRE)

mode nom féminin
[du latin *modus,* manière]
Manière, fantaisie. *Il suivit la
mode de son maître.*
(LA FONTAINE)

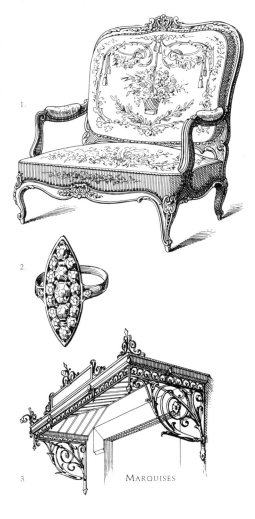

1.

2.

3. MARQUISES

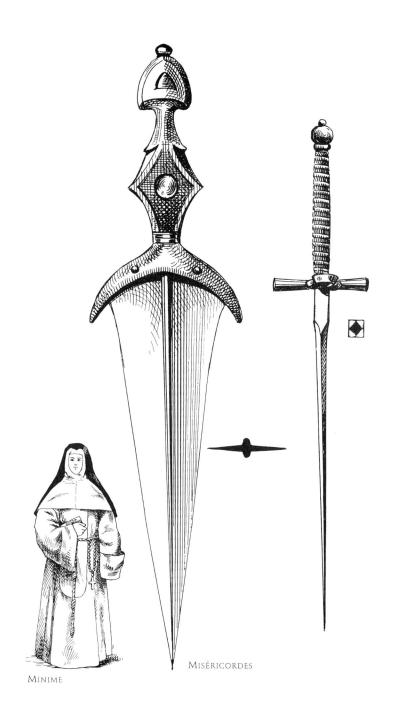

MINIME

MISÉRICORDES

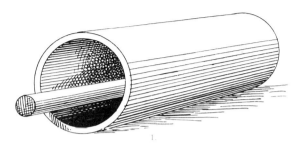

1

MOINES

2

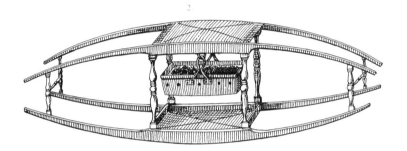

MOISE

modérateur, trice adjectif et nom
Qui administre. *Une maîtresse de maison n'est plus cette modératrice d'un cercle tranquille.* (GONCOURT)

modérer verbe
Gouverner, conduire. *Dieu modère comme il lui plaît l'ouvrage de notre salut ; il n'a pas jugé à propos que nous eussions toutes les raisons du mystère.* (BOSSUET)

modeste adjectif
[du latin *modus*, mesure]
Modéré, qui a de la retenue, de la pudeur. *Il faut qu'une femme soit modeste.*
Il se sert de la parole comme un homme modeste de son habit pour se couvrir. (FÉNELON)
Substantivement : nom par lequel certains prudes remplaçaient le mot "cul".
Ces pudiques raffinés avaient inventé de dire "le modeste d'un artichaut". (GONCOURT)

modestie nom féminin
Modération. *Il coûte si peu aux grands à ne donner que des paroles, que c'est modestie à eux de ne pas promettre encore plus largement.* (LA BRUYÈRE) *Le père et la mère furent heureux de la modestie de leur fille, qui n'eut aucun goût ruineux.* (H. de BALZAC)
Pudeur, décence. *Mettez dans vos discours un peu de modestie.* (MOLIÈRE) *La plus belle parure d'une femme est la modestie.* (KARR)

mollesse nom féminin
Manière de vivre délicate et voluptueuse. *Je voudrais que la mollesse fût le prix des travaux guerriers.* (MARMONTEL) *J'aime le luxe et même la mollesse.* (VOLTAIRE) *Il fut élevé comme la plupart des Parisiens, avec trop de mollesse.* (d'OLIVET)

mondain, aine adjectif
[du latin *mundanus*, du monde]
Attaché aux vanités du monde, à l'époque (par opposition à la vie religieuse, au sacré). *La vie mondaine et la vie monastique.*
Ne sont-ce pas les plus mondains que nous voyons les plus éloquents à déclamer contre le monde ? (BOURDALOUE)

MOLOSSE

mondanité nom féminin
État de ce qui appartient au
monde. *Le christianisme n'est
en nos mœurs qu'à demi ; nous
cousons à cette pourpre royale
un vieux lambeau de mondanité.*
(BOSSUET)

monde nom masculin
En termes de dévotion, la vie
des hommes aux mœurs peu
sévères. *Dieu ne veut point
d'un cœur où le monde domine.*
(CORNEILLE) *Reconnaissez ici le
monde, reconnaissez ses maux
toujours plus réels que ses biens.*
(BOSSUET)

montant nom masculin
Goût relevé, odeur forte et
pénétrante. *Il faut donner du
montant à cette sauce. C'est un
vin qui a du montant.*
Charme, piquant. *Cette jeune
femme, de l'avis de Paul, avait
du montant.
C'est précisément là ce naturel,
ce montant, ce primesautier que
prisent si fort les vrais
connaisseurs.*
(VILLIERS de L'ISLE-ADAM)

montée nom féminin
Escalier, marche d'escalier.
*Deux servantes déjà / Avaient à
coups de pieds / Descendu les
montées.* (BOILEAU)

montre nom féminin
Ce qu'on montre pour faire
juger du reste, échantillon.
*Conserve à nos neveux une
montre fidèle / Des exquises
beautés que tu tiens de son zèle.*
(MOLIÈRE)
Ce qu'un marchand étale
devant sa boutique. *Tout cela
n'est mis que pour servir de
montre.*
Apparence. *C'est une question
agitée si la réalité nous importe
plus que la montre.*
(COURBEVILLE)
Parade, étalage, spectacle.
*Malheur à vous, hypocrites, qui
n'avez qu'une vaine montre et
une fausse apparence de probité.*
(BOURDALOUE) *Il avait vu la
montre des marionnettes.*
(FURETIÈRE)

MORTIER DE VEILLE

montrer verbe
Enseigner. *Si on abuse de la rhétorique, il ne faut pas s'en prendre à ceux qui la montrent.* (RACINE) *Il vaut mieux me laisser montrer à lire à Mlle de la Tour.* (Mme de MAINTENON)

se morfondre verbe
Être transi de froid, d'humidité. *Vous vous morfondez là, mon père. Petit Jean, couchez-le dans son lit.* (RACINE)

morgue nom féminin
Local où l'on procédait à la fouille des prisonniers. *Je demeurai dans la morgue jusqu'au soir.* (CYRANO de BERGERAC)

mortalité nom féminin
Les mortalités : les nécessités de la vie humaine. *Le chevalier ne mangeait point avec elle ; car la marquise tient pour maxime qu'il ne faut qu'un amant fasse devant sa maîtresse que ce qui est de l'essentiel de l'amour, et que, par exemple, il ne faut qu'une grimace en mangeant, ou quelque petite indécence pour tout gâter ; elle appelle cela faire des mortalités.* (TALLEMANT des RÉAUX)

mouchard nom masculin
[de *mouche,* espion]
Un curieux (sans valeur péjorative). *Une beauté naissante fait son entrée au monde ; bientôt les mouchards de la grande allée sont en campagne, au bruit d'un visage nouveau ; chacun court en repaître ses yeux.* (GHERARDI)

1.

3.

MOUCHES

2.

mouche nom féminin
Espion. *Il me paraît être une de ces mouches que l'on tient sans cesse à mes trousses.*
(J.-J. Rousseau)
Impatience, colère. *La mouche tout à coup à la tête vous monte.*
(Molière)

moucher verbe
Aller çà et là comme une mouche, circuler en tous sens. *Elle beugle, en vache enragée / Qui mouche et frémit sous un taon.*
(Saint-Amant) *Les chansons qui avaient mouché s'étaient chantées en Flandres.*
(Saint-Simon)

mourant, ante adjectif
Mourant à : qui, par mortification, renonce à. *J'ai retrouvé notre cher Corbinelli comme je l'avais laissé, un peu plus philosophe, et mourant tous les jours à quelque chose.*
(Mme de Sévigné)
Qui va en pente douce. *Ils prenaient plaisir à s'étendre sur la plage mourante.*

mousse adjectif
[du latin *muttius,* tronqué]
Qui n'est pas aigu ou tranchant. *Certains ciseaux sont faits exprès avec une branche pointue et l'autre mousse.*
Qui n'a pas de finesse. *Ma pénétration, naturellement très mousse, mais aiguisée à force de s'exercer dans les ténèbres, me fait deviner assez juste des multitudes de choses.*
(J.-J. Rousseau)

Mulet de marius

Mouton

moyeu nom masculin
[du latin *mediolum,* jaune d'œuf]
Jaune d'œuf. *Pour réussir cette
recette, il faut quatre moyeux.*
Sorte de prune confite. *Elle
aimait préparer des pots de
moyeux.*
*Songez à vos moyeux pour
Provence.* (Mme de SÉVIGNÉ)

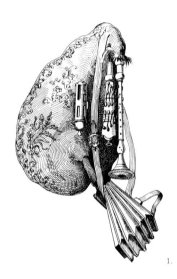

1.

muguet nom masculin
Nom donné à des jeunes
gens faisant profession
d'élégance et de galanterie
(parce qu'ils se parfumaient
avec des essences de
muguet). *Dis-moi, un peu, quel
est ce muguet qui se rencontre à
toutes les promenades que fait
ma nièce ?* (HAUTEROCHE) *De
jeunes muguets se dirigent du
côté du jardin.* (GAUTIER)

murmure nom masculin
[du latin *murmure,* grondement,
bruit sourd]
Brouhaha, tumulte. *Des
mulets en sonnant augmentent
le murmure.* (BOILEAU) *Mes yeux
saignent. J'entends un immense
murmure / Pareil aux
hurlements de la mer ou des
loups.* (LECONTE de LISLE)
Grognement sourd et
prolongé d'un animal. *La
marmotte a la voix et le
murmure d'un petit chien.*
(BUFFON)

MUSETTES

2.

naïf, ive adjectif
[du latin *nativus,* donné par la naissance]
Natif, premier. *Une couleur de roses avait rehaussé de son teint la naïve blancheur.*
(La Fontaine) *On nous donne volontiers pour idéal de parvenir à saisir notre esprit dans son état naïf, et comme à ses débuts, alors que la raison ne l'a pas encore atteint ou déformé.*
(Paulhan)
Qui retrace simplement la vérité, sans artifice et sans effort. *Jacques Amyot est connu par sa naïve traduction de Plutarque.* (Voltaire)
Qui est gracieusement inspiré par le sentiment. *J'estime ta valeur / Et de ton cœur ouvert la naïve candeur.* (Voltaire) *Ciel ! de faibles sanglots ! un cri naïf et tendre !* (Chénier)
Qui dit sa pensée sans détours, ingénument. *Diderot est un bon homme ; car il est naïf.* (Voltaire)

naissance nom féminin
Origine par le sang, par la famille. *Ma naissance suffit pour régner après vous.*
(Corneille) *Les mortels sont égaux, ce n'est point la naissance, / C'est la seule vertu qui fait la différence.* (Voltaire)
Noblesse. *La naissance n'est rien où la vertu n'est pas.*
(Molière) *Le défaut de naissance vous ferme en France le chemin aux grands emplois.*
(Bernardin de Saint-Pierre)

naïvement adverbe
Avec simplicité, sans détour.
Il décrivit naïvement les misères de sa prison. (Sorel) *Montaigne exprime naïvement de grandes choses.* (Voltaire)

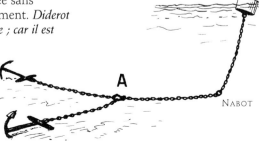

A

Nabot

naïveté nom féminin
Vérité exprimée sans artifice.
*La même chose, souvent, est
dans la bouche d'un homme
d'esprit, une naïveté ou un bon
mot, et dans celle d'un sot une
sottise.* (LA BRUYÈRE) *Je vais
procéder à cette confession avec
la même naïveté que j'ai mise à
toutes les autres.* (J.-J. ROUSSEAU)
Simplicité naturelle et
gracieuse avec laquelle une
chose est exprimée ou
représentée. *La naïveté, à qui
j'oserais donner la première
place parmi toutes les
perfections du style.* (VAUGELAS)
*La naïveté et la franchise me
plaisent chaque jour davantage ;
je deviens amoureux de La
Fontaine.* (STENDHAL)

narquois, oise adjectif
[peut-être de *narquin,* pillard]
Fourbe, rusé. *Maint vieux
chat, fin, subtil et narquois / Les
guetta, les prit, fit main basse.*
(LA FONTAINE)

navrer verbe
[de l'ancien norrois *nafarra,*
percer]
Blesser. *Ces bergers navrés,
tout moites de leur sang.*
(RÉGNIER) *Cette manière de
s'armer jusqu'aux dents avec ses
amis me paraît si cruelle, que
j'aime cent fois mieux me
présenter nu et être navré.*
(J.-J. ROUSSEAU)

né, née adjectif
Être né : être noble. *Ce bien
parler qui ne manque presque
jamais à ceux qui sont nés, et
qui ont été nourris dans le
grand monde.* (BOSSUET)

nectar nom masculin
Le breuvage des dieux, dans
la mythologie. *On a été réduit
à dire que les dieux étaient ivres
de nectar lorsqu'ils firent les
hommes, et, quand ils vinrent à
regarder leur ouvrage de sens
froid, ils ne purent s'empêcher
de rire.* (FONTENELLE) *Les dieux
dévoraient de grands quartiers
de viande fraîche mal rôtie,
arrosée d'ambroisie et de nectar.*
(HENRIOT)

NAUTILUS

NAVETTE

négoce nom masculin
[du latin *negotium,* occupation,
lui-même de *otium,* loisir]
Occupation. *J'étais las de peler
les amandes et d'autres
semblables négoces.* (CHAPELAIN)
Entreprise, action. *Ils se
préparent à exécuter ce négoce.*
(SCARRON)
Affaire en général ; relation
d'affaires. *As-tu quelque négoce
avec le patron du logis ?*
(MOLIÈRE)

nettoyer verbe
Corriger les défauts d'un
ouvrage. *J'avais pensé nettoyer
tout à fait cet ouvrage.*
(MALHERBE)

neuf, neuve adjectif
Franc, naturel,
inexpérimenté. *Ç'a été un
grand jeu pour son éminence
qu'un esprit neuf comme celui
de votre ami.* (Mme de SÉVIGNÉ)
Se dit d'une jeune personne
dont le cœur n'a pas encore
connu l'amour. *Elle était
fraîche et paraissait neuve.*
(HAMILTON) *J'étais aussi neuf
qu'au sortir du ventre de ma
mère, et les deux femmes de s'en
émerveiller ainsi que leurs
maris.* (DIDEROT)

neveux nom masculin pluriel
[du latin *nepos,* petit-fils]
Petits enfants. *Mon époux a
des fils, il aura des neveux.*
(CORNEILLE)
La postérité, ceux qui
viennent après nous. *Votre
règne aux neveux doit servir de
modèle.* (RACINE)

niais, aise adjectif
[du latin *nidus,* nid]
Simple dans les manières,
l'allure. *J'ai la tête assez belle,
avec beaucoup de cheveux gris,
mais un peu égarés, et le visage
assez niais.* (VOITURE)

NEF

NESTOR

niveler verbe
S'amuser à des bagatelles.
Dans l'art de niveler, l'auteur
de Saint-Jérôme devait sans
doute exceller sur tous les gens
du royaume. (La Fontaine)

nœud nom masculin
Lien affectif entre des
personnes. *Serre d'une étreinte*
si ferme / Le nœud de leurs
chastes amours. (Malherbe)
L'amour serra les nœuds par le
sang commencés. (Racine)

nom nom masculin
Noblesse, qualité. *Polyeucte a*
du nom et sort du sang des rois.
(Corneille)

nombreux, euse adjectif
Rythmé, harmonieux. *Ce*
n'est pas que leurs sons
agréables, nombreux / Soient
toujours agréables à l'oreille,
également heureux. (Boileau)
Quel style magnifique,
nombreux, riche de fortes
cadences ! (Duhamel)
Cadencé, mesuré. *Le*
mouvement nombreux et
uniforme des rameurs. (Rollin)

notaire nom masculin
[de l'ancien français *notarie,*
scribe]
Chez les Romains, esclave
chargé de prendre des notes
pour son maître !

noter verbe
Déshonorer, marquer
d'infâmie quelque chose.
C'était une manière qui ne
laissait pas de noter, en quelque
façon, sa conduite. (Retz)
Blâmer, stigmatiser
quelqu'un. *Il l'a notée de s'être*
tôt et aisément consolée de la
mort de son père. (Corneille)
J'étais ennuyé d'être toujours
noté pour avoir fait le moindre
ouvrage. (J.-J. Rousseau) *Savez-*
vous ce que c'est que votre
intime ami le chevalier de Saint-
Ouin ? Un escroc, un homme
noté par cent mauvais tours.
(Diderot)

NEZ

LE NIL

nourrir verbe
Produire. *C'est l'un des plus grands magistrats que la France ait nourri depuis ses commencements.* (LA BRUYÈRE) *L'Afrique nourrit des monstres.* (FURETIÈRE)
Former, éduquer. *J'ai été nourri aux Lettres depuis mon enfance.* (DESCARTES) *Nourri dans les forêts, il en a la rudesse.* (RACINE)

NOMADE

nourrisson nom masculin
En termes poétiques, élève d'une divinité, et particulièrement des Muses. *Muses, dictez sa gloire à tous vos nourrissons.* (BOILEAU)

nourriture nom féminin
Instruction, éducation. *Il faut corriger les défauts de cet enfant par une bonne nourriture.*
La nourriture qu'il avait prise à la maison de M. le cardinal de Richelieu, avait fait de si fortes impressions dans son esprit, que, bien qu'il eût beaucoup d'aversion pour le cardinal Mazarin, il tremblait dès qu'il entendait nommer son nom. (SAINT-SIMON)
« *Ce terme a continué de vieillir malgré cette recommandation de Voltaire : Il mérite d'être conservé en usage ; il est très supérieur à éducation, qui, étant trop long et composé de syllabes sourdes, ne doit pas entrer dans un vers.* » (LITTRÉ)

O

objet nom masculin
[du latin *objectum,* chose qui
affecte les sens]
Tout ce qui frappe la vue ou
les autres sens ; ce qui se
représente à notre
imagination. *Mais il est des
objets que l'art judicieux / Doit
offrir à l'oreille et reculer des
yeux* (BOILEAU). *Satan étonne
notre âme timide par des objets
de famine et de guerre.*
(BOSSUET)
Femme aimée. *Ô trop aimable
objet qui m'avez trop charmé, /
Est-ce là comme on aime, et
m'avez-vous aimé ?* (CORNEILLE)
*Volage adorateur de mille objets
divers.* (RACINE) *Mon âme s'est
éprise d'un jeune objet qui loge
en ce logis.* (MOLIÈRE)

obliger verbe
[du latin *obligare,* lier par un
engagement]
Rendre service, faire plaisir.
*Obligez-moi de n'en rien dire ; /
Son courroux tomberait sur moi.*
(LA FONTAINE)
Plaire, attirer. *Le respect bien
souvent n'oblige pas tant que
l'amour.* (MOLIÈRE)

obséder verbe
[du latin *obsidere,* assiéger]
Être assidu auprès de
quelqu'un, en cherchant à
l'éloigner des autres. *Vous
avez trop d'amants qu'on voit
vous obséder, / Et mon cœur de
cela ne peut s'accommoder.*
(MOLIÈRE) *Elle l'obsédait si
entièrement qu'il ne connaissait
qu'elle.* (Mme de SÉVIGNÉ)
Importuner. *Je suis obsédée ou
de femmes que je méprise ou
d'hommes qui ne m'aiment
point.* (Mme de MAINTENON)

OCÉAN

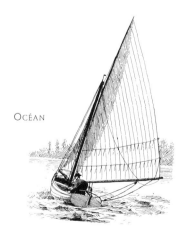

obsession nom féminin
Action d'importuner par des
assiduités. *Charles insista si
bien qu'elle finit, à force
d'obsessions, par se décider.*
(Flaubert)

obstiner verbe
Affronter, contredire. *Nous
sommes en bons termes, et je ne
voudrais pas l'obstiner.
Voyons, jeune homme, est-ce
vous qui obstinez votre père ?*
(Sand)

occasion nom féminin
[du latin *occidere,* tomber]
Combat, rencontre guerrière.
*Je ne comprends pas comment
on peut s'exposer aux périls de
votre voyage. J'aimerais mieux
aller à l'occasion.* (Mme de
Sévigné) *Il avait perdu un bras
dans une chaude occasion.*

Œuf électrique

occident nom masculin
[du latin *occidens,* le soleil
tombant]
Déclin. *Cet empire était dans
son occident.* (Académie)

offenser verbe
[du latin *offendere,* heurter,
attaquer]
Blesser. *Ce coup lui a offensé le
cerveau.* (Académie)
Affecter douloureusement.
*Sa petite poitrine est fort
offensée de cette fièvre.*
(Mme de Sévigné)

office nom masculin
[du latin *officium,* service, devoir]
Le devoir, au sens moral.
*Tout cela est l'office d'un bon
père, d'un bon mari, d'un bon
ami.* (Fénelon) *Cicéron a écrit
un traité sur les offices.*
Service que l'on rend. *Sachez
de moi que les meilleurs offices /
Sont toujours ceux qu'on a le
moins promis.* (J.-B. Rousseau)

officier nom masculin
Domestique chargé de la
table, comme maître d'hôtel,
cuisinier ou sommelier. *Vous
gronderez mal à propos un
officier, si vous voulez qu'il ait
dressé un fruit plus
promptement qu'il n'est
possible.* (Fénelon)

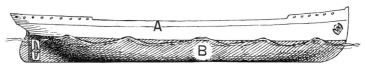

Œuvre

officieux, euse adjectif et nom
[du latin *officiosus,* complaisant]
Obligeant, serviable. *Il était
vif, enjoué, officieux.*
(FONTENELLE) *Le poison est tout
prêt. La fameuse Locuste / A
redoublé pour moi ses soins
officieux.* (RACINE)
Personne qui importune à
force de vouloir rendre
service. *Des officieux vinrent
assister au pénible travail des
répétitions.* (DUHAMEL)

offusquer verbre
[du latin *offuscare,* obscurcir]
Cacher, voiler, rendre terne.
*L'éclat de tes vertus offusque
tout savoir.* (RÉGNIER). *Rien
n'offusquait sa parfaite clarté.*
(BAUDELAIRE)
Empêcher de voir. *Ôtez-vous
de devant moi, vous
m'offusquez.* (ACADÉMIE)
Troubler l'esprit. *Il avait l'âme
noble, quand elle n'était pas
offusquée par cinquante verres
d'eau-de-vie.* (STENDHAL)

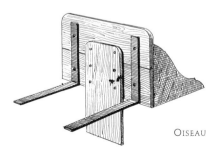

OISEAU

oie nom féminin
Petite-oie : ensemble des
accessoires (rubans,
dentelles) qui aidaient à
compléter l'habillement. (Ce
mot désigne d'abord les
morceaux que l'on retranche
d'une oie avant de la faire
rôtir.) *Ne vous vendrai-je rien,
monsieur ? Des bas de soie, /
Des gants en broderie, ou
quelque petite-oie ?* (CORNEILLE)
Les petites faveurs que les
femmes accordent à leurs
amants. *Menu détail, baisers
donnés et pris ; la petite-oie ;
enfin ce qu'on appelle en bon
français les préludes d'amour.*
(LA FONTAINE)

oiseux, euse adjectif
[du latin *otium,* loisir]
Qui ne fait rien, par habitude
ou par goût. *Il y a trop de gens
oiseux qui ne cherchent qu'à
faire bonne chère.* (GUI PATIN)
Qui favorise l'oisiveté. *Sors de
ce lit oiseux qui te tient attaché.*
(BOILEAU)

oiseux, oisif :
« L'*oiseux* est celui qui a
l'habitude de ne rien faire :
l'*oisif* celui qui ne fait rien
actuellement. En parlant des
choses, *oisif* exprime qu'on
n'en fait pas usage : *laisser son
fusil oisif ; oiseux,* qu'elles ne
servent à rien : *des dimensions
oiseuses.* » (LAROUSSE)

ombrage nom masculin
Inquiétude. *Tout vous nuit,*
tout vous perd, tout vous fait de
l'ombrage. (CORNEILLE)

ombrageux, euse adjectif
Qui s'inquiète aisément.
Nous sommes un peu
ombrageuses : une poste
retardée, une lettre trop courte,
tout nous fait peur.
(Mme de SÉVIGNÉ)

ombre nom féminin
L'individu, tel qu'il survit
après sa mort, selon certaines
croyances. *Quoi ! viens-tu*
jusqu'ici braver l'ombre du
comte ? (CORNEILLE) *Il s'est*
montré vivant aux infernales
ombres. (RACINE)
Faire ombre : inquiéter. *Des*
enfants lui feraient-ils quelque
ombre ? (RACINE)

onéreux, euse adjectif
[du latin *onus,* charge]
Qui pèse, comme un fardeau.
Le travail est souvent onéreux.
La société est fondée sur un
avantage mutuel ; mais,
lorsqu'elle me devient onéreuse,
qui m'empêche d'y renoncer ?
(MONTESQUIEU).

opéra nom masculin
[de l'italien *opera,* œuvre]
Chef-d'œuvre. *Vos deux lettres*
sont des opéras. (SCARRON)
Entreprise difficile. *Quand il*
faut écrire des lettres de
compliment, de consolation, c'est
pour moi un opéra. (FURETIÈRE)
C'est un opéra de lui parler.
(BOUHOURS)
Chose rare, extraordinaire.
Vous vous souvenez bien de la
lettre que vous m'avez promise,
dès que vous auriez appris que
je serais grand-père. Je
m'attends à un opéra.
(BUSSY-RABUTIN)

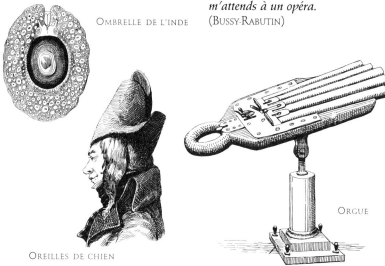

OMBRELLE DE L'INDE

ORGUE

OREILLES DE CHIEN

ordinaire nom masculin
[du latin *ordinarius,* placé en
rang]
Personne servant le roi, pour
porter ses ordres aux
parlements, aux provinces,
aux autres rois. *Tous vos
confrères les ordinaires du roi
me demandent souvent de vos
nouvelles.* (RACINE)
Courrier ; jour où part le
courrier. *Je vous écrirai par le
premier ordinaire.* (ACADEMIE)

oreille nom féminin
Attention, confiance, intérêt.
*Ne possédez-vous pas son oreille
et son cœur ?* (RACINE) *C'est
beaucoup d'avoir l'oreille du
grand maître.* (CORNEILLE)
Les oreilles du cœur : la
sensibilité morale. *Que le
Seigneur vous donne ces oreilles
du cœur qui seules font entendre
sa voix.* (MASSILLON)
Petite partie du feuillet d'un
livre qu'on a pliée pour
marquer une page qu'on veut
retrouver. *Lisez la page 34, où
il y a une oreille, et voyez les
pages que j'ai marquées avec un
crayon.* (PASCAL)

orgasme nom masculin
[du grec *orgân,* bouillonner
d'ardeur]
Effervescence, transport de
l'âme. *Ils donnaient des
préceptes pour s'acheminer
artificiellement à cet état
d'orgasme et d'ivresse où ils se
trouvaient au-dessus d'eux-
mêmes.* (DIDEROT)

orgueil nom masculin
[du germanique *urgôli,* fierté]
Sentiment noble, inspiré par
une juste confiance en son
propre mérite. *Soyez béni, mon
Dieu, vous qui daignez me
rendre l'innocence et son noble
orgueil.* (GILBERT)

oripeau nom masculin
[de l'ancien français *orie,* d'or,
doré, et de *peau*]
Se dit des ouvrages littéraires
où il y a du clinquant, du
faux brillant. *Rousseau, par
son ennuyeuse hypocrisie,
change son or en oripeau.*
(VOLTAIRE)
Laiton battu en feuilles pour
servir à la décoration. *Le
palais du Soleil a ses colonnes
tout ornées d'oripeaux.*
(CORNEILLE)
Étoffe ornée de faux or ou de
faux argent. *Vos dames sont
bien dépeintes avec leurs habits
d'oripeau.* (Mme de SÉVIGNÉ)

s'oublier verbe
Devenir orgueilleux. *Les
parvenus s'oublient aisément.*
Relâcher son attention, ses
efforts. *Les Francs ne
s'oublièrent pas : résolus de
faire de nouveaux efforts pour
s'ouvrir les Gaules, ils élevèrent
à la royauté Pharamond.*
(BOSSUET)

outrer verbe
[de *outre,* lui-même du latin *ultra,* au-delà]
Remplir exagérément. *Outré de viande et de vin, s'étant mis au lit, il fut trouvé mort le lendemain.* (d'URFÉ)
Fatiguer à l'excès, accabler. *Le cheval de Beau-Chesne était outré, et il n'avait pu me suivre.* (RETZ) *Les damnés gémiront, outrés de furieuses et irrémédiables douleurs.* (FRANCE)
Surcharger de travail. *On lui reproche souvent d'outrer ses élèves.*
Ils empêchèrent M. le duc d'Orléans, outré et fort blessé, de faire sa retraite en Italie. (SAINT-SIMON)

ouverture nom féminin
Aperçu, clarté. *Sa vivacité lui donnait assez souvent des ouvertures si brillantes qu'elles paraissaient des éclairs.* (RETZ)

ouvrier nom masculin
Artiste. *Virgile était un excellent ouvrier.* (ACADÉMIE) *Tout le monde peut, à certaines façons, reconnaître le faire de l'ouvrier et celui d'un amateur.* (H. de BALZAC)
Qui travaille. *La Bièvre roule comme un ruisseau de mégisserie une eau ouvrière.* (GONCOURT)
Jour ouvrier : jour ouvrable. *Je vais à deux messes les jours d'obligation et à une les jours ouvriers.* (Mme de MAINTENON)

OSCILLE

p

pacotille nom féminin
Petits ballots de
marchandises. *Il est minuit ; ça
qu'on me suive, / Hommes,
pacotille et mulets.* (Béranger)
Petites marchandises qu'un
voyageur emporte avec lui
dans l'espoir de les vendre
outre-mer. *Nous ferons dans
notre quartier une pacotille à
Paul ; car j'ai des voisins qui
l'aiment beaucoup.*
(Bernardin de Saint-Pierre)

paillard, arde nom
[de *paille*]
Personne misérable.
*Remarquez, mon cher lecteur, la
malice du paillard qui outrage si
clandestinement la mémoire de
mon oncle.* (Voltaire)

paillasse nom masculin
Homme politique qui change
d'opinion suivant son intérêt.
Saute, paillasse ! Se dit
ironiquement aux hommes
politiques ou autres qui
changent sans cesse d'avis.
*Saute pas à demi, Paillasse,
mon ami, / Saute pour tout le
monde.* (Béranger)

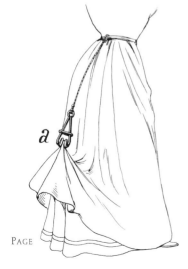

Page

Pagode

panade nom féminin
[du provençal *pan,* pain]
Soupe faite avec de l'eau, du
beurre et du pain. *Nos*
médecins mangent le melon et
boivent le vin frais, cependant
qu'ils tiennent leur patient
obligé au sirop et à la panade.
(MONTAIGNE)

pantalon
nom masculin
[de l'italien *Pantaleone,*
personnage de la comédie
italienne représentant le
Vénitien ; en effet, beaucoup de
Vénitiens se faisaient
prénommer *Pantaleoni,* en
hommage au saint Pantaleon]
Homme qui prend toutes
sortes de figures, qui joue
toutes sortes de rôles pour
parvenir à ses fins. *Broussel*
me coula ces paroles dans
l'oreille : Mazarin n'est qu'un
pantalon. (RETZ)

papillon nom masculin
Affaire qui ne finit pas. *J'ai*
mis le bout du pied sur un bout
de l'aile du papillon : sur neuf
mille francs, j'en ai touché deux.
(Mme de SÉVIGNÉ)
Papillons noirs : idées
sombres. *Ma femme, chasse ces*
papillons noirs qui volent autour
de moi. (BRUEYS)

paquet nom masculin
Propos critiques. *Voilà donc*
mon paquet, et vous le vôtre
aussi. (REGNARD). *Qu'elle se*
tienne tranquille, ou je lui lâche
son paquet. (ZOLA)

parage nom masculin
[de l'ancien français *per,* puis
pair, de haute naissance égale]
De haut parage : d'une
origine familiale noble.
Caumartin avait beaucoup
d'amis, et de haut parage.
(SAINT-SIMON)

parier verbe
Aller de pair, égaler. *La*
Varenne, employé par Henri IV
en affaires secrètes en Espagne
et ailleurs, est parvenu à parier
avec ses ministres, à se faire
compter par les plus grands
seigneurs. (SAINT-SIMON)
Accoupler. *La chienne dont*
tout à l'heure je vous parlais est
de race ; j'en voulus avoir des
petits ; à grand-peine me
procurai-je un mâle assorti, mais
quand il fallut les parier, que
d'arias ! (GIDE)

PAILLASSE

parler verbe
Coïter. *Parlez toujours, voyez
combien / Je me plais à votre
entretien.* (COLLÉ)

partisan nom masculin
Financier du roi. *Les partisans
sont tous riches, et s'ils ne sont
les plus honnêtes gens du siècle,
ils sont au moins les plus
heureux.* (RICHELET)

pas nom masculin
Préséance, droit de marcher
le premier. *Autrefois l'éléphant
et le rhinocéros, / En dispute du
pas et des droits de l'empire.*
(LA FONTAINE)

passade nom féminin
Séjour rapide en un lieu. *Je ne
ferai, cette fois, qu'une passade
à Paris.*
Charités que l'on fait en
passant. *Messieurs, d'où venez-
vous ainsi ? Nous demandez-
vous la passade ?* (SCARRON)

se passer verbe
Se contenter. *Il a vingt mille
francs de rente ; on se passerait
à moins.*
*Chauvelin, content de la
médiocrité, se passait à peu de
chose.* (d'ARGENSON)
Perdre sa beauté, sa force. *Les
fleurs se passent rapidement.*

PANIER

PANTALON

patibulaire adjectif
[du latin *patibulum,* gibet]
Qui appartient au gibet. *Les femmes du peuple ont une singulière superstition : celles qui sont stériles s'imaginent que, pour devenir fécondes, il faut passer sous les corps des criminels qui sont suspendus aux fourches patibulaires.*
(BUFFON)

patiner verbe
Manœuvrer. *Il patine fort bien sa voiture.*
Manier avec peu de ménagements. *Ces fruits ont perdu leur fleur, on les a trop patinés.*
Caresser les mains et les bras d'une femme. *S'approchant un peu des femmes, il leur prit les mains sans leur consentement, et voulut un peu patiner.* (SCARRON)

patineur nom masculin
Celui qui a l'habitude de porter indiscrètement les mains sur les femmes. *Les patineurs sont gens insupportables, / Même aux beautés qui sont très patinables.*
(SCARRON)

pavot nom masculin
Le sommeil, en termes poétiques. *Que de nuits sans pavots, que de jours sans soleil !*
(LAMARTINE)

peigner verbe
Battre, maltraiter. *J'aurais bien voulu, ma foi, qu'elle s'y fût frottée ; je vous l'aurais peignée en enfant de bonne maison.* (CAYLUS)

peinard ou **pénard** nom masculin
[de *peine*]
Vieux pénard : vieillard fatigué par la débauche. *Voyez le vieux pénard ! il lui faut des filles de dix-huit ans.*
(HAUTEROCHE)

penderie nom féminin
Pendaison. *Nous, les gens de Bretagne, ne sommes plus si roués ; il est vrai que la penderie me paraît maintenant un rafraîchissement.*
(Mme de SÉVIGNÉ)

pénitencier nom masculin
Prêtre commis par l'évêque pour absoudre certains cas. *Je lui fis tant de scrupule de sa faute qu'il alla au grand pénitencier.* (SAINT-SIMON)

PANURGE

penser verbe
Faillir, être sur le point de.
*Leur hôtel de Paris a pensé
brûler.* (Mme de SÉVIGNÉ) *Je pris
certain auteur autrefois pour
mon maître ; il pensa me gâter.*
(LA FONTAINE)

perruque nom féminin et
adjectif
Personne trop âgée pour les
fonctions qu'elle occupe, ou
attachée à des idées passées
de mode. *Je ne balance pas
assurément entre Catherine II et
les vingt-cinq perruques de
Genève.* (VOLTAIRE) *M. Ribert
m'enseignait que Racine était
une perruque et une vieille
savate.* (FRANCE) *Il trouvait ce
journal tiède, timide, arriéré,
perruque.* (Ch. de BERNARD)

pétarade nom féminin
Bruit que l'on fait avec la
bouche, par mépris pour
quelqu'un. *Lorsque,
bouleversant barrières,
palissades, / Je vais faire aux
dragons cornes et pétarades.*
(GHERARDI)

pétiller verbe
Être impatient. *Je ne sais où je
s'en suis, à cause de la maladie
de ma tante ; l'abbé et moi,
nous pétillons ; et nous sommes
résolus, si son mal se tourne en
langueur, de nous en aller en
Provence.* (Mme de SÉVIGNÉ)

piaffer verbe
Se donner de grands airs,
chercher à attirer l'attention
sur soi. *Tessé piaffait et se
pavanait de son chapeau.*
(SAINT-SIMON)

PARNASSIEN

PÉGASE

PÉNÉLOPE

pincer verbe
Critiquer, railler. *Je vous
pardonne de m'avoir pincé.*
(VOLTAIRE) *Tel rit tout haut qui
vous pince tout bas.*
(du CERCEAU)

piper verbe
[d'après *piper,* "prendre les
oiseaux à la pipée"]
Tromper, séduire. *Le présent
ne nous satisfaisant jamais,
l'espérance nous pipe.* (PASCAL)
Raffiner, exceller. *Il récitait
une épigramme où il pensait
avoir pipé.* (COTIN)

se piper verbe
Se flatter, se leurrer. *L'âme en
ses passions se pipe plutôt elle-
même.* (MONTAIGNE) *Il semble à
peu près démontré que l'homme
se pipe lui-même.* (GUÉROULT)

pique nom féminin
Brouillerie entre des
personnes. *Les piques des
amants renouvellent l'amour.*
(BARON)

piteux, euse adjectif
Digne de pitié, de
compassion. *Un loup vit en
passant ce spectacle piteux.*
(LA FONTAINE)

pitoyable adjectif
Qui est naturellement enclin
à la pitié. *Le missionnaire
rendait les maîtres plus
pitoyables et les esclaves plus
vertueux.* (CHATEAUBRIAND)
*Fanny n'était pas mauvaise
fille, plus pitoyable que les
hommes.* (ZOLA)

placard nom masculin
[de *plackart,* enduit pour revêtir
les murs]
Écrit injurieux ou séditieux,
affiché dans les rues ou
répandu parmi la population.
*Ce qui provoqua le roi
davantage, ce fut l'inondation
des placards les plus hardis
contre sa personne.*
(SAINT-SIMON)

PÉTARD

plagiaire nom masculin
[du latin *plagiarius,* qui débauche
et recèle les esclaves d'autrui,
lui-même du grec *plagios,*
oblique, fourbe]
Celui qui détourne les
enfants ou les esclaves
d'autrui. *Les jésuites, ces
plagiaires impitoyables qui
enlevaient les enfants à leurs
mères.* (MICHELET)

plaindre verbe
Regretter, éprouver du
déplaisir. *Je plains le temps de
ma jeunesse.* (VILLON) *Je
révoque des lois dont j'ai plaint
la rigueur.* (RACINE)
Employer à regret, donner à
contre-cœur. *On ne plaint pas
son argent pour voir un opéra-
comique, et on le plaindra pour
voir des aqueducs.* (VOLTAIRE)

planche nom féminin
Ce qui facilite une chose.
*Dis-lui que, si l'amour d'un
vieillard l'importune, / Elle fait
une planche à sa bonne fortune,
/ Que l'excès de mes biens, à
force de présents, / Répare la
vigueur qui manque à mes vieux
ans.* (CORNEILLE)

poêle nom masculin
[du latin *pallium,* couverture]
Voile que l'on tient sur la tête
des mariés pendant la
bénédiction nuptiale. *Il fut
aumônier du roi, et en cette
qualité, il tient le poêle au
mariage de feu M. le duc
d'Orléans en 1692.* (MAIRAN)
Drap dont on couvre le
cercueil pendant les
cérémonies funèbres, et dont
parfois, par honneur, les
coins sont tenus pendant la
marche du convoi.
*M. Newton était honoré de son
vivant, et l'a été après sa mort
comme il devait l'être ; les
principaux de la nation se sont
disputés l'honneur de porter le
poêle à son convoi.* (VOLTAIRE)

PET-EN-L'AIR

PIPI

PHALLUS

poindre verbe
[du latin *pungere,* piquer]
Blesser, faire souffrir. *Ce qui
point touche et veille mieux que
ce qui plaît.* (MONTAIGNE) *Le
regret du passé cruellement me
point.* (RÉGNIER)

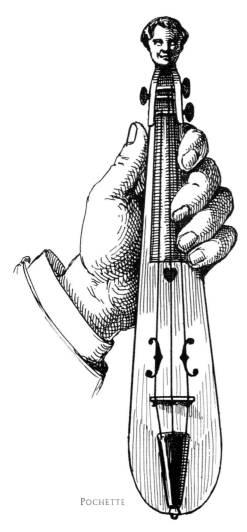

POCHETTE

point nom masculin
Opportunité, gré, fantaisie.
*Le duc de Noailles ne pouvait
avoir un chancelier plus à son
point que d'Aguessau.*
(SAINT-SIMON)

poli, ie adjectif
Civilisé. *Depuis la régence
d'Anne d'Autriche, les Français
ont été le peuple le plus sociable
et le plus poli de la terre.*
(VOLTAIRE)

police nom féminin
[du grec *polis,* cité]
Organisation politique et
administrative d'un pays. *Les
cyclopes ne connaissent point de
lois ; ils n'observent aucune
règle de police.* (FÉNELON) *La
police céleste avec laquelle Dieu
régit les hommes l'oblige à leur
faire connaître qu'il déteste
infiniment le péché.* (BOSSUET)

politesse nom féminin
Culture intellectuelle et
morale des sociétés ou des
individus. *Carthage sortit de
ses ruines ; elle devint la capitale
de l'Afrique, et fut célèbre par sa
politesse et ses écoles.*
(CHATEAUBRIAND)

pollution nom féminin
Masturbation. *Quand il s'agit
de pollution, un homme s'y
entend, pour un homme,
infiniment mieux qu'une femme.*
(SADE)

pompe nom féminin
Faste, splendeur, dans une cérémonie, un cortège, une fête. *Seigneur, ne donnez point de prétexte à César / Pour attacher l'Égypte aux pompes de son char.* (CORNEILLE)

portatif, ive adjectif
Qui va facilement d'un lieu à un autre, en parlant des personnes. *On n'est point portatif, quand on est attaché inséparablement à deux ou trois personnes.* (Mme de SÉVIGNÉ)

poste nom féminin
Coït. *Quoi qu'il en soit, avant que d'être au bout, / Gaillardement six postes se sont faites.* (LA FONTAINE)

posthume adjectif
Qui est né après la mort de son père. *La maréchale de Rochefort naquit posthume, seule de son lit, en 1646.* (SAINT-SIMON)

postillon nom masculin
Homme qui conduit les voyageurs dans les services de poste. *Je vous dis que nous sommes ingrats envers les postillons.* (Mme de SÉVIGNÉ) Chapeau de femme qui rappelle celui du postillon. *Élise adore les postillons.*

potence nom féminin
Béquille ayant la forme d'un T. *Il pourra se servir de deux potences, et avoir un pied attaché au derrière.* (LESAGE)

poulet nom masculin
Billet d'amour ; ainsi nommé, selon Furetière, parce que généralement plié en triangle, il imitait les ailes d'un oiseau. *Le président le Coigneux prit le billet, qui avait effectivement plus l'air d'un poulet que d'une lettre de négociation.* (RETZ) *Il porte les poulets, il abouche les jeunes cœurs faits pour s'entendre.* (GAUTIER)
Lettre, en termes ironiques. *Philippe m'écrivait des poulets de cette espèce trois ou quatre fois par semaine.* (SARTRE)

POIRE D'ANGOISSE

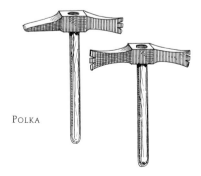

POLKA

pratique nom féminin
Tout ce qui concerne les
actes de justice. *Tout homme
de pratique est pour elle
effroyable.* (POISSON)
Fréquentation, relation. *Évite
avec soin la pratique des
femmes.* (CORNEILLE)
Client. *Cet épicier ne sait pas
attirer la pratique.*
*À l'aide du bruit que faisait
mon ouvrage, ma résolution de
vivre en copiant de la musique
fit du bruit aussi et m'attira des
pratiques.* (J.-J. ROUSSEAU)

pratique adjectif
Qui connaît un lieu. *Mes amis
n'étaient nullement pratiques en
ce pays-là.* (RETZ)

se prélasser verbe
[de *prélat*]
Prendre des airs de prélat,
une attitude satisfaite. *L'âne
se prélassant marche seul devant
eux.* (LA FONTAINE)

préservatif nom masculin
Ce qui protège. *Je porte en moi
mes préservatifs, qui sont
résolution et souffrance.*
(MONTAIGNE) *S'il est des
préservatifs contre l'amour,
l'amitié seule peut les donner.*
(Mme de GENLIS)

presse nom féminin
Multitude de personnes qui
se pressent. *La presse est dans
les églises durant cette sainte
quarantaine.* (BOSSUET) *La
duchesse du Maine se croit seule
quand elle n'est pas dans la
presse.* (Mme de MAINTENON)
État de gêne. *Il s'agit de me
servir, d'obliger un galant
homme qui est dans la presse.*
(DIDEROT)
Douleur, inquiétude. *Mon
cœur est soulagé d'une presse
qui en vérité ne me donnait
aucun repos.* (Mme de SÉVIGNÉ)
Sollicitations vives,
insistance, impatience.
*Écoutez avec quelle presse il
vous parle de son prophète.*
(BOSSUET) *Et vous voilà, tant
vous avez de presse, / Décourage
sans attendre un moment.*
(LA FONTAINE)

POLYGRAPHE

PONT-LEVIS

prestige nom masculin
[du latin *praestigium,* illusion,
artifice]
Illusion des sens opérée par
la magie. *Peut-être est-ce un*
esprit imposteur, qui opère par
vous des prestiges à nos yeux.
(MASSILLON) *D'après les*
théologiens, les miracles du
démon ne sont que des prestiges.
Artifice séducteur, illusion en
général. *La vérité efface sous*
nos yeux les caractères du
prestige. (BUFFON) *Les prestiges*
de l'art d'écrire nous
transportent fictivement dans les
époques qui leur plaisent.
(VALÉRY)

prévenir verbe
Devancer, anticiper, agir
avant un autre. *Les deux*
Hotham devaient rendre au roi
cette place ; mais ils furent
prévenus et décapités. (BOSSUET)
Madame, mes refus ont prévenu
vos larmes. (RACINE) *Arrivez à*
l'heure, mais ne la prévenez pas.
(LAROUSSE)

PRATIQUE DE POLICHINELLE

POSITIF

priver verbe
Domestiquer, apprivoiser. *Les oiseaux de proie sont les plus difficiles de tous à priver.*
Se priver : s'apprivoiser. *Le loup pris jeune se prive, mais ne s'attache point ; la nature est plus forte que l'éducation.* (BUFFON)

propagande nom féminin
[du latin *congregatio de propaganda fide,* congrégation pour propager la foi, instituée chez les catholiques au XVIIᵉ s.]
Toute association dont le but est de propager certaines opinions. *Il y a dans la puissance des Français, il y a dans leur caractère, il y a dans leur langue surtout une certaine force prosélytique qui passe l'imagination ; la nation entière n'est qu'une vaste propagande.* (J. de MAISTRE)

protester verbe
[du latin *protestari,* déclarer publiquement]
Promettre avec force, manifester vivement. *Cet intérêt vrai ou simulé que les hommes protestent aux femmes, les rend plus vifs, plus ingénieux, plus attentifs, plus gais.* (DIDEROT) *Je vous le proteste, mon souverain maître et seigneur, je ne suis pas un compagnon truand, voleur et désordonné.* (HUGO)

PRIE-DIEU

q

qualité nom féminin
Noblesse de naissance,
condition noble. *Il voyait bien
par son air, et par tout ce qui
était à sa suite, qu'elle devait
être d'une grande qualité.*
(Mme de LA FAYETTE) *Êtes-vous de
qualité et fils de famille, mon
ami ?* (FRANCE)

quartier nom masculin
[d'abord au sens de lieu sûr]
Vie sauve ou traitement
favorable fait aux vaincus.
*On lui demanda s'il voulait
quartier ; il dit que non.*
(Mme de SÉVIGNÉ)

question nom féminin
Torture infligée aux accusés
pour leur arracher des aveux.
*On n'a pas laissé de lui donner,
dès le matin, la question
ordinaire et extraordinaire ; elle
n'en a pas dit davantage.*
(Mme de SÉVIGNÉ) *On a souvent
dit que la question était un
moyen de sauver un coupable
robuste, et de perdre un innocent
trop faible.* (VOLTAIRE)

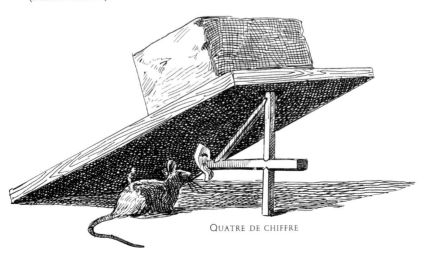

QUATRE DE CHIFFRE

quitter verbe
Céder, abandonner. *J'aurais
même regret qu'il me quittât
l'empire.* (RACINE)
Je le quitte : je cède, je
m'avoue vaincu. *Mon père, lui
dis-je, je le quitte, si cela. est.*
(PASCAL) *Je ne saurais deviner
votre énigme ; je vous le quitte.*
(FURETIÈRE)

QUEUE DE RAT

quolibet nom masculin
[du latin *quod libet,* ce qui plaît]
Dans l'enseignement
scolastique, question de
philosophie ou de théologie
proposée sur les sujets les
plus divers pour exercer
l'esprit des étudiants ; ces
quaestiones de quolibet avaient
lieu deux fois par an (avant
Noël et pendant le carême) et
se distinguaient des
disputationes ordinariae, qui se
faisaient tous les quinze
jours, en rapport avec la
leçon.
En musique, morceau d'un
caractère comique
s'apparentant au centon.
*J.S. Bach a composé un
quolibet.*

r

rabais nom masculin
Action de déprécier
quelqu'un. *Relever l'un par le
rabais de l'autre.* (le Père MARS)
Mettre quelqu'un ou quelque
chose au rabais : en parler
désavantageusement. *Elle se
fâchait en voyant qu'il mettait
ses projets au rabais.*
Action de baisser le ton. *Cette
conversation fut longue et
poussée, Monsieur toujours sur
le haut ton, et le roi toujours au
rabais.* (SAINT-SIMON)

RAISIN

rabaisser verbe
Faire descendre plus bas dans
le temps. *Fréret prétendait
rabaisser la première fondation
du Tarse jusqu'au temps de
Sardanapale.* (PETIT-RADEL)
Perdre de sa valeur, en
parlant d'un objet. *Malgré la
belle réputation de la Bretagne,
tout y est misérable, nos terres
rabaissent.* (Mme de SÉVIGNÉ)

rabattre verbe
Humilier, réprimer. *Je saurai
bien rabattre une humeur si
hautaine.* (CORNEILLE) *Le corps
rabat la sublimité de nos
pensées.* (PASCAL) *Je détestais cet
art de rabattre tous les élans, et
de désenchanter tous les amours.*
(Mme de STAËL)
Diminuer. *Je suis tout à vous,
sans qu'il y ait à ce compliment
aucune chose à rabattre.*
(Mme de SÉVIGNÉ)

raboter verbe
Corriger un ouvrage littéraire.
*Comment raboter à la fois la
Henriade, mes tragédies et
toutes mes pièces ?* (VOLTAIRE)

raccommoder verbe
Remettre en ordre. *Agnès profita de l'instant pour raccommoder ses cheveux.*
Rétablir la santé. *L'air d'Aix vous a toute raccommodée.* (Mme de SÉVIGNÉ)
Réformer, dans un ouvrage littéraire, ce qu'il peut y avoir de mauvais. *Je n'avais que dix-huit ans quand je fis cette ode, mais je l'ai raccommodée.* (BOILEAU)
Réparer un objet usé ou détérioré. *Il raccommodait ses joujoux, lui fabriquait des pantins avec du carton.* (FLAUBERT)

race nom féminin
[du latin *ratio*, espèce d'animaux ou de fruits]
Ensemble des membres d'une famille. *Vous périrez peut-être et toute votre race.* (RACINE) *Je veux imiter mon père, et tous ceux de ma race, qui n'ont jamais voulu se marier.* (MOLIÈRE)
Génération. *Les familles royales les mieux établies vivent à peine quatre ou cinq races.* (BOSSUET) *Ce culte passera de race en race parmi les enfants d'Israël.* (SACY)

racler verbe
Mal jouer d'un instrument. *Il racle de temps en temps une guitare, en chantant des romances de sa composition.* (LESAGE) *Mes symphonistes raclaient à percer le tympan.* (J.-J. ROUSSEAU)

se rafraîchir verbe
[de l'ancien français *freschir*, reposer, restaurer]
Se rétablir par le repos et la nourriture. *Ils débarquèrent tous / Au port de Joppe, et là se rafraîchirent.* (LA FONTAINE)

rafraîchissement nom masculin
Ce qui soulage, repose.
Il mit ses troupes en quartiers de rafraîchissement. (ROLLIN) *Ma tombe ne sera pas un temple, mais un lieu de rafraîchissement.* (CHATEAUBRIAND)
Apaisement, consolation.
M. le Prince me met le couteau sous la gorge, et voilà Monsieur qui pour rafraîchissement dit que c'est ma faute. (RETZ)

RAQUETTE

REDOUTÉ

ragoût nom masculin
Ce qui excite le désir. *À la possession d'une femme pleine de charme, il ajouta le ragoût d'une femme de chambre vieille.* (J.-J. Rousseau) *Elle sait trop bien le ragoût qu'une demi-résistance ajoute au plaisir, pour se livrer à vous tout d'abord, si vif que soit le goût que vous lui ayez inspiré.* (Gautier)
En peinture, coloris à reflets harmonieux et piquants. *Le ragoût est une sorte de badinage qui témoigne beaucoup de facilité dans l'artiste.* (Millin)

raideur nom féminin
Vigueur et rapidité d'un mouvement. *Le fidèle émoucheur / Vous empoigne un pavé, le lance avec raideur.* (La Fontaine)

se ramasser verbe
Se réunir. *Les badauds se ramassent devant le moindre spectacle.* (Larousse)

randonnée nom féminin
[de l'ancien français *randir,* courir avec impétuosité]
Circuit plus ou moins long que fait un animal autour de l'endroit où il a été lancé par le chasseur. *Les lièvres mâles font de plus grandes randonnées que les hases.* (Baudrillart)
Littré signale comme une "locution vieillie" *faire une grande randonnée* (c'est-à-dire marcher beaucoup sans s'arrêter) !

ranger verbe
Arranger, disposer. *L'amazone rangea sa jupe en se mettant en selle.*
Soumettre quelqu'un. *Il faut avec vigueur ranger les jeunes gens.* (Molière) *Accablé des malheurs où le destin me range, / Je vais les déplorer : va, cours, vole et nous venge.* (Corneille)

rapatrier verbe
Réconcilier. *Mais n'y aurait-il pas moyen de se rapatrier ? La faute que vous avez commise est-elle si impardonnable ?* (Diderot)

rat nom masculin
Caprice, fantaisie sans raison. *Je n'ai jamais compris comment vous aviez pu un instant adopter ses rats.* (Mme d'Épinay)

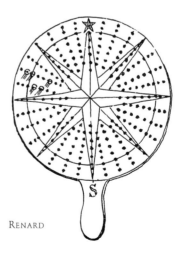

Renard

LA RENOMMÉE

ratatouille nom féminin
[du franc-comtois *tatouille,*
ragoût]
Ragoût mal préparé, peu
appétissant ; mauvais plat.
*Nous mangeons les ratatouilles
de maman Vauquer et nous
aimons les beaux dîners du
faubourg Saint-Germain.*
(H. de BALZAC)

ravage nom masculin
Écoulement rapide et violent
d'une eau. *Que je trouve doux
le ravage / De ces fiers torrents
vagabonds / Qui se précipitent
par bonds / Dans ce vallon vert
et sauvage !* (VIAU)

ravalé, ée adjectif
Bas, abject. *Dans mon sort
ravalé je sais vivre en princesse.*
(CORNEILLE)

ravalement nom masculin
Action de déprécier. *Beaucoup
de gens crient établir leur
réputation par le ravalement et
le mépris de leurs rivaux.*
(TRÉVOUX)
Condition vile, abjecte. *À
cette époque, il tomba dans un
grand ravalement.*

ravissant, ante adjectif
Qui enlève par force. *Comme
un oiseau ravissant qu'on irait
chercher parmi ses rochers...*
(BOSSUET) *Gardez-vous des faux
prophètes, qui viennent à vous
couverts comme des brebis, et
qui au-dedans sont des loups
ravissants.* (SACY)

réacteur, trice adjectif
Réactionnaire. *Tous ces
individus sont royalistes et
réacteurs.* (BABŒUF) *À cette
époque, le parti réacteur était,
plus que les anciens Jacobins,
méfiant de l'armée et
malveillant pour ses chefs.*
(MADELIN)

récompense nom féminin
En récompense : en revanche.
*Cette femme est fort belle, mais
en récompense elle est coquette.*
(FURETIÈRE) *Vous mangez en
récompense les plus mauvaises
choses du monde.*
(Mme de SÉVIGNÉ)

récompenser verbe
[du latin *recompensare,*
compenser]
Compenser, dédommager.
*Brancas m'a écrit une lettre si
excessivement tendre, qu'elle
récompense tout son oubli passé.*
(Mme de SÉVIGNÉ)

REPENTIRS

redoute nom féminin
[de l'italien *ridotto,* lieu où l'on
se retire]
Endroit public où l'on danse,
où l'on joue, où l'on fait de
la musique. *Il y a ce soir à la
redoute un grand bal masqué et
paré.* (PICARD) *Il ficherait le
camp à la redoute, où il serait
en Louis XI et où il avait le plus
piquant rendez-vous avec une
nouvelle maîtresse.* (PROUST)

réduire verbe
Ramener au devoir, à la
raison, soumettre. *Il faut tout
le sérieux de la religion pour
réduire l'homme.* (LA BRUYÈRE)
*Elle était sûre de réduire par
ruse et par audace cet homme
étranger au monde, doux,
timide, auquel elle se jugeait très
supérieure.* (FRANCE)

réduit, ite adjectif
Qui mène une vie sage. *Cet
homme qui vivait dans une
grande débauche est désormais
réduit.*

réduit nom masculin
[du latin *reductum,* qui est à
l'écart]
Lieu où plusieurs personnes
ont coutume de se rendre,
salon. *Sa maison sera toujours
un réduit cet hiver.*
(Mme de SÉVIGNÉ) *La ruelle de
cette dame est un agréable
réduit, où beaucoup d'honnêtes
gens se rendent.* (FURETIÈRE)

réel, elle adjectif
Qui réalise ses promesses,
digne de confiance. *Comptez
sur moi, je suis un homme réel,
quoique j'aie été toute ma vie à
la cour.* (LESAGE)

RÉPUBLICAIN

refait, aite adjectif
Qui a repris vigueur et embonpoint. *Au sortir de table, ils trouvèrent leurs chevaux prêts, aussi refaits qu'ils l'étaient eux-mêmes.* (Saint-Simon)

réforme nom féminin
Austérité dans la morale et dans les mœurs. *J'ai renoncé aux vanités du monde, et je me suis jeté dans la réforme.* (Regnard)

régal nom masculin
[de l'ancien français *gale,* réjouissance, et *rigoler,* se divertir]
Fête, divertissement, partie de plaisir offerte aux dames ou à quelque personne distinguée. *Je serai bien aise qu'elle soit du régal.* (Molière) *On nous donne un régal de musique.* (Mme Buffet) Grand repas, festin. *Le régal fut fort honnête, / Rien ne manquait au festin.* (La Fontaine) *Nous nous assîmes à terre autour du régal.* (Chateaubriand)

régenter verbe
[de *régent,* celui qui dirige une classe]
Enseigner. *Il doit bien savoir le latin, il a régenté toute sa vie.* (Furetière)

régime nom masculin
[du latin *regimen,* règle de conduite]
Règle de conduite, manière de vivre. *On vous fera un régime et une nécessité de ne me jamais voir.* (Mme de Sévigné)

religieux, euse adjectif
[du latin *religio,* attention scrupuleuse]
Ponctuel, scrupuleux. *Cet homme est fort religieux.* (Furetière)

religion nom féminin
Aux XVIe et XVIIe siècles, l'Église protestante. Elle était aussi désignée par l'acronyme R P R : la Religion Prétendue Réformée. *Les Lettres provinciales étaient entre les mains d'un officier de cette ville, qui est de la religion.* (Racine)

remordre verbe
Causer des remords. *Songe à souffrir pour moi, si rien ne te remord.* (Corneille) *La faute le remord.* (Malherbe)

RHÉSUS

rencontre nom féminin
Combat, prémédité ou non.
Dans une ces rencontres, un parti de l'armée africaine enlève la belle Florinde. (GRIMM)
Objet d'occasion bon marché. *Xavier a l'art d'obtenir de belles rencontres.*
De rencontre : instinctif, non réfléchi, spontané. *Cet écrivain est connu pour son style de rencontre.*

rencontrer verbe
Employé absolument :
trouver un mot, une tournure heureuse, une idée ingénieuse. *Quelquefois, en devinant au hasard, on rencontre.* (VOLTAIRE)
Deviner, prédire. *Il y a des gens qui rencontrent mal.* (PASCAL)

renifler verbe
Renifler sur : marquer de la répugnance, du dédain pour quelque chose. *Mes anges, je suis épuisé, rebuté, je renifle sur cette Olympie.* (VOLTAIRE)

renommée nom féminin
Rumeur publique. *Quels honneurs ! quel pouvoir ! et déjà la renommée / Par d'étonnants récits m'en avait informée ?* (RACINE) *J'ai été pris du désir de te connaître, et je vois que la vérité passe la renommée.* (FRANCE)

ROI DE RATS

LE RHÔNE

réparer verbe
Compenser, remplacer. *Il redouble d'amour pour réparer son peu de valeur.* (RACINE) *Je veux jusqu'au trépas incessamment pleurer / Ce que tout l'univers ne peut me réparer.* (MOLIÈRE)

repentir nom masculin
En termes de beaux-arts, changement effectué en cours d'exécution (à la différence du *repeint,* fait après coup). *La moindre lettre lui coûtait deux ou trois heures d'une méditation excédante, sans compter les ratures et les repentirs.* (BAUDELAIRE) Longues boucles de cheveux tombant de chaque côté du cou. *Il aperçut le cou de vautour d'une vieille dame anglaise dont les grands repentirs époussetaient la nappe.* (DAUDET)

représentation nom féminin
Allure imposante, prestance. *Portos a beaucoup de représentation* (DUMAS) Objection, remontrance faite avec mesure. *Je n'aime pas les représentations ; vous devez savoir que je suis invariable.* (Mme de GENLIS)

répugnance nom féminin
[du latin *repugnare,* lutter contre, s'opposer à]
Contradiction, impossibilité. *La répugnance entre l'esprit et la matière. Ne devez-vous pas rougir d'appuyer une passion qui n'est qu'erreur, que faiblesse et qu'emportement, et dont tous les désordes ont tant de répugnance avec la gloire de notre sexe ?* (MOLIÈRE)

répugnant, ante adjectif
Contraire. *Des choses qui sont répugnantes à la raison.* (DESCARTES)

se requinquer verbe
[sans doute de l'ancien français *reclinquer,* redonner du clinquant]
Se parer comme il convient. *Requinquez-vous, vieille, requinquez-vous donc.* (TALLEMANT des RÉAUX) Se pavaner, se donner des airs. *Les femmes apprennent vite à se requinquer.* (SAND)

réseau nom masculin
[de *rets*]
Filet. *Une toile d'araignée est un réseau fatal aux moucherons.*
Ce réseau me retient ; ma vie est entre tes mains. (LA FONTAINE) Tissu constitué de mailles. *Ses cheveux étaient enveloppés d'un réseau de soie.*
Vendre aux dames des rubans, des réseaux. (J.-J. ROUSSEAU)

ROI-DES-BELGES

respect nom masculin
[du latin *respectus,* regard en arrière]
Aspect, point de vue. *Il me suffira de vous dire que plusieurs respects me rendent chère votre personne.*
(G. de BALZAC)

respirer verbe
[du latin *spirare,* souffler]
Exhaler, répandre. *Je respire à la fois l'inceste et l'imposture.*
(RACINE)
Souhaiter avec ardeur. *Les Lacédémoniens ne respiraient alors que la paix, les Athéniens que la guerre.* (BARTHÉLEMY)
On ne respire à Saint-Cyr que simplicité, obéissance, humilité.
(Mme de MAINTENON)
Respirer après quelque chose : souhaiter quelque chose ardemment. *Elle respire après le retour de son fils.*
Être imprégné de. *La littérature respire les idées du jour.*

ressentiment nom masculin
Nouvelle sensation, faible renouvellement d'une douleur qu'on a ressentie.
Il vient d'avoir un léger ressentiment de goutte.
Ces ressentiments de folie sont sans conséquence.
(VAUVENARGUES)
Sentiment de reconnaissance, souvenir reconnaissant.
Souffrez, mon père, que je vous embrasse, pour vous témoigner mon ressentiment. (MOLIÈRE)

resserré, ée participe passé
Circonspect. *Je suis fort resserré avec ceux que je ne connais pas.*
(LA ROCHEFOUCAULT)

resserrer verbe
[de *serrer,* conserver, enfermer]
Replacer, remettre une chose à sa place. *Resserrez cette vaisselle dans l'armoire.*
Monsieur du Maine avait eu commandement du roi de resserrer au Château-Trompette toute l'artillerie de son gouvernement. (MALHERBE)
Resserrer un prisonnier : le garder très étroitement. *La nécessité de resserrer cette femme augmente.* (Mme de MAINTENON)

1.

ROSSIGNOLS

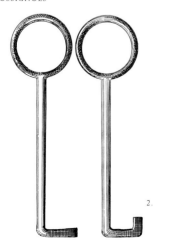

2.

réticence nom féminin
[du latin *reticentia,* silence
obstiné]
En rhétorique, figure par
laquelle celui qui parle ou
écrit s'arrête avant d'avoir
achevé sa pensée, comme
dans ces vers de Racine : *Je
devrais sur l'autel où ta main
sacrifie ? Te... Mais du prix
qu'on m'offre il faut me
contenter.*
*La réticence sur des faits si
intéressants n'est point
pardonnable.* (VOLTAIRE) *Divers
genres de réticences rendaient
ses lettres plus courtes.*
(Mme de STAËL)

retirer verbe
Donner asile, accueillir.
*Quand vous l'avez banni, le ciel
l'a retiré.* (ROTROU) *C'était la
femme d'un soldat, qui retirait à
un sou par nuit des domestiques
hors de service.* (J.-J. ROUSSEAU)
*Je l'ai laissé malade chez un
paysan qui l'a retiré.*
(MARIVAUX)
Contracter. *La chaleur retire le
parchemin.*

ROTONDE

se retirer verbe
Se raccourcir, se racornir. *Une
de ses jambes se retira beaucoup
plus que l'autre.*
(Mme de CAYLUS)

retour nom masculin
Action de revenir sur ce
qu'on a dit. *L'amour a cela de
commun avec les scrupules, qu'il
s'aigrit par les réflexions et les
retours que l'on fait pour s'en
délivrer.* (LA BRUYÈRE) *Il faut
aller droit à Dieu avec le moins
de retour qu'il est possible.*
(BOSSUET)

retourner verbe
Se répéter. *Voilà bien des folies
que je ne voudrais dire qu'à
vous ; je vous prie que cela ne
retourne jamais.*
(Mme de SÉVIGNÉ)

retrait nom masculin
Pièce ou appartement isolé
où l'on se retire. *On se
compose une chambre à coucher,
un cabinet, un boudoir, un
retrait, comme disaient les
gothiques ; on s'enferme sans
être au secret.* (GAUTIER)
Lieux d'aisances.
Chaise de retrait : chaise
percée.

revenant, ante adjectif
Qui plaît. *Quelquefois
pourtant, nombre de gens ont
estimé que j'étais un garçon
assez revenant.* (MARIVAUX)
Comme substantif : *Cette
femme a bien du revenant.* (Mme
BUFFET)

revenir verbe
Manifester l'intention de se
réconcilier ; s'apaiser. *Évitez les*
trois quarts du chemin à l'ami
qui revient. (La Rochefoucault)
Il était aussi prompt à revenir
qu'à s'offenser. (d'Alembert)

rêver verbe
[de l'ancien français *resver,*
vagabonder]
Délirer. *Comment ? rêver sans*
fièvre ! cela fait peur.
(Mme de Sévigné)
Penser sérieusement à
quelque chose. *J'ai beau rêver,*
je ne me rappelle ni grande
brune, ni jolies mains : tâche de
t'expliquer. (Diderot) *Le comte*
de Vanghel n'avait été au fond
qu'un philosophe, rêvant comme
Descartes ou Spinoza.
(Stendhal)

rêverie nom féminin
Délire causé par la fièvre.
Dans mes rêveries de ma grande
maladie, je trouvais, et je
croyais, et je disais que j'avais
une cuisse bleue.
(Mme de Sévigné)

rhabiller verbe
Rectifier ce qu'il y a de
défectueux dans une affaire.
Il a rhabillé tout cela du mieux
qu'il a pu. (Académie) *La*
duchesse de Berry essayait de
rhabiller avec sa mère ce qu'elle
lui avait dit. (Saint-Simon)

rieur, euse nom
Celui qui raille. *Le sieur de la*
Rappinière était alors le rieur de
la ville du Mans ; il n'y a point
de petite ville qui n'ait son rieur.
(Scarron)

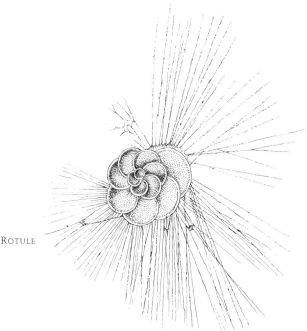

Rotule

robe nom féminin
[de l'italien *buona roba,* bonne marchandise]
Femme débauchée. *Il lui fit fête d'avoir trouvé la meilleure robe qu'il avait jamais vue.*
(Marguerite de NAVARRE)
Bonne robe : femme assez belle, mais à la conduite légère. *Elle était fille à bien armer un lit ; ce qu'on appelle en français bonne robe.*
(La FONTAINE)

rôle nom masculin
[du latin *rotulus,* parchemin roulé]
Liste, catalogue. *Voilà, monsieur, un petit rôle, / Des dettes de mon maître.* (REGNARD)

rondeur nom féminin
Franchise, sans-façon, naturel. *La rondeur de ce procédé le touche.* (SAINT-SIMON) *Il nous a présenté un Me Jacques tout à fait neuf par sa rondeur, sa simplicité, sa grosse bêtise.* (LÉAUTAUD)

rouer verbe
Écraser sous les roues d'une voiture. *Moi donc, qui dois souvent en certain lieu me rendre, / Ne sachant plus à quel saint me vouer, / Je me mets au hasard de me faire rouer.*
(BOILEAU)

routine nom féminin
Faculté de faire ou de connaître, acquise plus par l'usage que par l'étude ou les règles. *Je n'ai jamais appris la langue que par routine.*
(MONTAIGNE) *Frédéric II a plus d'imagination que moi dans l'art d'écrire, mais j'ai plus de routine que lui.* (VOLTAIRE)

ROUE D'ÉTUDE

RUBIS

rubrique nom féminin
[du latin *rubrica,* titre en rouge
des lois d'État]
Coutume, pratiques, règles.
*On en revient souvent aux
anciennes rubriques.*
(DESTOUCHES)
Ruse, finesse, détour. *Il s'est
servi là d'une bonne rubrique.*
(ACADÉMIE) *Vous savez des
rubriques qu'il ne sait pas.*
(MOLIÈRE)

RUE   A

ruelle nom féminin
Espace libre entre un lit et le
mur. *Tu mettrais l'univers
entier dans ta ruelle, / Femme
impure !* (BAUDELAIRE) *Madame,
par pudeur, restait tournée vers
la ruelle et montrait le dos.*
(FLAUBERT)
Espace de conversation, chez
les précieux. Au XVIIᵉ siècle,
les lits ne touchaient au mur
que par le chevet, laissant
ainsi accès autour d'eux. Un
paravent les isolait du reste
de la chambre. La *ruelle* était
l'espace circonscrit par la
muraille et ce paravent. Là se
réunissaient précieux et
précieuses : les unes assises
sur des fauteuils ou des
tabourets, les autres, soit
couchés sur leur manteau aux
pieds des dames, soit assis
sur des placets ou des pliants.
*Elle m'enviait bien quand on
m'emmenait dans une ruelle
pour me faire quelque
confidence.* (Mme de GENLIS) *Cet
homme n'a appris à parler que
dans les ruelles.* (J.-J. ROUSSEAU)

S

sabbat nom masculin
Grand bruit accompagné de désordre. *Voyez le beau sabbat qu'ils font à notre porte* (RACINE)
Protestation bruyante. *Vous pensez si j'ai fait un beau sabbat à la poste.* (Mme de SÉVIGNÉ)

sacre nom masculin
[d'après l'oiseau de proie du même nom]
Homme sans conscience, capable de toutes sortes de forfaits. *Monsieur, lui dit-il en lui montrant le jésuite, quel sacre !* (SAINT-SIMON) *Dubois était en plein ce qu'en mauvais français on appelle un sacre.* (SAINT-SIMON)

salade nom féminin
Bataillons de salade : bataillons formés de soldats de différents corps. *Tout le reste de son infanterie était de nouvelles levées ou des bataillons de salade ramassés des garnisons.* (SAINT-SIMON)

salé, ée adjectif
Vif, spirituel, en matière de paroles. *Ah ! que nous avons ensemble de bonnes conversations bien salées !* (Mme de SÉVIGNÉ)
Se dit de la même façon en parlant de personnes. *Vous êtes assurément, mon divin Protagoras, un des plus salés philosophes que je connaisse.* (VOLTAIRE)

SABOT

SAINT-ESPRIT

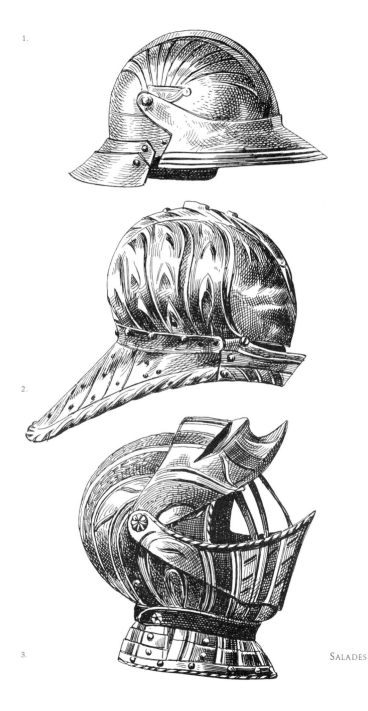

1.

2.

3.

SALADES

4.

5.

6.

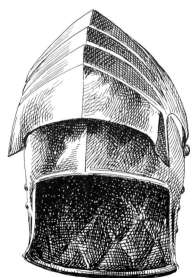

saler verbe
Mettre en réserve pour
retrouver plus tard. *J'ai
d'autres affaires ; il faut donc
saler toutes ces propositions.*
(Mme de SÉVIGNÉ)

salope adjectif et nom
Malpropre. *Sitôt qu'il fut
parti, la servante de l'auberge se
déclara grosse de son fait.
C'était une vilaine salope.*
(J.-J. ROUSSEAU) *Il se faisait
gloire d'être salope.* (HAMILTON)

sangler verbe
[du sens concret : frapper à
coups de sangles]
Faire une critique violente. *Le
cardinal de Richelieu est
étrangement sanglé dans ce petit
livre.* (GUI PATIN)

satellite nom masculin
Homme armé au service d'un
autre, pour exécuter ses
ordres. *Qui donc opposez-vous
contre ses satellites ?* (RACINE)
*Ses ardents satellites / Partout
du Capitole / Occupent les
limites.* (VOLTAIRE)
Par extension, homme
entièrement livré aux
volontés d'un autre pour
accomplir ses ordres. *Le
despotisme peut bien avoir des
satellites, mais non des
serviteurs.*

SARCOPHAGE

sauter verbe
Faire sauter : dépenser à
l'excès. *Des chevaux, des valets,
une bonne cave comme je ferais
sauter tout cela !* (PICARD)

scabreux, euse adjectif
[du latin *scabrosus,* rude, râpeux]
Rude, raboteux. *Il s'est blessé
en tombant sur des rochers
scabreux.*
Dur, heurté, désagréable. *Ce
romancier a un style scabreux.*

scandale nom masculin
[du latin *scandalum,* obstacle
contre lequel on trébuche]
Occasion d'être dans le
péché. *Malheur à celui par qui
le scandale arrive !* (Bible)
Affront. *Trouves-tu beau,
dis-moi, de diffamer ma fille, / Et
faire un tel scandale à toute une
famille ?* (MOLIÈRE)

scandaliser verbe
Pousser au mal. *Il scandalise
ses enfants par sa mauvaise
conduite.*
Diffamer. *Je sais toute sa vie,
mais je ne veux pas la
scandaliser.* (ACADÉMIE)

secrétaire nom masculin
Confident, personne à
laquelle on confie ses secrets.
*Tu seras de mon cœur l'unique
secrétaire.* (CORNEILLE)
Celui qui aime écrire des
lettres, épistolier. *Feu M. du
Maurier était un très habile
homme, le meilleur secrétaire de
son temps.* (G. de BALZAC)

séduire verbe
Faire tomber dans l'erreur ou
dans la faute. *Cher Pylade,
crois-moi, ta pitié te séduit.*
(Racine) *C'est peu de me
quitter, tu veux donc me
séduire ?* (Corneille)

sellette nom féminin
[du latin *sella,* siège]
Siège sur lequel on faisait
s'asseoir un accusé pour
l'interroger. *Il ne put répondre
quand il fut traîné sur la
sellette.* (Voltaire)

semonce nom féminin
[du latin *submonere,* avertir
secrètement]
Invitation faite, dans les
formes, pour assister à
quelque cérémonie ;
sollicitation. *Je reçus hier une
semonce fort obligeante de mon
aimable cardinal.*
(de Coulanges) *De tous côtés se
trouvant assaillie, / Elle se rend
aux semonces d'amour.*
(La Fontaine)

sempiternelle nom féminin
Se dit, péjorativement, des
femmes qui vieillissent
beaucoup. *Je crois que, sans me
flatter, je puis compter sur votre
amitié, et que vous en avez
autant pour moi qu'on peut en
avoir pour une sempiternelle.*
(Mme du Deffand)

sens nom masculin
Sens froid ou sens rassis :
calme et fermeté. *Tout le
monde dit du bien de votre fils ;
on vante son application, son
sens froid, sa hardiesse, et quasi
sa témérité.* (Mme de Sévigné)

SAUTE-EN-BARQUE

sentiment nom masculin
Faculté d'éprouver des
sensations physiques. *Il perd
le sentiment.* (RACINE) *Les nerfs
sont les organes du sentiment.*
(BUFFON)
En termes de chasse, on dit
d'un chien qu'il n'a *pas de
sentiment,* quand il manque
d'odorat pour suivre le gibier.
Sensibilité physique. *Il n'y a
plus de sentiment dans son bras.*

séquestré, ée participe passé
Isolé, solitaire. *La raison
d'ordinaire / N'habite pas chez
les gens séquestrés.*
(LA FONTAINE)

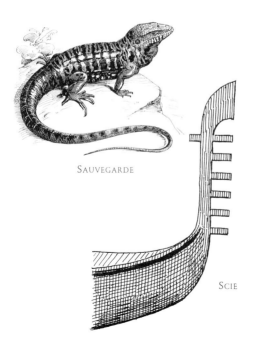

SAUVEGARDE

serein nom masculin
Humidité fine, pénétrante,
peu abondante, qui tombe
après le coucher du soleil,
durant la saison chaude. *Je
fus avant-hier toute seule à Livry
me promener délicieusement
avec la lune ; il n'y avait aucun
serein.* (Mme de SÉVIGNÉ)

serpillière nom féminin
Linceul grossier pour
ensevelir les gens très
pauvres. *Rameau ne laisse rien,
et la charité fournira la
serpillière dont on l'enveloppera.*
(DIDEROT)

serré, ée adjectif
Avare. *Le seigneur Harpagon
est le mortel de tous les mortels
le plus dur et le plus serré.*
(MOLIÈRE)
Sans se compromettre, sans
se découvrir. *On parlait de
part et d'autre assez serré.*
(BOSSUET)

serré adverbe
Fortement, vivement. *Je
dormais bien serré.* (DANCOURT)

serrer verbe
[du latin *serare,* fermer avec une
barre, clore]
Garder dans quelque lieu.
*Laurent, serrez ma haire avec
ma discipline.* (MOLIÈRE) *C'était
un simple grenier, où, du temps
de Jacques, on serrait en hiver
les jeux du jardin.* (BENOÎT)

SCIE

servir verbe
Être esclave. *Un cœur né pour servir sait mal comme on commande.* (CORNEILLE) *Tu veux servir ; va, sers, et me laisse en repos.* (RACINE) *Un peuple libre obéit, mais il ne sert pas.* (J.-J. ROUSSEAU)
Rendre des soins, faire la cour à. *Une des règles de la chevalerie était de servir et d'honorer toutes les dames pour l'amour d'une.* (SAINT-MARC GIRARDIN)

serviteur nom masculin
Celui qui courtise une femme. *J'ai perdu tout mon bonheur ; / j'ai perdu mon serviteur.* (J.- J. ROUSSEAU)

sexe nom masculin
Les femmes. *Commander à ses pleurs en cette extrémité, / C'est montrer, pour le sexe, assez de fermeté.* (CORNEILLE) *Une organisation délicate, une grande sensibilité, une imagination heureuse, des passions vives donnent au sexe une disposition universelle à tous les talents et à toutes les vertus.* (CAYLUS)

siècle nom masculin
Le monde, considéré dans sa vanité, par opposition à la vie religieuse. *Pleurez sur vous qui vivez encore dans le siècle.* (FLÉCHIER) *Nous tous, chrétiens vieillis dans le siècle et non pas dans la foi.* (CHATEAUBRIAND)

sifflé, ée participe passé
Instruit comme un oiseau qu'on siffle. *Mazarin me renvoya à la reine ; je la trouvai sifflée et aigrie.* (RETZ)

siffler verbe
Endoctriner. *Un juge ne saurait rien tirer d'un criminel quand il a été sifflé.* (FURETIÈRE)

société nom féminin
Relations habituelles que l'on a avec certaines personnes. *Elle est d'une bonne société, et nous sommes fort loin de nous ennuyer.* (Mme de SÉVIGNÉ) *L'espèce de société que le perroquet contracte avec nous par le langage est plus étroite et plus douce que celle à laquelle le singe peut prétendre par son imitation capricieuse de nos mouvements et de nos gestes.* (BUFFON)

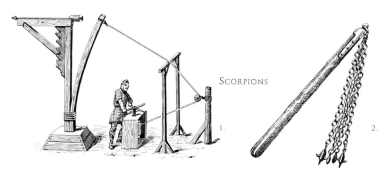

SCORPIONS

1.

2.

soin nom masculin
[de l'ancien français *soigne,* souci]
Souci, inquiétude. *Je dors ici dix heures toutes les nuits, et sans que jamais aucun soin me réveille.* (DESCARTES)
J'aurai vécu sans soins et mourrai sans remords.
(LA FONTAINE)
Effort.*Cette femme vaut bien sans doute que je me donne tant de soins.* (LACLOS)

solitude nom féminin
Lieu devenu inhabité.
Pourquoi voulez-vous périr et faire de cette ville une solitude ?
(BOSSUET)
Désert, étendue inculte et dépeuplée. *Étant sortis de Socoth, ils campèrent à Etham, à l'extrémité de la solitude.*
(SACY)
Au XVIIIᵉ siècle, château où l'on séjournait à la campagne. Sous ce nom est surtout connu le château princier de Wurtemberg (construit en 1763-1767).

sollicitude nom féminin
[du latin *sollicitare,* secouer violemment, inquiéter]
Préoccupation inquiète. *Cette affaire me cause beaucoup de sollicitude.*
Ah ! sollicitude à mon oreille est rude ; / Il pue étrangement son ancienneté. (MOLIÈRE)

sommier nom masculin
Cheval de somme. *On fit marcher la calèche et les sommiers qui portaient son dîner.* (PÉLISSON)

songer verbe
Rêver. *Un lapin en son gîte songeait, / Car que faire en un gîte sinon que l'on ne songe ?*
(LA FONTAINE)

SECRÈTE

SERPENT

sophistiqué, ée participe passé
Frelaté, galvaudé. *Ce vin est manifestement sophistiqué. Nous n'avons pas le goût sophistiqué comme on l'a à Paris.* (VOLTAIRE)

sortable adjectif
Convenable. *Je pourrai le résoudre à perdre une maîtresse / Dont l'âge peu sortable et l'inclination / Répondent assez mal à son affection.* (CORNEILLE)

sot, otte adjectif
Fâcheux, désagréable, en parlant de choses. *Je m'étonne qu'il ne vous ait point fait de sot compliment.* (REGNARD)
Cocu. *Il se croyait aussi sot qu'il méritait de l'être.* (MONTFLEURY)

souffler verbe
Produire un enchantement, une grâce (comme les fées soufflent sur quelqu'un). *Si le curé de votre paroisse soufflait sur vous, et me disait que vous m'aimerez toute votre vie, aurais-je raison de le croire ?* (MUSSET)

souffrance nom féminin
[du latin *ferre,* supporter]
Patience, tolérance. *Je porte en moi mes préservatifs, qui sont résolution et souffrance.* (MONTAIGNE)

soûl, oûle adjectif
Pleinement rassasié. *Quand j'ai bien mangé, je veux que tout le monde soit soûl dans ma maison.* (MOLIÈRE)

soupirer verbe
Éprouver de la douleur, du regret. *Pourquoi soupirez-vous donc ?* (BOSSUET) *Il soupire l'argent qu'il a perdu.*
Désirer ardemment. *Ainsi n'espérez pas qu'après vous je soupire ; / Vous étalez en vain vos charmes impuissants.* (CORNEILLE)

SIDA

SIGMA

souris nom féminin
Au XVIIe s., petit ruban qui se mettait dans la coiffure. *Votre belle-sœur a une souris qui fait fort bien dans ses cheveux noirs.* (Mme de SÉVIGNÉ) Espace de la main entre le pouce et l'index ; partie charnue du bras. *Paul admira longtemps la souris duveteuse de son bras.* (GÉRET)

sournois, oise adjectif
[de l'ancien provençal *sorn,* sombre]
Caché, dissimulé. *Genève, noble cité, riche, fière et sournoise.* (VOLTAIRE) *Les archers sournois attendent le cerf et tendent leurs arcs dans l'épaisseur du bois.* (HUGO)

soutenir verbe
Souffrir, endurer. *Voiture était plutôt pour M[lle]de Rambouillet un amant de galerie ; aussi le faisait-elle bien soutenir.* (TALLEMANT des RÉAUX)

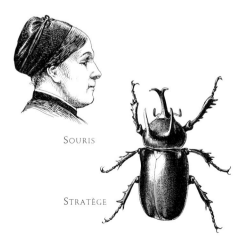

SOURIS

STRATÈGE

spécieux, euse adjectif
[du latin *species,* aspect brillant]
Qui a une belle apparence. *Ils connaissent le monde par ce qu'il a de moins beau et de moins spécieux.* (LA BRUYÈRE) *Cet homme, sous des dehors spécieux, cache beaucoup d'indigence.*

splendeur nom féminin
[du latin *splendere,* briller]
Grand éclat de lumière. *La splendeur du soleil fatiguait les marcheurs.*
Seigneur, je vous bénis ! de ma lampe mourante / Votre souffle vivant rallume la splendeur. (HUGO)

stupidité nom féminin
[du latin *stupiditas,* stupeur]
Stupéfaction. *La reine, à ce malheur si peu prémédité, / Semble le recevoir avec stupidité.* (CORNEILLE)

subjuguer verbe
[du latin *subjugare,* faire passer sous le joug]
Réduire en sujétion. *Tamerlan subjugua autant de pays qu'Alexandre.* (VOLTAIRE) *Le penchant des femmes ordinaires les porte bien moins à commander directement qu'à se donner un maître, et à le subjuguer.* (SENANCOUR) Posséder une femme. *S'il avait voulu attaquer ces dames, il les aurait toutes subjuguées l'une après l'autre, sans être aimé d'aucune.* (VOLTAIRE)

succès nom masculin
[du latin *successus,* succession]
Ce qui arrive, ce qui survient.
*Un succès malheureux suit une
injuste guerre.* (MAIRAN) *Les
mauvais succès sont les seuls qui
peuvent nous reprendre
utilement.* (BOSSUET)
Manière, bonne ou mauvaise,
dont une chose se termine.
*Daignez, je vous conjure, /
Attendre le succès qu'aura cette
aventure.* (MOLIÈRE)

suffisance nom féminin
Aptitude, capacité
intellectuelle. *C'est un homme
d'une grande suffisance.*
(ACADÉMIE) *Broussel,
personnage d'une ancienne
probité, de médiocre suffisance,
avait vieilli dans la haine des
courtisans.* (LA ROCHEFOUCAULD)

superbe adjectif
[du latin *superbus,* orgueilleux]
D'un orgueil majestueux.
*Dans un des parvis aux
hommes réservés / Cette femme
superbe entre le front levé.*
(RACINE) *L'armée hollandaise,
avec ses superbes étendards, ne
lui échappera pas.* (BOSSUET)

superbement adverbe
Avec orgueil. *Ces inscriptions
fastueuses ornaient autrefois
trop superbement la galerie de
Versailles.* (VOLTAIRE)

supposer verbe
Substituer. *Il la menace de dire
à l'audience qu'elle a supposé
son enfant.* (Mme de SÉVIGNÉ)
*Diane enleva Iphigénie du
sacrifice dans une nuée, et
supposa une biche à sa place.*
(CORNEILLE)

surnaturel, elle adjectif
Qui n'a pas de naturel, de
simplicité. *J'ai vu deux fois ce
comte chez M. de la
Rochefoucauld ; il me paraît
avoir bien de l'esprit, et il était
moins surnaturel qu'à
l'ordinaire.* (Mme de SÉVIGNÉ)

SUCRE

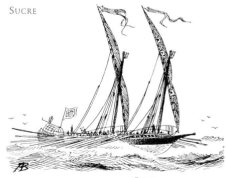

SUBTILE

STYLE

surprendre verbe
Tromper, induire en erreur.
Cet homme ne cherche qu'à
vous surprendre.
Il n'y avait rien de plus difficile
ni de plus hasardeux que de
surprendre ce grand magistrat.
(BOSSUET)
Obtenir frauduleusement. *Ce*
marchand, étant banni de la
République, surprit un
passeport de M. le commandant
de Bourgogne, et entra dans
Genève à la faveur de ce
passeport. (VOLTAIRE)

surprise nom féminin
Action inattendue par
laquelle on trompe ou l'on
est trompé. *Vous voyez, mon*
père, que le degré éminent où
sont les papes ne les exempte
pas de surprise. (PASCAL) *Une*
femme d'honneur peut avouer
sans honte / Ces surprises des
sens que la raison surmonte.
(CORNEILLE)

surtout nom masculin
Vêtement simple, que l'on
met par-dessus ses autres
habits. *Le duc de la Feuillade*
revint poudré et paré d'un beau
surtout rouge. (SAINT-SIMON)
Ce qui cache ou décore tout
le reste. *Quelque paré qu'on*
soit, on a besoin d'avoir / Un
surtout de jeunesse. (BENSERADE)
Grande pièce de vaisselle,
ordinairement d'argent ou de
cuivre doré, qu'on sert sur les
grandes tables, et sur laquelle
on met les salières, les
sucriers, etc. *On a inventé des*
surtouts pour le dessert qui sont
de très bon goût. (VOLTAIRE)

SURTOUT DE TABLE

t

tabouret nom masculin
Siège pliant sur lequel des personnes déterminées ont seules le droit de s'asseoir, à la cour, en présence du roi et de la reine ; droit de s'asseoir sur ce siège. *Aucune des femmes des gardes des sceaux n'a eu le tabouret.* (Saint-Simon)
Personne qui possède ce droit. *Monsieur disait à la princesse de baiser les personnes qu'elle devait, c'est-à-dire princes et princesses du sang, ducs et duchesses et autres tabourets.* (Saint-Simon) *C'est un caquetage éternel de tabourets dans les Mémoires de Saint-Simon.* (Chateaubriand)

tache nom féminin
Tout ce qui blesse l'honneur. *Ne souffrez point de tache dans la maison d'Horace.* (Corneille) *Tout mon sang doit laver une tache si noire.* (Racine)
Qualité bonne ou mauvaise. *Cigaral a reconnu avoir reçu de Garcie de Contreras une fille, avec ses taches bonnes ou mauvaises.* (Th. Corneille)

taille nom féminin
Tranchant d'une épée. *Ils frappent de pointe et de taille, à droite et à gauche.* (Voltaire)
Opération par laquelle on extrait les calculs formés dans la vessie. *Le duc d'Estrées périt avant cinquante ans de l'opération de la taille.* (Saint-Simon) *Marin Marais a composé un suggestif « Tableau de l'opération de la taille ».*
Ancien nom pour désigner la voix de ténor. *Il chantait une méchante taille aux trios.* (Scarron).

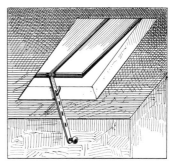

TABATIÈRE

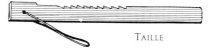

TAILLE

taillé, ée participe passé
Qui a subi l'opération de la taille. *Le père Pomenars fut taillé avant-hier avec un courage héroïque.* (Mme de SÉVIGNÉ)

taper verbe
Relever les cheveux avec un peigne, les crêper. *Il y a des boucles sur la tête ; cela est jeune et joli, cela est peigné, quelquefois un peu tapé, bouclé, chiffonné, taponné.* (Mme de SÉVIGNÉ)
Taper de l'œil : dormir. *Il y avait presque une heure que je tapais de l'œil aux mieux, quand je m'entends éveiller.* (CAYLUS)

tapissé, ée participe passé
Garni de tapis. *Cette chambre est joliment tapissée.*

tapisser verbe
Faire un ouvrage à l'aiguille sur du canevas. *Dame araignée en ces lieux tapissait.* (de GUERLE)

taquin, ine adjectif
Avare, ladre. *Tous nos libraires sont bien taquins et bien ignorants.* (GUI PATIN) *Courtanvaux était avare et taquin, et, quoique modeste et respectueux, fort colère.* (SAINT-SIMON)

tarder verbe
Retarder. *À des cœurs bien touchés tarder la jouissance, / C'est infailliblement leur croître le désir.* (MALHERBE)

tardif, ive adjectif
Lent, de corps ou d'esprit. *Ô filles trop tardives !* (ROTROU) *Les bœufs et les ânes sont des animaux pesants et tardifs.* (FURETIÈRE) *Les nuages tardifs s'en vont comme en rêvant.* (HUGO) *Callistène avait l'esprit tardif.* (LA BRUYÈRE)

tâter verbe
Goûter. *Ce vin est-il bon ?* — *Tâtez, monsieur.* (MOLIÈRE)

1.

2.

TAMBOURS

teindre verbe
Donner une connaissance
légère des choses. *On teint le
bachelier d'une infinité de
connaissances.* (LAROUSSE)

teinture nom féminin
Connaissance superficielle
d'une science, d'un art. *Il a
une teinture de Paris et de
l'opéra.* (Mme de SÉVIGNÉ) *Son
père lui avait donné une assez
forte teinture des beaux-arts.*
(DIDEROT)
Impression conservée d'une
première éducation. *Si vous
pouviez l'attirer à Grignan pour
donner quelque teinture à ce
petit marquis, vous seriez trop
heureuse.* (Mme de SÉVIGNÉ)

teinturier nom masculin
Écrivain qui revoit et corrige
les ouvrages d'un autre.
*Mme la comtesse de
Beauharnais a fait présenter
une comédie, elle a été reçue ; on
ne doute pas que le sieur Dorat
ne soit son teinturier.*
(BACHAUMONT)
Il a fait cela avec son
teinturier : se dit d'un
homme qui s'est très
largement fait aider pour
écrire un ouvrage.

tempérament nom masculin
Manière de tempérer, de
régler, de conduire.
*Charlemagne mit un tel
tempérament dans les ordres de
l'État, qu'ils furent contre-
balancés et qu'il resta le maître.*
(MONTESQUIEU)
Expédient, biais,
adoucissement, pour
concilier les esprits, pour
accommoder les affaires.
*Tous ces tempéraments en
matière de devoir sont à craindre.*
(MASSILLON) *Nous lui fîmes voir
qu'après ce qui s'était passé, il
n'y avait plus de sûreté pour lui
dans le tempérament.* (RETZ)

temps nom masculin
Occasion, conjoncture.
Prendre son temps : saisir
l'occasion favorable. *Mon
mari vient : prenez vite votre
temps pour lui demander Lucile
en mariage.* (MOLIÈRE)

tenant nom masculin
Amant en titre d'une femme
qui en a plusieurs l'un après
l'autre. *Quand Ninon se lassait
du tenant, elle le lui disait
franchement et en prenait un
autre.* (SAINT-SIMON)
Il est le tenant dans cette
maison : se dit de l'homme
qui a le plus d'influence dans
une maison.

TAMPON

ténèbres nom féminin pluriel
Dans la liturgie catholique, matines qui se chantent l'après-dînée du mercredi, du jeudi et du vendredi de la semaine sainte ; ainsi nommées parce qu'à la fin de cet office on éteint toutes les lumières dans le chœur. *J'ai trouvé de la douceur dans la tristesse que j'ai eue ici ; une grande solitude, un grand silence, un office triste, des ténèbres chantées avec dévotion.* (Mme de SÉVIGNÉ) Cet office donna lieu aux XVIIe et XVIIIe siècles, à de très belles œuvres pour solistes et basse continue, appelées *Leçons de ténèbres,* dont les plus célèbres furent composées par M.-A. Charpentier et F. Couperin.

tenir verbe
Faire tenir : faire en sorte que certaines choses soient transmises. *Je ne doute point des difficultés de trouver de l'argent et de le faire tenir.* (Mme de MAINTENON)
En tenir : être dupé. *La bonne femme en tient et croit ce que j'ai dit.* (QUINAULT)
Subir quelque chose de fâcheux. *Ma foi, chevalier, tu en tiens, et te voilà payé de ta raillerie.* (MOLIÈRE)

tester verbe
Faire son testament. *Un dépit les fait tester ; ils s'apaisent et déchirent leur minute.* (LA BRUYÈRE)

testicule nom masculin
S'est dit pour ovaire. *Les hommes ont les testicules hors du ventre, et les femmes au dedans.* (PARÉ)

tête nom masculin
Avoir en tête : avoir pour adversaire. *Le prince, avec l'élite des troupes, avait en tête un général pressant.* (BOSSUET)

tignasse nom féminin
Mauvaise perruque. *M. de Martel est arrivé ici avec une vieille redingote pelée et une tignasse par-dessus les cheveux.* (VOLTAIRE)

timbré, ée participe passé
[qui résonne mal]
Une tête, un cerveau mal timbré : un écervelé, un fou. *La vie de la duchesse de Montbazon fut obscure, et ses mœurs et sa tête mal timbrée avaient beaucoup fait parler d'elle.* (SAINT-SIMON)

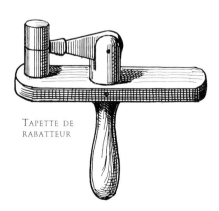

TAPETTE DE RABATTEUR

timbré, ée adjectif
Qui est pénétré d'une crainte
salutaire à l'égard de Dieu.
*Lucile était une personne très
timorée, et qui fatiguait souvent
son âme à force de scrupules et
d'interrogations secrètes sur sa
conduite.* (Mme de STAËL)

tirer verbe
Faire le portrait de quelqu'un
soit en peinture, soit en
sculpture. *Il n'y a pas
longtemps que je me suis fait
tirer par Rigaud, me dit-il.*
(CAILLÈRES)
Aller, partir. *Tirez de cette part,
et vous, tirez de l'autre.*
(MOLIÈRE)
Tirer à, sur : avoir de la
ressemblance avec. *Et l'air de
son visage a quelque mignardise
/ Qui ne tire pas mal à celle de
Dorise.* (CORNEILLE)

TARGETTE

toilette nom féminin
Grand morceau de linge ou
de taffetas qui est
ordinairement embelli de
quelque dentelle de fil d'or
ou d'argent, et sur lequel on
met la trousse garnie de
peignes, de brosses, et de
tout ce qui est nécessaire à
l'ornement et à l'ajustement
des hommes et des femmes.
*Que tout ce qui de jour la fait
voir si doucette, / La nuit comme
en dépôt soit dessus la toilette.*
(RÉGNIER)
Les boîtes, les flacons et les
autres objets qui servent à
une femme pour se parer ; le
meuble où sont posés tous
ces objets. *Attends, discret
mari, que la belle en cornette / Le
soir ait étalé son teint sur la
toilette.* (BOILEAU)
Voir une femme à sa toilette :
voir une femme, lui parler
pendant qu'elle se coiffe. *Il
savait par cœur tous ces petits
mots de toilette, tous ces jolis
mots qui ne disent rien.*
(MARMONTEL). *Troiville
fréquenta les toilettes ; le pied
lui glissa ; de dévot il devint
philosophe* (SAINT-SIMON)

tombé, ée participe passé
Que l'âge a affaissé. *Je suis
furieusement tombé et il n'y a
plus de société pour moi.*
(VOLTAIRE)

ton nom masculin
Le haut ton, le grand ton : les manières du plus grand monde. *Fi des coquettes maniérées ! Fi des bégueules du grand ton !* (BÉRANGER)

torticolis adjectif et nom masculin
Qui porte le cou de travers. *Le peintre ne doit jamais s'imaginer un Christ, en quelque action que ce soit, avec un visage de torticolis.* (POUSSIN)

tortillement nom masculin
Petits détours, subterfuges, finesses exagérées. *Entrez dans son cœur, et vous verrez qui a plus de part, de son sexe ou du vôtre, à tous ses tortillements, à ses minauderies.* (GHERARDI)

torture nom féminin
Action de tordre, contorsion. *Ce sont apparemment ces bizarres attitudes et ces tortures naturelles qui ont anciennement frappé les yeux de la superstition, quand elle adopta cet oiseau dans les enchantements.* (BUFFON)
Action de fausser quelque chose. *Il est question présentement de la volonté de Dieu et de la vôtre, ma fille, ne lui donnez point la torture.* (Mme de SÉVIGNÉ)
Interprétation violente d'un texte. *Ils mettaient la langue à la torture. / Et triomphaient de n'être pas compris.* (DELILLE)

touche nom féminin
Coup, action de frapper. *Gare la touche, si tu remues !*
Accident désagréable. *Il a perdu vingt mille francs ; c'est une rude touche.*
Critique sévère. *Il craint les touches.*
Pierre de touche : tout ce qui sert d'épreuve (d'après la pierre qui sert à mesurer la valeur de l'or ou de l'argent). *L'impromptu est justement la pierre de touche de l'esprit.* (MOLIÈRE)

1.

2.

TÉLÉGRAPHES

toucher verbe
En peinture, exprimer d'une certaine façon. *Les têtes sont ici mieux touchées* (DIDEROT) Se dit, dans un sens analogue, des choses de la littérature. *Tous les travers de l'homme sont fort bien touchés dans cette épître* (VOLTAIRE). *Ce poète touche bien les passions.* Article touché : article vigoureusement fait. *Il est réputé pour ses articles très touchés.*
Y toucher : avoir de la malice. *À ces simplicités qui sortent de sa bouche, /À cet air si naïf, croirait-on qu'elle y touche ?* (REGNARD)
Touchez là : pour dire qu'il n'en sera rien. *Touchez-là, monsieur, ma fille n'est pas pour vous.* (MOLIÈRE)

tour nom masculin
Manière particulière de s'exprimer. *Vous avez le tour libre.* (MOLIÈRE) *Littré a des tours heureux, neufs et vieux à la fois.* (SAINTE-BEUVE) Endroit faible, faiblesse, défaut (d'après tour de reins). *Sa réputation n'a jamais eu ni tour ni atteinte.* (Mme de SÉVIGNÉ)

tourment nom masculin
Torture, violente douleur corporelle. *Ce prisonnier est mort dans les tourments. Le superbe animal, agité de tourments, / Exhale sa douleur en longs mugissements.* (BOILEAU)

tourmenter verbe
Supplicier. *Il fit tourmenter cruellement un assez grand nombre de personnes.* (FONTENELLE) *Il est tourmenté maintenant d'avoir voulu se faire adorer comme un dieu.* (BOSSUET)

TERME

se tourmenter verbe
Se déformer, en parlant
d'une planche ou d'un
ouvrage de menuiserie. *Ce
meuble s'est tourmenté à cause
de l'humidité.*

tournant nom masculin
Penchant à user de moyens
détournés. *On ne pouvait avoir
plus d'esprit, de tournant et
d'intrigues que le prince de
Léon.* (SAINT-SIMON)

tourner verbe
Agir sur la volonté. *Ainsi que
je voudrais, je tournerai cette
âme.* (MOLIÈRE)
Interroger avec adresse. *Il a
voulu me tourner pour savoir le
nom de celui que vous préfériez.*
(Mme de GENLIS)
Se déformer. *La taille de cette
jeune femme tourne.*
Prendre de la couleur. *Le
raisin tourne déjà.*
Commencer à s'allonger, en
parlant des jours. *Les jours
avaient tourné.*
(Mme de GASPARIN)

tracas nom masculin
Métier. *Je fais tout doucement
mon petit tracas.* (LA FONTAINE)

tracasser verbe
Aller et venir sur place, pour
de petites occupations. *Il est
toute la matinée à se laver la
bouche ; il tracasse en robe de
chambre.* (VAUVENARGUES) *Je
tracassai quelques instants
autour de mes livres et papiers,
pour les déballer et les arranger,
plutôt que pour les lire.*
(J.-J. ROUSSEAU)
Se livrer à des occupations
vaines. *On donne aux hommes
des charges et des affaires qui
les font tracasser dès la pointe
du jour.* (PASCAL) *Après avoir
tracassé toute sa vie dans
l'héroïsme et dans les arts,
qu'emporte-t-on dans le
tombeau ? Un vain nom qui ne
nous appartient plus.* (VOLTAIRE)

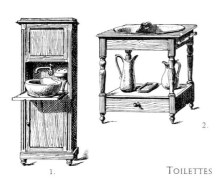

1.   TOILETTES   3.

2.

tracassier, ière nom
Celui qui va et vient pour de
petites occupations. *Quand il*
s'agit de rendre service, sans me
vanter, je suis aussi tracassier
que M. et Mme Tatillon.
(PICARD)
Indiscret, qui colporte divers
ragots. *Le père Castel est le*
tracassier de la société.
(VOLTAIRE)

trafic nom masculin
Commerce. *Le trafic de détail*
est interdit en France aux
gentilhommes. (TRÉVOUX)
Faire le petit trafic : tenir une
maison de prostitution.

trafiquer verbe
Avoir relation. *Elle sait que je*
trafique en plusieurs endroits.
(Mme de SÉVIGNÉ)

train nom masculin
Suite de valets, de chevaux,
etc. *Voilà le train qui m'est*
venu, et qui s'en ira quand il
plaira à Dieu. (Mme de SÉVIGNÉ)
Genre de vie peu exemplaire.
Cet homme a un drôle de train
chez lui.
Bruit tapage. *Quel train ici*
tous les matins ! (Mme de GENLIS)
Habitude, manière d'être.
J'admire le train de la vie
humaine ! Nous plumons une
coquette, la coquette mange un
homme d'affaires, l'homme
d'affaires en pille d'autres.
(LESAGE)

traite nom féminin
Traversée, chemin fait par
mer. *Après huit jours de traite,*
un vaisseau de corsaires les
attaqua. (LA FONTAINE)

traiter verbe
Donner à manger. *Que*
diable ! voilà pour traiter une
ville entière ! (MOLIÈRE)
Agir de telle ou telle façon.
Chevalier, lui dit-elle, soyez
discret, chacun a l'œil sur nous ;
si vous traitez de cette sorte,
vous me perdrez. (d'URFÉ)

se traiter verbe
Se donner un repas. *Il se*
traitait tous les jours
magnifiquement. (MASSILLON)

TORTUE

tranchées nom féminin pluriel
Douleurs aiguës que l'on
ressent dans les entrailles.
*L'insomnie, la colique et les
tranchées sont le partage de
l'homme intempérant.* (SACY)
Tranchées de saint
Mathurin : accès de folie.

trancher verbe
Trancher de : se donner les
airs de. *Trancher du bel esprit,
de l'homme d'importance, etc.
Ce marchand, philosophe en
boutique, tranche du financier et
joue le grand seigneur.* (GILBERT)

transparent nom masculin
Sorte de vêtement, au
XVIIᵉ siècle. *Avez-vous ouï
parler des transparents ? Ce
sont des habits entiers des plus
beaux brocarts d'or et d'azur
qu'on puisse voir, et, par-dessus,
des robes noires transparentes,
ou de belles dentelles
d'Angleterre, ou de chenilles
veloutées sur un tissu, comme
ces dentelles d'hiver que vous
avez vues ; cela compose un
transparent, qui est un habit
noir, et un habit tout d'or, ou
d'argent ou de couleur, comme
on veut ; et voilà la mode.* (Mme
de SÉVIGNÉ)

transport nom masculin
Émotion violente qui met
quelqu'un hors de lui. *Je me
livre en aveugle au transport qui
m'entraîne.* (RACINE) *Ne faites
rien dans le transport de la
passion.* (BOSSUET)
Enthousiasme. *Sentiez-vous,
dites-moi, ces violents
transports ?* (BOILEAU)

travail nom masculin
Appareil servant à
immobiliser les animaux
pour les ferrer ou les opérer.
(Au pluriel : des travails.)
*Vous connaissez mes chevaux ;
ils sont fort beaux ; celui qui
s'appelle le Favori était au
travail ; il s'est mis en furie,
s'est jeté comme un furieux
par-dessus les barres et s'est
crevé le cœur.* (Mme de SÉVIGNÉ)
Fatigue, souci, inquiétude.
*Vous pouvez m'épargner le
travail du chemin.* (REGNARD)
*Est-ce là le fruit du travail dont
vous vous êtes consumés sous le
soleil ?* (BOSSUET) *Ne vous
mettez pas dans un tel travail !*
Exploit. *Les travaux de Condé
serviraient de matière à former
cent héros.* (LA FONTAINE)

TRAQUENARD

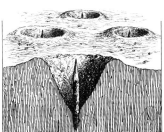

TROU DE LOUP

traverse nom féminin
Obstacle, affliction, revers.
Louis XIV était fier dans ses
succès, mais ferme dans ses
traverses. (VOLTAIRE)

traverser verbe
Susciter des obstacles, des
embarras. *L'envie se plaît à*
traverser les desseins d'autrui.
(FURETIÈRE) *Personne ne se met*
en tête de traverser son bonheur.
(HAMILTON)

traversier, ière adjectif
Ennemi, contraire. *Abélard*
était né sous une planète
traversière. (PASQUIER)

tremblement nom masculin
Crainte. *M. le prince tenait tout*
chez lui dans le tremblement.
(SAINT-SIMON) *La sainte louange*
que l'on donne à Dieu doit être
accompagnée de tremblement.
(SACY)

tribunal nom masculin
Tribunal de littérature : salon
où l'on parle de littérature.
J'aimerais cent fois mieux une
fille simple et grossièrement
élevée qu'une fille savante et bel
esprit qui viendrait établir dans
la maison un tribunal de
littérature dont elle se ferait la
pédante. (J.-J. ROUSSEAU)

trictrac nom masculin
[d'après le jeu portant ce nom]
La manière d'être. *Le trictrac*
du monde d'aujourd'hui est
plus fou que jamais. (GUI PATIN)

trimer verbe
Aller et venir. *J'aperçois vos*
deux amants qui triment de ce
côté. (XVIIIe s.)

tripot nom masculin
Ancien mot pour désigner le
jeu de paume. On dit d'un
homme qu'*il est dans son*
tripot, pour signifier qu'il est
dans un lieu où il a de
l'avantage, où il excelle. *Le*
Père Bourdaloue prêche
divinement bien aux Tuileries ;
nous nous trompions dans la
pensée qu'il ne jouerait bien que
dans son tripot. (Mme de SÉVIGNÉ)
Noailles avait l'air consterné,
agité, embarrassé, lui
ordinairement si libre dans son
tripot. (SAINT-SIMON)
Intrigue, machination. *N'y*
aurait-il pas un peu de tripot
dans tout ceci ?
(Mme de CHÂTEAUROUX)

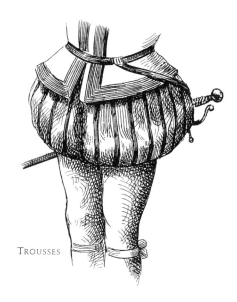

TROUSSES

tripoter verbe
Intriguer, calomnier, se livrer à des opérations plus ou moins honnêtes. *Il s'est enrichi en tripotant sur les blés.*

trivial, ale adjectif
Commun, usé, rebattu. *Les bonnes maximes sont sujettes à devenir triviales.* (VAUVENARGUES) Que tout le monde connaît ou peut voir. *L'homme d'affaires est un ours qu'on ne saurait apprivoiser ; l'homme de lettres au contraire est trivial comme une borne au coin des places ; il est vu de tous et à toute heure.* (LA BRUYÈRE)

trompette nom masculin
Personne qui se donne beaucoup de mouvement pour en faire valoir d'autres. *Les hommes politiques ont besoin de bons trompettes. Les prédicateurs des deux partis étaient en chaire les trompettes de la discorde.* (VOLTAIRE)

trousse nom féminin
Haut-de-chausses bouffants. *Le roi a des trousses fort courtes plissées et froncées, où sont attachés de longs bas de soie.* (GUILLET de SAINT-GEORGES)

troussé, ée participe passé
Qui a ses vêtements arrangés d'une certaine façon. *Jamais Mme de Soubise ne fut troussée comme les autres femmes, de peur de s'échauffer les reins et de se rougir le nez.* (SAINT-SIMON) Chassé. *Elle a été violemment troussée par son mari.* Disposé, arrangé. *C'était un repas bien troussé.* (MOLIÈRE)

trousser verbe
Faire mourir. *Ma tante et lui ont été troussés en moins de trois semaines.* (DANCOURT)

trouver verbe
Arriver à. *Je passe ces soirées sans ennui ; j'ai quasi toujours à écrire, ou bien je lis, et insensiblement je trouve minuit.* (Mme de SÉVIGNÉ)

truand, ande adjectif et nom
Vaurien, vagabond qui fait profession de mendicité. *Tais-toi, truand, pied plat, cagou, bigot !* (SCARRON)

truc nom masculin
Habileté qu'ont les faiseurs de drames et de roman à ménager le suspense. *Cet écrivain ne manque pas de truc.*

truculent, ente adjectif
Qui a une apparence farouche, brutale. *Des gaillards à mine truculente frappaient sur les tables des coups de poing à tuer des bœufs.* (GAUTIER)

TURBULENT

u

uni, ie adjectif
Qui n'a aucun ornement.
*Pourquoi n'avez-vous qu'une
montre d'or unie, avec un petit
cordon de soie ?* (Mme de GENLIS)
*Venir en visite amoureuse avec
une jambe tout unie, un
chapeau désarmé de plumes !
Mon Dieu, quels amants sont-ce
là !* (MOLIÈRE)
Sans prétention et sans
façon. *J'aime les gens simples et
unis.* (MARIVAUX) *Dangeau était
un gentilhomme de Beauce, tout
uni.* (SAINT-SIMON)
Monotone, sans trouble. *Ma
vie est la plus unie du monde, et
rien n'en vient couper la
monotonie.* (GAUTIER)

urne nom féminin
Chez les Anciens, grand vase
servant à puiser de l'eau.
*L'urne aux flancs arrondis se
durcit dans le feu.* (DELILLE)

usage nom masculin
[du latin *usus,* usage]
Connaissance acquise par la
pratique de ce qu'il faut dire
et faire en société. *La mère de
Valère est maussade, ennuyeuse,
/ Sans usage du monde, une
femme odieuse.* (GRESSET)
*Beaucoup de jeunes gens
manquent d'usage.* (LAROUSSE)
*Je n'osai me risquer à prendre
part au festin, dans la crainte de
manquer d'usage.* (NERVAL)

ULSTER

usagé, ée adjectif
Qui connaît les usages du
monde. *Préférera-t-il une jeune
fille bien timide aux agréments
d'une femme parfaitement
usagée ?* (LACLOS)

user verbe
Pratiquer, faire usage de. *J'ai
tout vu, tout fait, tout usé.*
(BEAUMARCHAIS)

utilité nom féminin
Personne ou objet utile. *Les
épingles, les aiguilles, les
agrafes, ces utilités de tous les
jours.* (BLANQUI)
Au théâtre, rôle utile mais
secondaire et non brillant
dans une pièce. *Clorinde avait
débuté sur la scène en jouant les
utilités.*
Par extension, tout rôle
subalterne. *Marius remplissait
dans la littérature-librairie le
modeste rôle d'utilité. Il faisait
des prospectus, traduisait des
journaux, annotait des éditions,
compilait des biographies.*
(HUGO)

V

vacance nom féminin
[du latin *vacare,* être vide]
Période où les tribunaux
interrompent leurs fonctions.
*Les vacances de la chicane font
partir bien des gens.*
(M<small>me</small> de S<small>ÉVIGNÉ</small>) *À l'origine, les
vacances furent créées pour la
magistrature.* (S<small>EIGNOBOS</small>)

vacation nom féminin
Métier, profession. *La plus
honorable vacation est de servir
au public et d'être utile à
beaucoup.* (M<small>ONTAIGNE</small>)
Au pluriel : vacances
judiciaires. *Lamoignon passait
les vacations à Baville.* (R<small>OLLIN</small>)

vague adjectif et nom masculin
[de l'ancien français *vaque,* vide]
Vide, abandonné, dépeuplé.
Tout est vide et vague. (S<small>atire</small>
M<small>énippée</small>) *J'aimerais à délimiter,
dans la maison, des places, des
espaces que je m'efforcerais de
garder vagues et que j'aimerais
nommer les espaces sacrés.*
(D<small>UHAMEL</small>)
Espace vide. *Le vague des
cieux.* (R<small>ÉGNIER</small>)

vaillance nom féminin
[de *valoir,* lui-même du latin
valere, être fort]
Valeur morale d'une
personne ou d'une chose. *Et
que de mères à Memphis, / En
pleurant, diront la vaillance / De
son courage et de sa lance / Aux
funérailles de leurs fils.*
(M<small>ALHERBE</small>)
Courage devant l'ennemi.
*Laisse faire le temps, ta
vaillance et ton roi.* (C<small>ORNEILLE</small>)

V<small>ADROUILLE</small>

vaillant nom masculin
Le capital d'une personne.
Condé a promis et engagé sa foi
de prince et tout ce qu'il a de
vaillant de faire donner la paix
à Bordeaux. (GUI PATIN) *C'est*
un laboureur qui n'a pour tout
vaillant que ses bras. (VOLTAIRE)

vain, aine adjectif
[du latin *vanus,* vide]
Vide. *Vains objets dont pour*
moi le charme est envolé.
(LAMARTINE)
Des terres vaines et vagues :
des terres incultes qui ne
rapportent rien.
Qui est sans consistance, qui
n'a qu'une apparence. *Est-ce*
un vain rêve ? Est-ce ma propre
image / Que j'aperçois dans ce
miroir ? (MUSSET)
Orgueilleux. *On trouve une*
maligne joie à mortifier les
personnes vaines. (VOLTAIRE) *La*
seule erreur d'un secrétaire de
mairie lui avait valu cette
particule dont, toute jeune déjà,
elle devint si vaine. (TOULET)

vaisseau nom masculin
[du latin *vascellum,* diminutif de
vas, vase]
Vase, récipient destiné à
contenir des liquides. *Les*
Hébreux avaient des vaisseaux
qui allaient sur le feu.
(BRILLAT-SAVARIN)
Espace formé par l'intérieur
d'un grand bâtiment voûté.
On n'a à Paris ni salle de
comédie, ni salle d'opéra ; les
bonnes pièces sont en France, et
les beaux vaisseaux en Italie.
(VOLTAIRE) *Le vaisseau de la*
cathédrale est noble et d'une
belle coupe. (HUGO)

valeur nom féminin
Courage à la guerre. *La valeur*
n'attend pas le nombre des
années. (CORNEILLE) *La valeur*
ne peut être une vertu qu'autant
qu'elle est réglée par la
prudence. (FÉNELON) *La parfaite*
valeur et la poltronnerie
complète sont deux extrémités où
l'on arrive rarement.
(LA ROCHEFOUCAULD)

1.

2.

VALETS

vanité nom féminin
Futilité, fragilité, inutilité.
*Qui voudra connaître à plein la
vanité de l'homme n'a qu'à
considérer les causes et les effets
de l'amour. La cause en est un
je ne sais quoi, et les effets en
sont effroyables.* (CORNEILLE) *La
France n'a jamais été bien
convaincue de la vanité du
monde.* (RENAN)
Nature morte, en vogue au
XVIIᵉ siècle, où sont
représentés des objets
figurant la fuite inéluctable
du temps et la mort : crâne,
sablier, fleurs fanées, etc.
*Philippe de Champaigne est
l'un des meilleurs peintres de
vanités.*

vapeur nom féminin
Accident subit qui touchait le
cerveau. *J'ai su qu'à minuit le
malade eut une horrible vapeur
à la tête ; la machine se
démontait.* (Mme de SÉVIGNÉ)
Ce mot désigne, à l'époque
classique, toutes sortes de
maladies nerveuses
(hypocondrie, hystérie,
névropathie, etc.). *Les vapeurs
sont les maladies des gens
heureux ; c'était la mienne.*
(J.-J. ROUSSEAU) *Ma maîtresse a
ses vapeurs.* (BEAUMARCHAIS)
Vapeur de fille : ancien nom
de l'hystérie.

varié, ée adjectif
Qui est orné de différentes
couleurs. *Tout son corps est
très joliment varié de gris, de
roux, de brun et de noir.*
(BUFFON)

variété nom féminin
Changement. *La vie d'un être
à peu près immobile est un
tourbillon de hâte et de variété.*
(COLETTE)
Au pluriel : recueil qui
contient des morceaux sur
différents sujets ; partie d'un
journal présentant des
articles variés. *Il brocha l'un de
ses articles* variétés, *l'un de ces
charmants petits articles sur les
particularités parisiennes, qui
firent la fortune du journal.* (H.
de BALZAC)

vase nom masculin
Vase d'élection, vase d'élite
(d'après les *Épîtres de.saint
Paul*) : l'être qui est choisi par
Dieu. *C'est l'humilité qui nous
rend capables de posséder Dieu,
d'être des vases d'élection
propres à contenir les dons de
Dieu.* (BOURDALOUE)

VAMPIRE

vaudeville nom masculin
[altération de *Vau de Vire,* région du Calvados dont les chansons eurent du succès au XVᵉ s. ; ou peut-être de *vauder* et *virer,* tourner]
Chanson de circonstance qui court par la ville, et dont l'air est facile à chanter. *Il y a des gens qui ressemblent aux vaudevilles qu'on ne chante qu'un certain temps, quelque fades et dégoûtants qu'ils soient.*
(La Rochefoucauld)

vedette nom féminin
[de l'italien *vedetta,* lieu élevé où l'on place une sentinelle]
Cavalier en sentinelle. *La vedette, le voyant venir droit à son poste, se mit sur ses gardes.*
(Hamilton) *Souvent emportée par une nécessité comparable à celle du soldat en vedette, elle oubliait de manger.*
(H. de Balzac)
Personne qui devance les autres, qui prépare leur action ou qui fait le guet pour elles. *Les partis sont ingrats envers leurs vedettes.*
(H. de Balzac)

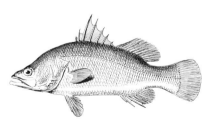

Variole

véhicule nom masculin
Ce qui prépare, ce qui aide. *Vous n'avez pas besoin de cela pour être reçu à merveille ; mais ce sera un petit véhicule pour vous faire avoir vos entrées.*
(Voltaire)
Grand véhicule, petit véhicule : les deux principales écoles bouddhistes, dont la première insiste beaucoup sur la métaphysique de la doctrine, tandis que l'autre met la spéculation au second plan.

velours nom masculin
[du latin *villosus,* velu]
Faute de langage qui consiste à mettre en liaison un *s* au lieu d'un *t. Il était-z à la campagne.* « Le mot *velours,* employé dans ce sens, vient de ce que cette liaison est moins rude que celle qui se fait avec le *t,* de même que le velours est plus doux au toucher que le cuir. » (Littré)

vent nom masculin
Respiration, souffle. *J'ai peu avancé mon roman, ayant été bien distrait et tiraillé ; je reprendrai vent un de ces jours.*
(Sainte-Beuve)
Vanité. *Cet homme a bien du vent dans la tête.* (Furetière) *Je hais le vent doré qui gonfle la sottise.* (Musset)

venteux, euse adjectif
Qui produit des vents dans le corps. *Il a exclu de son régime les légumes venteux.*

ventiler verbe
[du latin *ventilare,* agiter]
Discuter, examiner. *Le parlement, non content de ventiler son autorité, de le barrer dans les choses les plus indifférentes, lui voulut étaler sa supériorité jusque sur le rang.*
(SAINT-SIMON)

ventouse nom féminin
[du latin *ventosa,* courge pleine d'air]
Petite ouverture ménagée au sommet d'un chapeau, pour permettre le passage de l'air autour de la tête. *Son médecin lui avait conseillé de porter des chapeaux à ventouse.*

VEDETTE

ventre nom masculin
Nom donné aux députés qui sont toujours de l'avis du gouvernement ; représentants du centre. *Au ventre toujours fidèle, / J'ai pris, suivant ma leçon, / Place à dix pas de Villèle.*
(BÉRANGER)

verbaliser verbe
Faire de grands discours inutiles. *Je verbaliserai toujours ; au lieu d'écrire en deux mots, comme je vous l'avais promis, j'écrirai en deux mille.* (Mme de SÉVIGNÉ)

verbe nom masculin
En termes théologiques, Dieu, à travers son Fils. *Le Verbe s'est fait chair. Le mot, c'est le Verbe, et le Verbe c'est Dieu.* (HUGO)
Parole, langage. *Il y a dans le verbe quelque chose de sacré.* (BAUDELAIRE) *Je me flattais d'inventer un verbe poétique.* (RIMBAUD)

verge nom féminin
Baguette miraculeuse, de devin ou d'escamoteur. *On dit encore que Thoot était Moïse, parce qu'une vieille tradition le faisait naître du Nil, lui donnait une verge, et lui attribuait des prodiges.* (CONDILLAC) *Ha ! pensa maître Mathias, ils vont lui faire baiser les verges avant de lui donner le fouet.*
(H. de BALZAC)

véritable adjectif
Qui a l'habitude de dire la
vérité. *J'essaie d'être toujours
véritable.* (PASCAL) *Si les
Précieuses sont coquettes, je n'en
dirai rien ; car je fais profession
d'être un auteur fort véritable et
point médisant.*
(Mlle de MONTESPAN)

vertige nom masculin
[du latin *vertigo,* mouvement
tournant]
Égarement des sens, folie
passagère. *L'assassinat commis
par Jean Châtel est celui de tous
qui démontre le plus quel esprit
de vertige régnait alors.*
(VOLTAIRE)

vertu nom féminin
[du latin *virtus,* force physique]
Courage, force d'âme. *La
naissance n'est rien où la vertu
n'est pas.* (MOLIÈRE) *Hé ! que
puis-je au milieu de ce peuple
abattu ?/Benjamin est sans
force, et Judas sans vertu.*
(RACINE)

vessie nom féminin
Chose de peu de valeur. *Les
sottises qu'on fait, qu'on dit et
qu'on écrit... Toutes ces
innombrables vessies accumulées
les unes sur les autres dans le
gouffre de l'oubli.* (VOLTAIRE)

vestige nom masculin
[du latin *vestigium,* trace du pied]
Empreinte que laisse le pied
d'un homme ou d'un animal.
*On étudie les animaux
antédiluviens par leurs vestiges.
Ne me laisse point en un désert
où il n'y a aucun vestige
d'homme.* (FÉNELON)

veuve nom féminin
Tulipe panachée de blanc et
de violet. *Il la quitte pour
l'orientale, de là il va à la veuve.*
(LA BRUYÈRE)
La guillotine. *Mon père a
épousé la veuve.* (HUGO)

VÉNUS

VINAIGRETTE

viande nom féminin
[du latin *vivenda,* ce qui sert à la vie]
Toute espèce d'aliment, voire de légumes. *Le dîner de M. de Valavoire effaça entièrement le nôtre, non par la quantité des viandes, mais par l'extrême délicatesse.* (Mme de SÉVIGNÉ)
La viande est servie : se disait autrefois, chez le roi, pour annoncer que le repas était servi, qu'il fût gras ou maigre.
Viande de carême : le poisson salé, la morue, le hareng, le saumon, etc., et aussi tous les fruits secs, les figues, les raisins.
En termes de dévotion, l'eucharistie. *L'eucharistie était son amour ; toujours affamée de cette viande céleste, et toujours tremblante en la recevant.* (BOSSUET)

vicissitude nom féminin
Succession, changement.
Votre vie n'a plus été qu'une triste vicissitude de lumières et de ténèbres. (MASSILLON)

victime nom féminin
Côtelette à la victime :
côtelette cuite entre deux autres, que l'on sacrifie en les exposant seules au feu, tandis que celle du milieu reçoit leur jus. *Édouard nous avait préparé de succulentes côtelettes à la victime.*
Cheveux à la victime, costume à la victime :
coiffure, vêtements qui rappelaient ceux des condamnés, et qui furent adoptés dans quelques salons après le 9 thermidor.

vide-bouteille nom masculin
Petite maison, avec jardin, près de la ville, ordinairement inhabitée, où l'on se réunit pour boire et se divertir. *Il avait quitté depuis longtemps son palais, pour se livrer au libertinage et à la crapule dans un vide-bouteille à l'extrémité de la ville.* (BACHAUMONT) *Depuis le printemps, on s'en va en bande, presque tous les dimanches, dîner dans un petit vide-bouteille, loué par Villedeuil à Neuilly.* (GONCOURT)

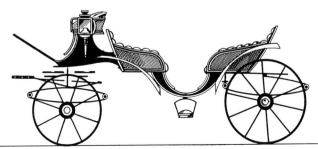

VIS-À-VIS

vider verbe
Régler, terminer, décider.
*Adieu, videz sans moi tout ce
que vous aurez.* (MOLIÈRE)

vigne nom féminin
Maison de campagne, aux
environs de Rome et de
quelques villes d'Italie. *La
vigne Borghese.*

vilain, aine adjectif
[du latin *vilanus,* campagnard]
Dans le langage féodal,
campagnard ou roturier. *Ils
affectaient de paraître toujours
bottés, pour qu'on ne les prît
pas pour des vilains.*
(SAINT-FOIX) *Riche vilain vaut
mieux que pauvre gentilhomme.*
(RÉGNIER)
Avare. *Il a un père qui, quoique
riche, est un avaricieux fieffé, le
plus vilain homme du monde.*
(MOLIÈRE)

violent, ente adjectif
Contraire à la nature. *L'état
du solitaire est un état violent
pour l'homme.*
(SAINT-ÉVREMONT)
En termes esthétiques, forcé,
peu naturel. *Certains peintres
aiment les poses violentes.*

violette nom féminin
Les violettes de la mort, ou
les violettes : la teinte livide
de la mort. *Les pâles violettes
de la mort se confondaient sur
ses joues avec les roses de la
pudeur.* (BERNARDIN de SAINT-
PIERRE)

violon nom masculin
Homme sot, mauvais sujet.
*Dans les nouveaux dialogues,
on lui donne un caractère aussi
bas qu'au plus misérable violon
qui ait jamais été.* (FONTENELLE)
*On roua avant-hier un violon,
qui avait commencé la danse et
la pillerie du papier timbré.*
(Mme de SÉVIGNÉ)

vis-à-vis nom masculin
Tête à tête. *Je ne vous ai
jamais tant regardé de suite
qu'en ce vis-à-vis et entre ces
deux bougies.* (SAINT-SIMON)
Voiture en forme de berline à
une seule place dans chaque
fond. *Ce pinceau sera prostitué
à orner de peintures lascives les
panneaux d'un vis-à-vis.*
(J.-J. ROUSSEAU)

visière nom féminin
Vue. *Le plaisir rend la visière
plus nette.* (VOLTAIRE)
Esprit, perspicacité. *Que les
gens de savoir ont la visière
tendre !* (RÉGNIER)
Opinion, sentiment. *Ce
monsieur bas normand me
choque la visière.* (REGNARD)

vite adjectif
Rapide. *Son pouls est plus vite
qu'à l'ordinaire.* (DESCARTES)
*Monsieur le Grand et le
maréchal de Bellefonds courent
lundi dans le bois de Boulogne
sur des chevaux vites comme des
éclairs.* (Mme de SÉVIGNÉ) *Le
parler de Paul Valéry est de plus
en plus vite et indistinct.* (GIDE)

vivre nom masculin
L'usage du monde. *M. le chevalier sait trop bien son vivre.*
(DANCOURT)
La nourriture. *Une chose folle, et qui découvre bien notre petitesse, c'est l'assujettissement aux modes, quand on l'étend à ce qui concerne le goût, le vivre, la santé et la conscience.*
(LA BRUYÈRE)

vocabulaire nom masculin
Dictionnaire. *La France manque d'un bon vocabulaire.*
(VOLTAIRE)

voir verbe
Avoir ses règles. *Le médecin a demandé à sa cliente si elle voyait.*

voiture nom féminin
Moyen de transport. *Votre voiture doit être la litière jusqu'à Roanne, et la rivière jusqu'à Briare.* (Mme de SÉVIGNÉ)
Le transport des marchandises, des personnes. *Il regrettait d'avoir payé si cher pour la voiture de ses bagages.*

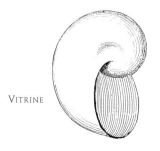

VITRINE

volage adjectif
Feu volage : nom que l'on donne à l'herpès labial. *Ce feu volage la fâcha durant quelques jours avec son miroir.*
(RIBERT)

volant nom masculin
Aile de moulin à vent. *Nous voyons ces messieurs les galants / Marcher écarquillés ainsi que des volants.* (MOLIÈRE)

volée nom féminin
Gens qui sont de même âge, de même profession, de même condition. *Une volée de religieuses autrichiennes sont venues vous demander un asile.*
(d'ALEMBERT)
Rang, qualité, élévation, mérite. *Je ne doutais pas que ce ne fût une dame de la première volée.* (LESAGE)

volubile adjectif
[du latin *volubilis,* qui tourne aisément]
Qui se roule en hélice autour des corps voisins. *La tige du houblon est volubile.*

vomitoire nom masculin
Dans les théâtres des anciens Romains, larges issues par où le peuple sortait. *On entrait par le corridor au haut du théâtre, et l'on descendait dans la salle par les vomitoires.*
(CHATEAUBRIAND)

voyageur nom masculin
Le fidèle qui vit sur la terre,
par opposition aux saints qui
jouissent du bonheur éternel.
Pour être vrai chrétien, il faut
sentir qu'on est voyageur.
(BOSSUET)

voyeur, euse nom
Celui, celle qui regarde, en
curieux. *La multitude des*
voyeurs, le nombre de ceux qui
étaient à table n'empêchèrent
pas la promptitude du service.
(SAINT-SIMON)
Petit siège, tabouret.
Mme Élisabeth était à genoux
sur une voyeuse, près de la
reine. (Mme CAMPAN)

vrai, aie adjectif
Qui ne perd jamais rien de
son naturel. *Ah ! qu'il y a peu*
de personnes vraies !
(Mme de SÉVIGNÉ)

vulgaire adjectif
[du latin *vulgaris,* répandu dans
le peuple]
Qui est commun,
communément admis. *Les*
proverbes contiennent la morale
vulgaire d'un pays.
Cette interprétation est vulgaire,
dira M. de B., j'en conviens ;
mais elle a du moins un
avantage, c'est qu'on peut la
comprendre. (CONDILLAC) *S'il est*
un sentiment vulgaire, usé, à la
portée de toutes les femmes,
certes, c'est la pudeur.
(BAUDELAIRE)
Langues vulgaires : langues
vivantes, par opposition à
langues savantes ou langues
mortes. *Ce fut dans des temps*
si malheureux que la langue
hébraïque cessa d'être vulgaire.
(BOSSUET)

VOITURE   VOLUTE

Z

zèle nom masculin
[du latin *zelus,* ardeur, jalousie]
Amour, empressement
amoureux. *Faisons en
soupirant éclater notre zèle.*
(RACINE) *S'il faut qu'une attente
éternelle / Pousse à bout l'ardeur
de mon zèle, / Le trépas sera
mon recours.* (MOLIÈRE)

zest nom masculin
Sexe masculin. *Philidor,
amoureux d'une beauté
sauvage, / Prit son zest en la
main, rouge comme un tison.*
(ESTERNOT)

zizanie nom féminin
[du grec *zizanion,* ivraie]
Mauvaise herbe. *Malgré tous
ses soins, il n'avait pu empêcher
la zizanie d'envahir son jardin.*

ZIZI

GLOSSAIRE
DES ILLUSTRATIONS

Ces notices ont été rédigées d'après le *Nouveau Larousse Illustré* (8 volumes, de 1897 à 1904), en préservant ce que les dictionnaires, volontiers rigoureux, s'emploient désormais à éviter : le détail saugrenu, l'appréciation subjective, le romanesque anecdotique, autant dire parfois : la saveur....

accolades n.f.pl. Courbes qui couronnent les linteaux des portes et des fenêtres. Le mot technique est *arc en accolade* ou *en talon*.

adèle n.f. [du grec *adélos,* obscur] Genre d'insectes renfermant de petits papillons européens de couleurs métalliques très brillantes, et remarquables surtout par la longueur considérable de leurs antennes.

l'aigle étendu Cette peine est un des derniers châtiments corporels en usage dans l'armée américaine. Elle est rendue nécessaire parfois, en campagne, lorsque la gravité de certaines fautes, l'absence de cellules ou la difficulté de maîtriser un délinquant en cas d'ivresse rendraient insuffisant ou inefficace tout autre mode de répression. Ainsi que son nom l'indique, cette peine consiste à étendre le soldat puni par terre, à la manière d'un oiseau de proie cloué contre un mur. La face est tournée vers le ciel ; les jambes et les bras sont solidement attachés à des piquets fixés dans le sol.
L'aigle étendu, surtout par temps de pluie ou de grand soleil, est une punition dont l'atrocité est tout à fait exceptionnelle.

albane n.m. Genre de coléoptères longicornes, renfermant une seule espèce du midi de la France *(Albana griseum),* de petite taille, vivant sur les cistes.

Allongé (Auguste) Paysagiste (1833-1898). Élève de Ducornet, Forestier et Léon Cogniet, il acquit une grande réputation par ses fusains, qui représentent des paysages. Allongé a publié *le Fusain* (1873) et deux recueils : *Grand Cours de fusain* (54 planches) et *Cours de fusain gradué.*

amande mystique n.f. Symbole de la virginité de la sainte Vierge, qui forme auréole autour de ses images. Le sens mystique attaché à la verge d'Aaron, qui fleurit en une nuit et porta, dit-on, une amande, doit être regardé comme l'origine de ce symbole.

américaine n.f. Espèce de phaéton ou char-à-bancs à quatre roues, dont les deux sièges, l'un comportant une capote, sont interchangeables. L'*américaine* fut en grande vogue de 1840 à 1860.

amers n.m.pl. [de *à*, et *mer*] Tout objet fixe et remarquable, tel que tour, moulin ou balise, situé sur la côte ou en mer, et dont on se sert pour prendre des relèvements ou pour donner la route à suivre près de la terre, ou dans les passes des rades et des ports.

amie n.f. [du grec *amia*, espèce de thon] Genre de poissons renfermant des formes propres aux fleuves de la Caroline. Les Anciens entendaient sous ce nom des poissons du groupe des thons ou des bonites, tel le sarde.

Amour (représentations diverses de l') De la statuaire grecque du Ve siècle jusqu'au XIXe siècle français, on a figuré l'Amour sous les traits d'un adolescent ou d'un enfant portant aux épaules de larges et fortes ailes. Praxitèle, Pausias, Botticelli, Titien, puis Rubens, Poussin et Le Sueur s'illustrèrent à représenter l'Amour ; mais c'est surtout le XVIIIe siècle qui fut, selon l'expression de Baudelaire, *le climat historique de l'amour et des roses :* Van Loo, Boucher, Fragonard devinrent alors les peintres officiels du dieu triomphant. 1. *Les Amours,* par Boucher. 2. *L'Amour dominateur du monde,* par Rude. 3. *L'Amour,* par Donatello. 4. *L'Amour* (Tanagra et Myrhina). 5. *Le Vase aux Amours,* par Dalou. 6. *L'Amour bandant son arc,* par Bouchardon. 7. *L'Amour,* par Tassaert.

anse de panier n.f. Nom donné, en architecture, à la courbe d'une voûte surbaissée, dont la hauteur est moindre que son demi-diamètre horizontal.

antenne n.f. Vergue longue, formée de plusieurs pièces d'assemblage, qui soutient une voile latine ou triangulaire. L'antenne ne se rencontre guère que sur les petits bateaux de la Méditerranée.

anthrax n.m. [du grec *anthrax*, charbon] Les anthrax sont des mouches de taille grande ou moyenne ; leurs ailes sont vitrées, tachées de noir ou de brun. Ils sont répandus sur tout le globe.

arabesque chorégraphique (bas-relief, Louvre) Série de pas et de figures formés par des danseurs entrelacés en groupes variés, de manière à exprimer différents sentiments par des attitudes. Des bas-reliefs de vases antiques en donnent une représentation figurée.

argus n.m. [de *Argus,* prince de la mythologie qui avait cent yeux dont cinquante restaient toujours ouverts] Genre d'oiseaux gallinacés renfermant les géants des faisans, à pennes brachiales très développées, à queue très longue. Le nom d'*argus* a été donné à divers animaux, papillons, poissons, araignées, dont la robe est ocellée.

asile n.m. Mouche allongée, de grande taille, à corps poilu, suçant le sang des insectes qu'elle saisit entre ses pattes robustes et perfore de son rostre acéré, tout en volant rapidement. De nombreuses espèces en sont répandues sur tout le globe.

astragale de marche n.m. Moulure qui règne le long du bord supérieur des marches. En architecture, le mot désigne une moulure composée d'un tore et d'un listel, qui sépare le chapiteau du fût d'une colonne. L'astragale est surtout un signe caractéristique de l'ordre ionique.

attribut n.m. Dans les beaux-arts, symbole servant à caractériser une figure mythologique ou allégorique, ou même une profession. *Le glaive et la balance* sont les attributs de la justice. 1. *Attributs de la musique* (galerie d'Apollon, Louvre). 2. *Attributs militaires* (galerie d'Apollon, Louvre). 3. *Attributs de l'astronomie et des beaux-arts* (galerie d'Apollon, Louvre).

autour n.m. [du latin *astur,* ainsi nommé de l'*Asturie,* province d'Espagne] Rapace à bec très crochu, à queue arrondie, et dont les nombreuses espèces, de taille moyenne, sont répandues dans toutes les régions du globe.

B

baluchon n.m. Caisse, boîte à anse dont se sert le génie militaire pour l'extraction des terres. Boîte à ordures qui a cette forme.

bamboula n.m. Sorte de tambour primitif des nègres, utilisé pour accompagner des danses fort lascives.

barbe-de-capucin n.f. Nom de la chicorée étiolée qu'on mange en salade. Suivi d'une épithète ou d'une périphrase, le mot *barbe* désigne diverses plantes. Ainsi l'on nomme *barbe-de-bouc,* le salsifis des prés ; *barbe-de-moine,* la cuscute ; *barbe-de-chèvre,* la clématite.

bastringue n.m. Sorte d'établi dont se servent les tonneliers pour ajuster les fonds des tonneaux.

bécasse n.f. [de l'espagnol *barcaza,* grande barque] Excellente barque espagnole, de Cadix et des environs, non pontée, élancée de l'avant, avec un mât au milieu, gréé d'une voile carrée, et pouvant au besoin border seize avirons.

bec-de-cane n.m. **1.** Pince plate dont les mors, munis de dents à l'intérieur, sont droits et carrés par le bout, et qui sert à tenir les petits objets que l'on travaille à la forge. **2.** Pêne mobile, taillé en chanfrein, qui, dans certaines serrures, est toujours poussé au-dehors par un ressort, et que l'on fait rentrer en agissant sur un bouton placé au-dedans de la porte. Poignée de porte en forme de bec.

bec-de-faucon n.m. Arme de coup qui était, aux XVᵉ et XVIᵉ siècles, un marteau dont le fer opposé au mail se terminait en pointe longue, acérée, ordinairement arquée. On disait aussi *bec d'oisel*. Quand cette pointe était crochue, l'arme s'appelait *bec-de-corbin*.

berceau n.m. En gravure, outil armé de pointes nombreuses, pour produire sur le cuivre un pointillé particulier, dit *matière noire*.

berthe n.f. À la campagne, grand vase en fer-blanc ou en cuivre rouge étamé, servant au transport du lait que l'on vient de traire.

bible n.f. [du bas latin *biblia*, cornet à dés] Machine de guerre en usage du XIIᵉ au XVᵉ siècle. C'est une baliste à fronde, consistant en un appareil de charpente portant une verge munie d'une poche où l'on mettait le projectile.

bisou n.m. Dieu emprunté très anciennement par les Égyptiens aux peuples des bords de la mer Rouge. C'est un nain robuste et d'aspect bestial, vêtu d'une peau de panthère dont la queue lui retombe par derrière entre les jambes, coiffé souvent d'un bouquet de plumes d'autruche. Il était le bouffon des dieux, le maître du plaisir et de la joie, et, comme tel, il présidait à la parure des femmes, à leurs danses et à leur sommeil ; le couteau à la main, il veillait sur les chambres à coucher, pour en écarter les mauvais esprits ou les animaux dangereux. On le représentait parfois sautant lourdement et jouant de la harpe ou du tambourin, tantôt armé en guerre et exécutant une danse de combat. Ses formes, transportées en Grèce, ont donné naissance au type de la Gorgone.

bonheur-du-jour n.m. Petit meuble à tiroir, dans lequel on range des papiers et autres menus objets auxquels on attache du prix.

bouclier n.m. Inventé par l'ingénieur Marc Brunel pour la construction du premier tunnel sous la Tamise, cet appareil, considérablement modifié, est devenu d'un usage courant pour les travaux souterrains.

boule d'amortissement n.f. En architecture, surface sphérique qui termine certaines décorations, comme un pilastre de rampe d'escalier.

boulevart n.m. Court haut-de-chausses du XVe siècle, ressemblant aux *trousses* des XVIe et XVIIe siècles.

bourrique n.f. Civière ou sorte de caisse qui sert aux maçons pour élever jusque sur les échafaudages des moellons ou du mortier au moyen d'une poulie simple ou d'une moufle. On dit aussi *bourriquet.*

bourse à lapins n.f. Filet en forme de poche, que l'on place à la bouche d'un terrier, pour prendre les lapins que l'on chasse au furet.

bouts de table n.m.pl. Pièces décoratives en métal précieux ou en imitation, qui font partie du service de la table.

bout de pied n.m. Petit siège, qui, rapproché d'un fauteuil, le transforme en une sorte de chaise longue.

bouteille n.f. Au XVIIIe siècle, nom des cabinets d'aisance à bord des bateaux, à cause de la forme circulaire donnée autrefois à ce compartiment qui débordait à l'extérieur.

braquemart n.m. Courte épée à lame large et aiguë, en usage aux XIVe et XVe siècles. On confond à tort le braquemart avec les *malchus, fauchons* et autres coutelas à fil droit. Le braquemart semble être cette courte épée que l'on voit, dans les effigies du XIVe siècle, suspendue à la ceinture, au milieu du ventre, et qui était souvent passée dans l'escarcelle.

brochette à cheveux n.f. On entendait, au Moyen Âge, par *broches* ou *brochettes à cheveux,* de fins stylets d'os ou d'ivoire, soit droits, soit courbes, effilés en pointe mousse, et qui servaient à diviser les cheveux comme les grosses dents des peignes. On se servait en même temps des brochettes et des peignes, et ces instruments étaient fabriqués par les mêmes artisans dit *peigniers.* La plupart des broches à cheveux des collectionneurs ont leurs têtes ornées de sculptures, souvent fort bien exécutées. Ces petits instruments étaient surtout destinés à tracer la raie de la coiffure, ce qui s'appelait *graver.*

bulle n.f. Genre de mollusques gastéropodes renfermant des espèces à coquille ovale, globuleuse, lisse, ornée de couleurs vives. L'une des espèces les plus connues est la *bulle ampoule,* qui vit dans la mer du Nord et qui se rencontre aussi dans la Méditerranée et la Baltique.

C

cabriolet n.m. Sorte de fauteuil de petite taille et très léger.

cadenas n.m. Le *cadenas* du Moyen Âge était une nef d'orfèvrerie, qui était accompagnée d'autres petits navires de pareil travail nommés *botequins,* formant salières, boîtes à épices et candélabres. Dans la nef étaient renfermés les couteaux, serviettes, cuillers, fourchettes et aussi les *cornes d'épreuve,* amulettes ou récipients en corne de rhinocéros ou ivoire de narval propres à reconnaître les poisons. Le cadenas garda jusqu'au XVIIᵉ siècle la forme d'une nef, puis il devint un coffre plat, oblong, destiné au même usage et qu'on appelait *assiette à cadenas.* Le roi seul et les princes en avaient continué l'emploi, qui disparut au XVIIIᵉ siècle.

cadre n.m. Sorte de lit ou de hamac suspendu à ses deux extrémités et dont le fond est tenu rigide au moyen d'un cadre de bois léger qui sert d'ossature. Plus encombrant que le hamac, il est réservé aux hommes malades ; les officiers et les maîtres s'en servaient souvent dans leurs cabines.

camion n.m. Vase de terre ou sorte de seau utilisé par les peintres pour délayer le badigeon et la peinture.

canon n.m. Au XVIIᵉ siècle, ornement ample, froncé, enrubanné, qui s'attachait au bas de la culotte.

capote n.f. Tuyau qui s'élève au-dessus de la maçonnerie d'une cheminée ; capote de tôle, de fonte, de tuile.

carabin n.m. Au XVIᵉ siècle, soldat de cavalerie légère : *Le plus célèbre des régiments de carabins fut celui que commandait d'Arnault* (De Chesnel).

carreau n.m. Comme pièces d'ameublement, les carreaux sont des coussins carrés, plus ou moins plats et matelassés, destinés, au Moyen Âge, à garnir les sièges de bois, ou servant à s'asseoir à terre, comme c'était alors l'habitude pour les femmes, usage qui persista jusqu'au XVIᵉ siècle.

carrefour n.m. [en latin *quadrifurcus ;* de *quattuor,* quatre, et *furca,* fourche] Ancienne expression de lormier, désignant le point de rencontre des courroies dans les harnais, que ces courroies soient croisées, taillées en queue dans une même pièce ou réunies dans des modillons de métal à un centre commun.

carrosse n.m. Petit panier en osier à trois ou quatre roues, qui roule sur la table et dans lequel on met les bouteilles de vin vieux.

cartouche n.m. [de l'italien *cartoccio,* cornet de papier ; venu du latin *carta,* papier] Ornement figurant une table, avec enroulements et décorations sur les bords et dans lequel on place ordinairement une inscription, un titre, une devise. Les peintres de la Renaissance se sont servis assez souvent du *cartouche* pour y inscrire soit le nom du personnage représenté, soit le titre du sujet. Parmi ceux qui ont inauguré l'art moderne, il en est qui sont même allés jusqu'à faire sortir de la bouche de leurs personnages des cartouches contenant les paroles que ceux-ci étaient censés prononcer. Sous Louis XV et Louis XVI, on a abusé du cartouche ; on en mettait dans tous les genres d'ornementation. Les peintres de notre époque ont supprimé l'usage du cartouche, qui n'est resté qu'un ornement sculptural et ne se trouve plus guère aujourd'hui que sur les étiquettes.

cénobite n.m. Genre de crustacés comprenant des formes allongées à céphalothorax sans rostre, qui abritent leur abdomen dans une coquille de mollusque. Les cénobites sont propres aux régions tropicales.

cervelas n.m. Ancien instrument à vent, à anche, du genre des bassons, très court, à huit ou seize trous, et en usage aux XVIe et XVIIe siècles.

chaise longue moderne n.f. Sorte de canapé-lit, qui n'a de dossier qu'à une de ses extrémités.

chapeau chinois n.m. Instrument de musique à percussion, employé dans les musiques militaires, mais dont, en France, l'usage s'est perdu depuis environ 1860. Cet instrument, en cuivre, avait la forme pointue d'une coiffure chinoise fixée au bout d'un bâton et garnie à ses bords d'une série de clochettes ou de petits grelots que l'on faisait tinter en agitant le bâton par petites secousses.

charlotte n.f. Chapeau de femme ou d'enfant composé d'un fond de béret souple et d'un bord formé de volants froncés.

charnière n.f. Sorte de grande bourse que portaient les fauconniers et où ils mettaient leurs différents accessoires et aussi quelques morceaux de viande pour appâter leurs oiseaux.

chat n.m. Navire à voiles employé autrefois dans les mers du Nord. Plat et arrondi des deux extrémités, il portait des mâts à voiles carrées mobiles.

châtelaine n.f. Petit sac moderne de dame fait de cuir ou d'étoffe. De forme rectangulaire, il se ferme par un rabat.

chatte n.f. Petit bâtiment employé au chargement des navires et au cabotage. Comme navires de combat, les chattes n'ont servi qu'au Paraguay, pendant la guerre contre le Brésil ; elles étaient construites en bois de fer et portaient un gros canon, mais se manœuvraient uniquement au moyen d'avirons.

cheval fondu n.m. Jeu dans lequel les joueurs, partagés en deux camps, remplissent alternativement le rôle de chevaux et de cavaliers. Les chevaux se placent à la suite les uns des autres, à demi courbés et appuyant les bras et la tête sur le dos du précédent. Le premier en rang s'appuie de même sur les genoux d'un joueur de son camp, *le gardien*. À tour de rôle, les cavaliers sautent sur les chevaux, et le dernier frappe trois fois dans ses mains avant que les cavaliers puissent descendre ; mais, si l'un de ceux-ci tombe de cheval ou touche le sol même d'un pied, les cavaliers deviennent chevaux à leur tour. Quand les chevaux *fondent*, c'est-à-dire fléchissent sous le poids des cavaliers, ils conservent leur rôle.

chevalier aboyeur n.m. Nom donné à un oiseau du genre chevalier qui a un cri analogue à l'aboiement du chien. Il vit en Europe et jusque dans l'Inde ; c'est la *barge aboyeuse* de Buffon.

chien-assis n.m. Petite lucarne destinée à donner de l'air à un comble.

chimère n.f. La *chimère monstrueuse* ou arctique, vulgairement appelée *roi des harengs* ou *rat de mer,* est un grand poisson de un mètre de long, gris argenté, à peau nue. Les Norvégiens se nourrissent de ses œufs et de son foie.

chute n.f. En architecture, *chute de festons* et *d'ornements :* bouquets pendants de fleurs ou de fruits.

cigogne n.f. La *cigogne,* comme la grue, était une machine élévatoire qui prit son nom de la longueur de son levier, rappelant le cou d'un oiseau échassier. Cet appareil, formé d'un axe vertical sur lequel oscille une poutre à bascule, est mentionné au XIVe siècle comme pouvant servir à faire passer les assaillants sur les murailles ennemies.

Clairon (*Claire-Joseph Léris, dite* Mlle *ou* la) Comédienne (1723-1803). Après un court passage à l'Opéra, elle débuta à la Comédie-Française dans le rôle de Phèdre. "Petite, jolie et gracieuse plutôt que belle" (*dixit* Larousse), elle semblait destinée à la comédie et ne devint une tragédienne qu'à force d'art et de travail. Elle ne tarda pas à éclipser Mlle Dumesnil, qui était alors dans tout l'éclat de son talent. Sa carrière dramatique s'étend de 1743 à 1765 ; elle obtint ses plus grands succès dans l'*Iphigénie en Tauride,* de Saurin, *le Siège de Calais,* de Belloy, *les Troyennes,* de Chateaubrun, et surtout dans les tragédies de Voltaire : *Zulime, Sémiramis, Olympie, Tancrède, Oreste, l'Orphelin de la Chine,* etc. Elle a laissé des *Mémoires* remplis d'anecdotes piquantes.

cocasse n.f. Autrefois, pot de cuivre, sorte de bouillotte à panse renflée et à couvercle, de la nature des *coquemars.*

Commode Empereur romain, fils de Marc Aurèle et de Faustine, né à Lanuvium en 161, mort à Rome en 192 après J.-C. Il reçut, mais inutilement, l'éducation la plus soignée. Il accompagnait son père en Pannonie quand celui-ci mourut. Commode se hâta de conclure avec les barbares un traité, du reste assez avantageux, et d'accourir à Rome pour jouir du souverain pouvoir. Il célébra le triomphe ; mais, au lieu de l'image de Marc Aurèle, le véritable vainqueur, il avait placé près de lui sur le char triomphal un bel esclave, son mignon, symbole du règne commençant. En effet, il remplit aussitôt ses palais des instruments de ses folies et de ses débauches. Puis il se consacra à l'amphithéâtre. Habile archer, bon gladiateur, il descendit plus de sept cents fois dans l'arène pour combattre des bêtes féroces ou des gladiateurs. Un jour, il fit déguiser en monstres tous les estropiés de Rome et les massacra à coups de massue, pensant imiter ainsi les exploits d'Hercule, sous les traits de qui il se faisait adorer. Une autre fois, il rencontra un homme d'une corpulence extraordinaire et il lui ouvrit le ventre pour voir se répandre ses entrailles. Aussi cupide que cruel, il fit périr une foule de citoyens pour confisquer leurs biens, et, aussi lâche que cupide, il sacrifia successivement à la fureur populaire ses favoris Paternus, Perennis, Cleander. Dans sa vanité, Commode avait remplacé les noms des mois par ses propres noms et surnoms ; le sénat s'appelait *Commodianus,* les soldats *commodiani,* enfin, Rome et Jérusalem étaient des colonies *commodiennes.* Ayant décidé la mort de sa concubine Marcia, de son chambellan Eclectus et du préfet du prétoire Laetus, ceux-ci, prévenus, l'empoisonnèrent et le firent achever dans son bain par un athlète.

Aucun événement saillant ne marqua ce règne. Il y eut une expédition en Bretagne ; les vieux généraux de Marc Aurèle continuèrent de défendre la frontière ; d'assez importants travaux furent exécutés à Alexandrie. Les chrétiens ne furent pas persécutés.

coucou n.m. Ancienne voiture publique, à deux roues, destinée spécialement à faire, avant l'établissement des chemins de fer, le service des environs de Paris, et qui pouvait contenir cinq ou six personnes. Le *coucou* fut en usage sous l'Empire et sous la Restauration.

coup de poing n.m. Petit pistolet de poche.

D

dame-blanche n.f. Nom donné à une diligence à deux compartiments, de couleur blanchâtre, en usage dans plusieurs provinces de France, vers 1830.

dandin n.m. Grelot, et aussi sonnaille ou sonnette qu'on attachait au cou des chevaux, des bestiaux.

dauphine n.f. Chaise, quelquefois pliante, pourvue de deux doubles pieds en X, et surmontée d'un petit dossier.

demoiselle de paveur n.f. Lourde pièce de bois ferré, dont se servent les paveurs pour enfoncer les pavés.

dent-de-chien n.f. En sculpture, on appelle *dent* ou mieux *dent-de-chien* une sorte de ciseau dont la pointe est fendue, ce qui le fait encore désigner sous le nom de *double-pointe.*

diable de dressage n.m. Machine de bois, attachée sur le cheval pour imiter un cavalier et habituer l'animal à se laisser monter.

diablotin n.m. Petit pétard contenu dans un papier tordu en forme de papillote, et qui renferme le pétard en même temps qu'un bonbon et une devise.

diagramme n.m. Poisson des mers chaudes. On connaît de nombreuses espèces de diagrammes, de couleur argentée et d'une taille moyenne.

dingo n.m. Variété de chien qui habite l'Australie à l'état sauvage, et dont on a voulu faire une espèce *(Canis dingo).* C'est un animal robuste, à nez assez pointu, mais à tête large, entièrement fauve doré, plus clair en dessous. Il chasse en troupes, *donne de la voix,* mais n'aboie pas. Découvert par Dampier au XVIIe siècle, il était alors très commun ; mais il devient plus rare, car on le détruit à cause des dégâts qu'il fait dans les troupeaux et les basses-cours. On le domestique difficilement.

disque liturgique n.m. Sorte de *flabellum,* c'est-à-dire de grand éventail adopté dans l'Église latine comme insigne pontifical. Son souvenir même semble perdu au XVIe siècle. Il en existe toutefois des spécimens dans les trésors de diverses églises et dans quelques musées.

donzelle n.f. 1. Nom vulgaire des poissons du genre *ophidie.* On en connaît deux espèces dans les mers d'Europe. 2. Étrier, ou ancre de la crémaillère, destiné à soutenir les pots et les poêles.

dormeuse n.f. Boucle d'oreille, formée d'une perle ou d'un diamant, monté sur pivot et serré par un écrou sur le côté intérieur de l'oreille. Autre genre de boucle d'oreille qui, au lieu d'un simple crochet traversant le lobe de l'oreille, possède un fermoir permettant le maintien en place du bijou pendant le sommeil.

dormeuse de voyage n.f. Voiture disposée pour qu'on puisse s'y étendre et dormir commodément.

doryphore n.m. [du grec *doru,* lance, et *phoros,* qui porte] 1. Reptile saurien habitant les régions chaudes de l'Amérique du Sud. L'espèce type des doryphores est le *fouette-queue* azuré du Brésil, d'un beau bleu d'azur, rayé transversalement de noir, avec le ventre blanchâtre. 2. Célèbre statue de Polyclète, se trouvant au musée de Naples. Winckelmann a reconnu en ce *Doryphore* la fameuse statue appelée par Pline *le Canon,* c'est-à-dire le type parfait de la beauté plastique. Polyclète avait entrepris de démontrer, par une *statue dont toutes les parties seraient entre elles dans une proportion parfaite,* quels sont les rapports de grandeur dans lesquels la nature a placé la perfection des formes humaines. Il atteignit si bien son but que la statue qu'il donna comme exemple et comme modèle fut considérée comme un chef-d'œuvre incontestable. On demandait à Lysippe comment il avait apprit son art ; il répondit : « En étudiant le *Doryphore* de Polyclète. »

duc n.m. Voiture de luxe à quatre roues et à deux places, avec un siège par-derrière et par-devant, chacun pour deux domestiques.

petit-duc n.m. Voiture à quatre roues, à deux places, mais avec un seul siège de domestique par-derrière.

duchesse n.f. Sorte de lit de repos, de chaise longue à dossier.

duchesse (lit à la) Grand lit bas orné de quatre colonnes (deux à la tête, deux au pied), supportant un baldaquin.

E

écharpe n.f. Pièce de bois ou de fer placée diagonalement sur un bâti de menuiserie.

échauffement de quête Sonnerie de trompe pour encourager les chiens de meute qui commencent à empaumer franchement la voie.

échelle de corsage Garniture de coques en rubans dont les femmes ornaient le devant de leur corsage (XVIIᵉ s.).

écrevisse n.f. Cet engin, qui a la forme du compas dit *maître à danser,* est utilisé par les pontonniers pour retirer de l'eau des objets lourds tombés au fond, tels qu'une pièce de canon. On manie l'écrevisse au moyen de gaffes et de cordes.

emprise n.f. On appelait *emprises* les joutes ou pas d'armes établis par les chevaliers errants qui portaient sur leurs armes quelque marque indiquant le vœu qu'ils avaient fait de tenir contre tout venant. Par extension, le mot *emprise* s'étendit aux écussons chargés de devises que les tenants faisaient suspendre à des mâts aux tournois et aux joutes, et que l'on venait toucher en signe de provocation. Quand, non content de frapper l'emprise, l'assaillant l'arrachait du support, c'est qu'il demandait le combat à outrance. Comme devise, l'emprise était de trois sortes : figure seule, devise sans figure, figure et devise ensemble.

en-cas n.m. Sorte d'ombrelle assez grande pour pouvoir, au besoin, abriter de la pluie.

Enfantin (*Barthélemy Prosper*) Philosophe utopiste, 1796-1864. Il fut, sous le nom de *Père Enfantin,* l'un des chefs de l'école saint-simonienne. Polytechnicien, il mena une vie errante puis se lia avec Saint-Simon et ses disciples. Devenu chef de la secte, il voulut lui donner un aspect religieux et en faire l'organe d'une révolution morale où la question de la femme et celle du prolétariat étaient au premier plan. Il s'intitula le *Messie* et la *loi vivante* de la république nouvelle, et, après plusieurs échecs onéreux et bruyants, fonda une communauté modèle à Ménilmontant avec quarante disciples. Mais ces saint-simoniens furent traduits devant la cour d'assises pour réunion illégale et outrage aux mœurs. Condamné à un an de prison et bientôt gracié, il partit avec quelques disciples pour l'Égypte, afin d'y trouver la femme messie, la « Mère », qui devait l'aider à parfaire le bonheur de l'humanité. Après de nombreux déboires, il revint en France où il continua de vouloir développer sa doctrine.

engagé (navire) Navire incliné par le vent d'une manière dangereuse et ne pouvant plus se relever.

enseigne de bonnet n.f. Petits médaillons fondus ou bien rehaussés de ciselures et d'émaux, que l'on porta jusqu'au XVIIe siècle fixés sur les chapeaux. On a conservé, parmi les plus anciennes, l'enseigne de Notre-Dame du Puy, exécutée en 1183 par le huchier Durant, chef de la fameuse confrérie pacifique des *Chaperons blancs,* qui s'employèrent à réprimer les brigandages des routiers.

entravée (robe) Robe resserrée dans le bas, à la mode en 1912.

entre-deux n.m. Au XVIIe siècle, sorte de console disposée pour être placée entre deux croisées.

épaule de mouton n.f. Dans les armures, au XVe siècle, sorte d'éventail qui, le bras droit étant replié quand la lance se trouve couchée en arrêt, défend complètement la saignée et le droit de l'arrière-bras, dans le cas où un coup, venant à glisser obliquement sur la rondelle de la lance, menacerait ces parties. L'épaule de mouton compte parmi les pièces rares des musées ; le musée d'artillerie en possède quatre.

épervier n.m. 1. Filet de pêche en forme de cône ou d'entonnoir de 15 à 20 mètres de circonférence et de 3 à 4 mètres de hauteur. 2. Tout

grand baldaquin ou ciel de lit drapé dont la forme et l'ampleur rappelaient le filet dit *épervier*. Par extension, ensemble des tentures d'un lit
d'apparat.

épicier n.m. Au Moyen Âge, synonyme de *drageoir,* parce qu'on
entendait sous le nom d'*épices de chambre* les sucreries et autres produits
de confiserie.

épreuve n.f. On entendait, au Moyen Âge, sous le nom d'*épreuve,*
aussi bien l'essai des mets et des boissons que l'on servait à table, que
les pierres servant à faire ces épreuves, et que les supports auxquels
ces pierres étaient attachées par des petites chaînes d'or ou d'argent.
L'ensemble des pierres et du support était plus ordinairement appelé
languier. La crainte continuelle du poison, où l'on vivait dans les maisons princières, obligeait aux précautions les plus minutieuses dans
tout ce qui se rapportait aux aliments. Les plats étaient toujours
apportés couverts, et, avant d'être déposés sur la table, ils passaient
sur un buffet, où l'on en faisait l'épreuve au moyen de pierres accro-
chées à des chaînettes et que l'on trempait dans les boissons ou que
l'on posait sur les mets. La présence du poison devait suffire pour faire
changer ces pierres de couleur. Les pierres d'épreuve les plus fréquemment employées étaient les *langues de serpent* (dents de requins fossiles
ou pointes de flèches en silex), les crapaudines, serpentines, hématites,
jaspes, agates, cornes de licorne (c'est-à-dire ivoire de narval), etc.

espadon n.m. [de l'italien *spadone,* grande épée] Grande et forte épée,
en usage du XVe au XVIIe siècle et qui se maniait à deux mains.

estival n.m. Nom que l'on donnait à des bottines légères dont on se
servait pendant l'été. Les estivaux paraissent avoir été la chaussure des
nobles et des gens de guerre (XIVe et XVe s.).

eustache n.m. Petit couteau à manche de bois, à lame sans ressort,
de fabrication française, et qui fut en usage depuis le XIVe siècle jusqu'à
nos jours.

F

fanfreluche n.f. Garniture découpée, passementerie ou broderie servant d'accessoire de toilette, aussi bien pour les coiffures que pour les
robes et manteaux. Les découpures en feuilles de houblon, qui furent
si à la mode en Flandre, du XIVe au XVIe siècle, rentrent dans la catégorie
de ces fanfreluches contre lesquelles tonnaient en vain les prédicateurs.
Les grands hennins et les atours à cornes du XVe siècle portaient de ces
fanfreluches en bandes déchiquetées qui retombaient jusqu'à terre.

faucille n.f. Nom donné par les anciens auteurs à un papillon nocturne jaune marqué de brun, et ayant le sommet des ailes supérieures recourbé en faux.

faveur n.f. L'origine des faveurs, en tant que rubans, remonte au XIVe siècle. Le mot *faveur* désigne alors une sorte d'écharpe richement brodée ou quelque pièce volante du costume des femmes, et que celles-ci donnaient dans les joutes et les tournois aux champions qui tenaient pour elles.

fenêtre n.f. 1. Nom donné, de 1480 à 1510 environ, à la coiffure qui consistait en une coupe très courte des cheveux dégageant le front, tandis que le reste de la chevelure était conservé dans sa longueur moyenne. Cette mode fut surtout florissante sous Louis XII. 2. Toute ouverture faite dans des chaussures ou dans le talon d'une lame d'épée.

feuilles n.f. Gros et solides couteaux que les bouchers et les charcutiers emploient pour trancher des pièces de viande.

fiancée n.f. Nom vulgaire d'une espèce de grande noctuelle, beau papillon gris, avec les ailes inférieures écarlates, largement bordées et marquées de noir.

Folie Personnage allégorique qu'on représente avec une sorte de justaucorps aux bords découpés en pointes garnies de grelots et avec une marotte. Femme déguisée qui porte ce costume : *inviter une Folie.*

forme n.f. 1. Banc garni d'étoffe et rembourré. 2. Siège à plusieurs stalles, avec dossier. On entend par *haute forme* une stalle d'église complète, c'est-à-dire comprenant : siège, sellette ou miséricorde, accoudoirs, entreclos ou lambris et dossier avec ses dépendances.

formica n.m. Nom scientifique des fourmis proprement dites.

fourches patibulaires n.f.pl. Le nombre des piliers des *fourches patibulaires* variait suivant la qualité des seigneurs : le roi pouvait seul en avoir autant qu'il voulait, les ducs en avaient huit, les comtes six, les barons quatre, les châtelains trois, et les simples gentilshommes deux. On y suspendait les criminels, qu'on y laissait pourrir et dévorer par les oiseaux de proie. Malgré l'aspect hideux de ces édifices et l'odeur empestée qu'exhalaient les cadavres, le voisinage de ces lieux d'exécution était garni de cabarets, où l'on se livrait aux réjouissances et aux plaisirs.

fraise n.f. 1. XVIe siècle. 2. XVIIe siècle 3. Watteau, XVIIIe siècle. Espèce de collet plissé à plusieurs doubles qui, tournant autour du cou, présentait quelque ressemblance de forme avec la fraise de veau. Quand cette collerette avait ses plis disposés sans symétrie, elle était dite *à la* *confusion ;* on la porta ainsi en France sous Henri III et avant. Les fraises mises à la mode par ce roi et sa cour étaient si larges qu'on en fit des caricatures. On dit que les étudiants de Paris s'en allèrent en procession, à la foire Saint-Germain, le cou garni d'immenses fraises en papier et chantant : « *À la fraise on connaît le veau !* » En Angleterre, la reine Elizabeth mettait alors, à la porte de ses villes, de sages et graves personnages chargés d'examiner les gens qui entraient, de briser la pointe des épées dépassant 4 pieds de long et de couper les fraises larges de plus de 1 pied de rayon. La mode de ces fraises en roue de carrosse prévalut toutefois en France, bien après la mort d'Henri III.

futile n.m. Dans l'Antiquité romaine, vase long qui servait dans les sacrifices offerts à Vesta, et qui, se terminant en bas par une pointe arrondie, ne pouvait rester debout.

G

gagnepain n.m. Gant à armer primitif, qui était en peau avec longue garde.

garde-robe n.f. 1. Lieu où l'on place la chaise percée. Fauteuil à fond amovible pour malades. 2. *Officier, valet, femme de garde-robe :* personnes préposées à la garde des vêtements du roi.

gentilhomme n.f. Engin d'artillerie, employé au XVIe siècle : sorte de canon, fait de bois et cerclé de pièces de fer avec pointes en relief.

géomètres n.f.pl. Papillons comprenant de belles phalènes assez grandes, propres à l'Europe et à l'Asie boréale. Les *géomètres* sont ainsi nommées à cause de la manière dont marchent leurs chenilles, qui paraissent mesurer avec leur corps, tendu alternativement, puis arqué en boucle, les espaces successifs qu'elles parcourent sur le sol ou sur les branches.

gigot n.m. Manche de corsage très ample et gonflée vers les épaules. On dit encore *manches à gigot.*

glorieuse n.f. Nom vulgaire de la *raie-aigle,* dans quelques localités. Cette plante grimpante donne des fleurs très belles, de couleur jaune ou orangée, solitaires ; le fruit est une capsule coriace. On en connaît trois espèces, originaires d'Afrique et d'Asie, et qui sont cultivées dans les serres chaudes d'Europe.

glouton n.m. Encore appelé *goulu* ou *carcajou,* ce mammifère carnivore habite la région circumpolaire boréale. C'est un fort animal, brun châtain, qui atteint 1 mètre de long. Habitant les solitudes, les forêts de pins, le glouton niche dans les vieux arbres, les cavernes ; il grimpe sur les branches basses et reste à l'affût, puis se laisse tomber sur sa proie, qu'il saigne, puis dévore à loisir. Il attaque les élans et les rennes, et enterre sa proie pour s'en repaître ensuite.

gondole n.f. 1. Nom de voitures publiques qui faisaient le service des environs de Paris. 2. Petite coupe ovale, servant à baigner les yeux. 3. *Sièges en gondole :* sièges dont le dossier est arrondi. 4. Vase précieux, fait de toutes matières, en forme de nacelle, et qui était utilisé, dans les services de table, comme drageoir, vase à boire, etc. Dans les cérémonies officielles, aux entrées dans les villes, on offrait aux grands personnages les vins épicés dans des nacelles ou gondoles d'orfèvrerie. C'étaient des petits vases en forme de navette, sans pied ni anse.

grève de corsage n.f. Le mot *grève* s'entendait pour des objets de natures très diverses : devant mobile de corsage de femme, devant de la tige d'un brodequin, lame de métal habillant les côtés du manche d'un couteau, parement habillant latéralement une mitre ecclésiastique, etc.

grimace n.f. Boîte de pains à cacheter, dont le dessus est une pelote à épingles.

grivoise n.f. [pour *rivoise,* de l'allemand *Reibeisen,* fer à râper] Tabatière munie d'une râpe à tabac, qui fut importée de Strasbourg, en 1690, et en usage chez les soldats.

H

hachette n.f. Sorte d'ablette assez rare en France. On la trouve dans la Moselle et ses affluents, dans la Meuse.

hélice n.f. Genre de mollusques gastéropodes, comprenant les formes vulgairement appelées *escargots.* Les *hélices* sont des animaux essentiellement terrestres, à coquille renflée, dans laquelle l'animal peut se retirer en entier. On en connaît actuellement plus de 3500 espèces, réparties sur tout le globe.

hélicoptère n.m. Jouet d'enfant composé de deux hélices tournant en sens inverse, mises en mouvement par un ressort. À la fin du XIX⁰ siècle, le *Nouveau Larousse Illustré* précise : *Cet appareil n'a jamais existé que comme jouet d'enfant. C'est lui qui, cependant, a donné l'idée de construire les aéroplanes.*

l'Hermaphrodite Statue (au musée du Louvre), dite aussi *Hermaphrodite Borghèse.* Elle représente le fils d'Hermès et d'Aphrodite, couché dans une attitude pleine de grâce nonchalante et d'élégance voluptueuse. La tête ressemble à celle que la statuaire antique donne ordinairement à Vénus. Le Bernin a restauré le pied gauche de la statue et a sculpté le matelas sur lequel elle est couchée.

hermione n.f. Ver assez glabre, à pieds munis de soies crochues, aux yeux portés sur des pédicules.

hobereau n.m. Petit faucon, dit aussi *falquet,* qui ne chasse que les petits oiseaux.

hôpital n.m. Sorte de marmite en forme de marabout, mais plus arrondie, munie d'un couvercle, d'une anse et d'un tube latéral pour verser le liquide qu'on y a fait chauffer.

huissier à verge n.m. Sergent royal reçu au Châtelet.

huitaine n.f. Petit pendule, la plupart du temps sans sonnerie, et que l'on remonte tous les huit jours.

Hymen Les Anciens représentaient l'*Hymen* ou *Hyménée* sous la figure d'un beau jeune homme, à la chevelure bouclée, vêtu d'un manteau nuptial, rouge ou jaune, tenant des fleurs et des fruits, des torches, parfois une flûte. Tel il se présente sur une belle fresque, trouvée dans la *maison de Méléagre,* à Pompéi.

I

indicateur n.m. Petit coucou gris, varié de brun et de blanchâtre, que l'on trouve en Afrique et en Asie. Son nom vient de l'habitude qu'il a d'attirer par ses cris l'attention de l'homme pour l'entraîner vers les nids d'abeilles sauvages, afin de profiter du miel qui restera dans le nid après qu'on aura fait la récolte.

in-folio (perruque) Nom donné aux immenses perruques que l'on portait au temps de Louis XIV.

instruments de paix n.m.pl. Objets divers (images, reliquaires, crucifix) avec lesquels, dans la liturgie, on donnait la paix, en les faisant baiser, aux fidèles ou à certains dignitaires.

irène n.f. Passereau de l'Asie orientale et de ses archipels. Les irènes sont des *drongos,* noirs et à queue fourchue.

iris n.m. 1. Les *iris* sont de jolies mantes vertes, jaunâtres ou grises, avec les ailes inférieures luisantes, transparentes, portant des arcs irisés, bleus, violacés. De taille moyenne, ils vivent surtout dans les lieux arides. La seule espèce de France est confinée dans l'extrême sud et s'étend de l'Espagne aux steppes des Kirghiz et du Maroc à la Perse. 2. Dans la mythologie grecque, déesse de l'Arc-en-ciel, messagère des dieux, surtout de Zeus et de Héra. On la figurait vêtue d'une tunique, avec un bandeau qui maintenait ses cheveux, des ailes aux épaules et quelquefois aux brodequins, un caducée et, parfois, un message à la main.

point d'ironie Signe particulier, proposé par Alcanther de Brahm (1868-1942), dans son ouvrage *l'Ostensoir des ironies* (1899), pour indiquer au lecteur les passages ironiques d'un ouvrage, d'un article. En 1989, un journaliste du *Monde* avait, par erreur, attribué la paternité de ce *point d'ironie* à l'écrivain franco-algérien Jean Sénac (mort en 1973), ce qui lui valut quelques lettres de lecteurs informés et mécontents...

isolement n.m. En architecture, intervalle séparant deux constructions voisines, mais qui ne se touchent par aucun de leurs points ; vide entre deux parties d'une même construction.

J

jambe de chien n.f. Dans la marine, nœud destiné à raccourcir un cordage.

joueur d'épée n.m. Maître d'armes ; par extension, toute personne habile à manier l'épée ordinaire et l'espadon.

jour de souffrance n.m. [d'après le sens ancien du mot *souffrance*, permission] Baie qui s'ouvre soit avec le consentement du propriétaire voisin, s'il s'agit d'un mur mitoyen, soit même sans ce consentement s'il s'agit d'un mur non mitoyen, à condition qu'elle soit garnie extérieurement d'une grille et d'un châssis dormant.

L

labeurs (presse à) Presse destinée à l'impression des *travaux de labeur,* c'est-à-dire des ouvrages de longue haleine, tirés à un grand nombre d'exemplaires, par opposition aux *travaux de ville,* ou *bilboquets* (cartes de visite ou prospectus par exemple).

langue de bœuf n.f. Demi-pique ; puis cette appellation se rapporta à diverses dagues italiennes et, par extension, à toutes sortes d'armes avec un fer large, plat, à deux tranchants.

langue de carpe n.f. Ciseau ou foret servant à faire des entailles ou à percer des petits trous dans le fer.

larve n.f. [du latin *larva,* masque, fantôme] Chez les Romains, spectre d'homme mort à cause de quelque faute. Elle apparaît, sur des bas-reliefs ou des gobelets, souvent sous la forme d'un squelette. À l'époque d'Auguste, ces images sont un appel à l'épicurisme : « Hâtons-nous de jouir, voilà ce que nous serons demain. »

lascar n.m. [du persan *laskhar,* soldat] Matelot indien.

lavabo n.m. Vasque grâce à laquelle les moines faisaient leurs ablutions en revenant des travaux des champs, avant d'aller au réfectoire.

limousine n.f. Manteau d'étoffe grossière porté par les charretiers, les rouliers et les paysans.

lisière n.f. Bandes ou cordons que l'on attache aux vêtements des petits enfants pour les soutenir quand ils commencent à marcher.

litière n.f. Lit couvert, puis voiture ou chaise portée par des hommes ou des chevaux : 1. du XVe siècle. 2. de louage (XVIIe s.). 3. de cérémonie (XVIe s.). 4. de voyage (XVIe s.).

loup n.m. Jeu d'enfants, où l'un des joueurs est le loup, un autre le berger ; les autres sont les moutons et se placent à la queue leu leu en se tenant par leur vêtement. Le loup essaye de les attraper en commençant par le dernier, tandis que le berger tente de l'en empêcher.

lucifer n.m. Petit crustacé. De forme très grêle, sans branchies, les lucifers mènent une existence pélagique.

M

magnat n.m. Grand de l'État, en Pologne et en Hongrie.

magot n.m. Petite figure grotesque modelée ou sculptée ; désigne en particulier certaines porcelaines chinoises.

maître à danser n.m. Compas d'épaisseur, surtout en horlogerie.

manche de velours n.f. Espèce d'oiseau de mer des régions australes.

manche honorable n.f. Pièce d'étoffe, souvent détachée d'un costume, que les chevaliers portaient dans les tournois, en l'honneur de la dame qu'ils servaient et dont ils l'avaient reçue.

manille n.f. 1. Anneau de cuivre porté par les Noirs, comme ornement, autour de la cheville ou du poignet. 2. Anneau auquel était fixée la chaîne d'un forçat.

manteau d'Arlequin n.m. Au théâtre, encadrement intérieur de la scène, constitué de deux châssis latéraux sur lesquels est installée une draperie rouge, et que l'on peut élargir ou rétrécir à volonté. On le nomme ainsi car, dans l'ancienne comédie italienne, Arlequin se glissait souvent entre le rideau et cette draperie pour se présenter au public.

manteau d'évêque n.m. Au Moyen Âge, pèlerine de mailles recouvrant les épaules et tombant sur le milieu de la poitrine. Elle fut longtemps portée par les Hongrois, les Tcherkesses et les Polonais.

marabout n.m. Bouilloire en cuivre étamé ou en fer battu.

marguerite n.f. Outil à l'usage des corroyeurs, qui s'en servaient pour rebrousser, corrompre, crépir et redresser le cuir.

marie-salope n.f. Chaland à fond mobile destiné à recevoir les vases extraites par la drague pour les conduire à la mer.

mariole n.f. [de *Marie*] Petite image de la Vierge, en bois, en plomb ou en métal précieux, que l'on portait sur soi, au Moyen Âge, ou dont on décorait les autels domestiques. On disait aussi, au XVIe siècle, *mariotte*.

marmotte n.f. 1. Dans la marine, petit baril dans lequel on conserve une mèche allumée pour avoir toujours du feu. 2. Coiffure consistant en un fichu noué sous le menton ou au-dessus du front ; ainsi nommée parce que cette coiffure a deux coins semblables aux oreilles d'une marmotte.

marotte n.f. [de *Marie*] Tête de femme, en bois ou en carton, dont se servent les modistes pour essayer leurs chapeaux et les coiffeurs pour faire les perruques.

marotte de tonnelier n.f. Chevalet surmonté d'un étau, dont se sert le tonnelier pour maintenir la planche qu'il veut planer ou tailler.

marquise n.f. 1. Fauteuil à bois apparent, à dossier bas, large et profond. 2. Bague au chaton allongé. 3. Auvent, généralement vitré, placé au-dessus et en avant d'une porte ou d'un perron.

minimes n.m.pl. Ordre religieux fondé par saint François de Paule, qui avait pour devise le mot *caritas* (charité). Il a disparu en France à la Révolution.

miséricorde n.f. Dague de guerre utilisée pour obliger l'adversaire à se rendre en demandant merci ou miséricorde.

moine n.m. 1. Cylindre en bois doublé de tôle contenant un fer chaud. 2. Meuble en bois, en forme de châssis, portant un réchaud. Ces deux appareils servent à chauffer un lit.

moïse n.m. Petite corbeille capitonnée, garnie de mousseline et de dentelle, servant de couchette aux nouveau-nés (ainsi nommée par analogie avec la corbeille où Moïse fut installé, sur le Nil).

molosse n.m. Espèce de chauve-souris de petite taille, d'Amérique centrale et méridionale.

mortier de veille n.m. Vase de dimensions modestes, plein d'eau sur laquelle surnageait un morceau de cire portant un lumignon que l'on allumait lorsque le roi était couché.

mouche n.f. 1. Anneau bloquant, au moyen d'un ressort, la lame de certains couteaux de chasse. 2. Petite touffe de poils qu'on laisse pousser sous la lèvre inférieure. 3. Morceau de taffetas noir, que les femmes collaient sur leur visage : deux au-dessus de l'œil gauche, une au-dessus de l'œil droit, ainsi que sur les joues. Cet ornement fut très à la mode sous Louis XV. Les mouches longues et étroites s'appelaient des *mouches assassines*.

mouton n.m. En termes de marine, armure d'une voile à antenne.

mulet de Marius n.m. Sobriquet donné aux légionnaires romains, parce que, pour diminuer les bagages de l'armée, Marius avait obligé les soldats à porter leurs effets au bout d'un bâton qui leur faisait comme un bât. (Cet attirail est représenté sur la colonne Trajane.)

musette n.f. 1. Instrument de musique à vent, qui rappelle la cornemuse. Il fut très en vogue au XVIIIe siècle et fut présent, dès Lulli, à l'Orchestre de l'Opéra. Il a donné lieu au *bal musette*. 2. Autre instrument de musique, appelé aussi *hautbois pastoral*. Il était utilisé dans des airs de danse (les *musettes*), présents dans des opéras de Rameau.

N

nabot n.m. Fausse maille raccordant les tronçons d'une chaîne.

nautilus n.m. Genre de mollusques céphalopodes, répandus dans les mers chaudes.

navette liturgique n.f. Petit vase où l'on met l'encens destiné à être brûlé, dans une église.

nef n.f. Au Moyen Âge, meuble de table qui avait la forme d'un navire, ou parfois d'un château fort. Elle servait à ranger les couverts. Au XVIe siècle, certains de ces objets contenaient une boîte à musique ou un automate.

nestor n.m. Genre de perroquet à long bec crochu, à pieds courts et au plumage gris et brun varié de rouge.

nez n.m. Morceau de zinc de forme cylindro-conique soudé sur un tuyau de gouttière servant à la descente des eaux pluviales.

le Nil Nom de diverses statues allégoriques du fleuve, qui symbolisent sa fertilité. Les seize enfants qui entourent le personnage principal figurent les seize coudées de l'inondation du Nil. La plus célèbre, due au Bernin, décore la fontaine de la place Navone, à Rome.

nomade n.m. Insecte de couleur rousse ou fauve variée de jaune et de cinabre.

O

océan n.m. Petite embarcation fluviale de plaisance.

œuf électrique n.m. Sorte de vase en verre dans lequel pénètrent deux tiges en laiton terminées en boule. Il sert à montrer les divers aspects que prend l'étincelle électrique selon le milieu où elle se produit.

œuvre n.f. Flanc d'un bateau. *Œuvres mortes :* accastillage (partie qui reste hors de l'eau) ; *œuvres vives* : partie immergée.

oiseau n.m. Sorte d'auge servant aux maçons pour transporter le mortier.

ombrelle de l'Inde n.f. Mollusque gastéropode à la coquille aplatie et ovale.

oreilles de chien n.f.pl. Coiffure masculine, avec des cheveux pendant sur les tempes, en usage sous le Directoire.

orgue n.m. En termes d'artillerie, engin à plusieurs canons juxtaposés. Au XVe siècle, on l'appelait *ribaudequin.*

oscille n.m. Chez les Romains, petits masques consacrés à Saturne ou à Bacchus, que l'on suspendait dans les maisons et les jardins pour écarter les maléfices.

P

page n.m. Petite pince fixée sur les plis d'une jupe, pour la tenir relevée ; ainsi nommée parce que, autrefois, les *pages* portaient les longues robes des dames.

pagode n.f. Figurine chinoise de porcelaine qui remue la tête. (Ce mot désignait aussi les idoles adorées dans les temples indiens et chinois.)

paillasse n.m. [de l'italien *Pagliaccio*] Personnage du théâtre forain chargé d'amuser le public. Il s'habillait avec de la toile à paillasse ou à matelas pour faire allusion à son nom.

panier n.m. En terme de costume, nom donné aux *vertugadins* démesurés à la mode depuis le début du XVIIIe siècle jusqu'à la Révolution.

Pantalon Type de la comédie italienne, originaire de Venise (d'où son nom, provenant du patron de cette ville, *san Pantaleone*). C'est un vieillard plutôt malpropre, avare et libidineux, victime des Arlequins et des Scapins. Il est incarné chez Molière dans le personnage de Sganarelle ; il est également présent dans *Comme il vous plaira,* de Shakespeare.

panurge n.m. Espèce de petite abeille fouisseuse qui vit en grandes colonies.

parnassien n.m. Joli papillon de montagne, également nommé *apollon*. Ses ailes demi-transparentes portent des taches ocellées.

pégase n.m. Petit poisson vivant dans les hauts-fonds sablonneux de l'océan Indien.

pénélope n.f. Gallinacé d'Amérique tropicale. De grande taille, les pénélopes ont un plumage richement bronzé ou ardoisé, varié de blanc.

pétard n.m. Petit fourneau chargé de poudre ou de cartouches, destiné à créer, par explosion, des ouvertures dans un mur ou dans un terrain dur.

pet-en-l'air n.m. Veston d'intérieur qui descend au bas des reins.

phallus n.m. Champignon, appelé aussi *phallus impudique*. À l'état de maturité, il ressemble un peu à une morille dont la base serait entourée d'un étui charnu et épais. Une autre espèce, plus rare, est le *phallus de chien,* dont le pied est beaucoup plus grêle et rouge au sommet.

pipi n.m. Petit passereau de l'hémisphère Nord, vivant dans les arbres ou dans les prés. Il a une longue queue et un plumage terne.

pochette n.f. Petit violon de maître de danse, au corps très réduit, d'où son nom, car sa taille permettait de le faire entrer dans une poche.

poire d'angoisse n.f. Instrument de torture, que l'on enfonçait dans la bouche de la victime pour l'empêcher de crier.

polka n.f. Marteau utilisé par les tailleurs de pierre.

polygraphe n.m. Insecte coléoptère qui vit dans l'écorce des pins.

pont-levis (soulier à) Soulier à talon haut dans lequel on mettait une petite mule.

positif n.m. Clavier du grand orgue qui est le plus bas. L'orgue, qui était d'abord portatif, augmenta de taille, ce qui obligea à le *poser* sur le sol (d'où ce nom de *positif,* qui est resté pour désigner le clavier le plus bas).

pratique de Polichinelle n.f. Petit instrument de fer-blanc que les acteurs, dans les théâtres de marionnettes, se mettent dans la bouche pour se faire une voix criarde.

prie-Dieu n.m. Boîte d'allumettes en papier fort, dont le bas est recouvert d'un frottoir.

quatre de chiffre n.m. Petit piège consistant en une planche ou une pierre plate destinée à tomber au moindre choc imprimé à trois morceaux de bois assemblés en forme de 4.

queue de rat n.f. Tabatière en écorce de bouleau, dont le couvercle se soulève à l'aide d'une petite lanière de cuir semblable à une queue de rat.

raisin n.m. Dans la marine de guerre, paquet de mitraille.

raquette (coiffure en) Coiffure féminine, à la mode vers 1580, où les cheveux, largement relevés sur le front et les tempes, avaient la forme d'une raquette.

Redouté (*Pierre-Joseph*) Peintre de fleurs et lithographe (1759-1840). Il fut le professeur de Marie-Antoinette, puis de Joséphine et de Marie-Louise. Il a illustré de nombreux ouvrages, parmi lesquels *la Flore antique,* de Desfontain.

renard n.m. Dans la marine, plateau percé de trous et sur lequel était dessinée une rose des vents ; il servait aux timoniers à marquer la route du navire.

la Renommée Dans la mythologie, déesse allégorique qui fut, selon Virgile, enfantée par la Terre pour dénoncer les crimes des dieux après la défaite des géants. Elle devint la messagère de Jupiter.

repentirs n.m.pl. Boucles de cheveux pendant des deux côtés du visage.

républicain n.m. Nom de divers oiseaux du groupe des tisserins, qui édifient leurs nids sous un abri commun.

rhésus n.m. Espèce de singe du genre macaque, vivant en Inde et dans les régions voisines. Il a la taille d'un fort chien de chasse, le pelage fauve verdâtre et la face rouge cuivreux. Il vit familièrement dans les villes et sur les toits des pagodes.

le Rhône Statue allégorique du fleuve élaborée par Coysevox, et qui se trouve au musée du Louvre. Une autre, créée par Coustou, est visible à l'hôtel de ville de Lyon. On trouve encore la figure de ce personnage allégorique dans un triptyque peint par Puvis de Chavannes pour le musée de Lyon (en 1886).

roi de rats n.m. Maladie, chez les jeunes rats, qui les entraîne à s'assembler par la queue.

roi-des-Belges n.m. Voiture automobile découverte à deux banquettes tournées vers l'avant. C'est une variété du double-phaéton, mais le roi-des-Belges a des formes plus évasées et des dossiers en tulipe.

rossignol n.m. 1. Dans la marine, petit sifflet servant à transmettre les ordres. 2. Crochet de métal utilisé pour ouvrir une serrure dont on a perdu la clef.

rotonde n.f. Espèce de fraise soutenue par du carton, que les élégants portaient autour du cou sous les règnes de Henri IV et de Louis XIII.

rotule n.m. Espèce d'oursin très aplati répandu dans les mers chaudes.

roue d'étude n.f. Pupitre tournant que l'on plaçait dans les bibliothèques.

rubis n.m. Oiseau-mouche de l'Amérique septentrionale et centrale.

rue n.f. Plante, dont quelques espèces ont pour nom *rue de chèvre, rue de chien, rue de muraille...*

S

sabot n.m. Race de poule provenant du croisement de la *cochinchinoise* naine avec la poule *wallikiki*. Elle est connue sous divers noms d'élevage : *coq de Ceylan, coq de la Perse, sabot de Hollande.* Les poules de cette espèce sont bonnes pondeuses et possèdent une chair délicate.

saint-esprit n.m. Bijou, encore appelé *croix huguenote* ou *croix cévenole,* porté par les femmes protestantes. Parfois, ce bijou est constitué de la colombe seule, mais plus grande, soit avec un petit cœur accroché au bec, soit avec trois larmes suspendues au bout des ailes et au bec.

salade n.f. Casque, ouvert ou fermé. À partir du XVIe siècle, ce mot désigne le casque complètement clos, ainsi que l'homme d'armes qui le porte. Salades : 1. d'homme de pied (début du XVIe s.). 2. à grande queue (XVIe s.). 3. à la bourguignonne (XVIe s.). 4. de joute (fin XVIe s.). 5. à vue coupée (XVe s.). 6. milanaise (XVIe s.).

sarcophage n.m. Grosse mouche vivipare, aussi appelée *mouche grise de la viande,* car elle pond sur la viande des paquets de larves.

saute-en-barque n.m. Petit veston court ou petit corsage porté flottant par les hommes ou par les femmes. Ce mot désigne aussi une grosse veste surtout portée par les canotiers de la Seine.

sauvegarde n.m. Reptile saurien de l'Amérique tropicale. Il est de couleur olivâtre ou rougeâtre, marbrée de jaune et tigrée de brun, et peut atteindre 1,50 m de long.

scie n.f. Lame de fer, haute et dentelée, fixée à l'avant des gondoles vénitiennes.

scorpion n.m. 1. Sous l'Antiquité, sorte de grande arbalète, montée sur un plateau et actionnée par un treuil. 2. Arme de coup, en usage de l'Antiquité jusqu'au Moyen Âge. C'est une sorte de fléau à manche court, portant plusieurs chaînes ou lanières munies de pointes.

secrète n.f. Calotte de fer qui se portait cousue dans la forme du chapeau et qui servait à protéger la tête. Certaines secrètes étaient munies à leur sommet de plusieurs pointes, dissimulées sous le chapeau, et qui pouvaient être utilisées comme des dagues. Les secrètes furent en usage du XVe au XVIIIe siècle.

serpent n.m. Jeu de garçon consistant à ramasser un mouchoir avec les dents en ne s'appuyant que sur un pied et les mains. Le perdant doit passer entre deux files formées par les autres joueurs qui le frappent avec leur mouchoir.

sida n.m. Plante herbacée ou arbuste des contrées chaudes du globe. Quelques espèces sont ornementales, d'autres sont utilisées dans la pharmacopée.

sigma n.m. Dans l'Antiquité romaine, table à manger en forme de C majuscule (ancienne forme du *sigma*), et lit de même forme disposé autour de la table.

souris n.f. Fausse coiffe sans barbes (ce mot désignant les morceaux de toile ou de dentelle portés dans la coiffure). Nœud de nonpareille que les femmes se mettaient dans les cheveux, au XVIIIe siècle.

stratège n.m. Scarabée dont les mâles présentent trois fortes cornes sur le corselet.

style n.m. Sorte de poinçon ou de grosse aiguille dont les Anciens se servaient pour écrire sur des tablettes enduites de cire.

subtile (galère) Galère longue et étroite.

Sucre (*Antonio José de*) Président de la République de Bolivie (1793-1830). Après la déclaration d'indépendance (en 1811), il se joignit à Bolivar et mena diverses campagnes militaires, contre les Espagnols, puis contre le Pérou. Il mourut fusillé, au cours des luttes de sécession en Colombie.

surtout de table n.m. Grande pièce d'orfèvrerie ou de poterie qui occupe le milieu de la table dans un grand repas.

T

tabatière (fenêtre à) Fenêtre ou châssis qui a la même inclinaison que le toit sur lequel on l'adapte.

taille n.f. Dans le commerce, chacune des deux parties d'une latte de bois fendue longitudinalement. Sur les deux parties rapprochées, le fournisseur fait une coche pour chaque objet fourni à crédit. L'une, la souche, reste aux mains du commerçant ; l'autre, l'échantillon, est conservée par le client. Cette double coche fait foi de l'existence de la livraison.

tambour n.m. 1. Poisson qui produit une sorte de ronflement qui s'entend à une certaine distance. 2. Variété de pigeon domestique d'assez forte taille, ainsi nommé à cause de son gloussement très puissant.

tampon n.m. Casquette plate que portent les soldats-ordonnances avec leur uniforme civil. Par extension, se dit du soldat-ordonnance lui-même.

tapette de rabatteur n.f. En termes de chasse, planchette sur laquelle vient frapper un marteau de bois, qui sert aux rabatteurs pour amener le gibier vers les chasseurs embusqués.

targette n.f. Aux XVIe et XVIIe siècles, brassard muni d'une expansion ovale, circulaire ou quadrangulaire servant de bouclier dans les combats singuliers.

télégraphe n.m. 1. *Télégraphe de menuisier* : instrument composé de deux branches, dont l'une mobile, qui permet de tracer sur le bois des lignes de toutes inclinaisons. 2. *Télégraphe de taxidermiste* : support mobile servant à poser les oiseaux pendant leur préparation.

Terme Dieu romain, protecteur des limites. Il fut d'abord représenté sous la forme d'un bloc de pierre grossièrement équarri, avant de prendre la figure d'un Hermès ou d'un bloc de pierre surmonté d'une tête quelquefois avec des bras, mais toujours sans jambes. Il était surtout honoré par les cultivateurs.

toilette n.f. Petit meuble où l'on pose les objets servant à la toilette et à la parure : 1. à abattant, à cuvette fixe. 2. d'enfant. 3. à glace et à étagères.

tortue n.f. Dans l'armée romaine, sorte de toit formé par les boucliers que les soldats tenaient au-dessus de leur tête pour se protéger.

traquenard n.m. Piège destiné à prendre certains animaux nuisibles.

trou de loup n.m. En termes militaires, trou de 1,20 m de profondeur et de 2 m de diamètre au sommet, au fond duquel est planté un piquet très pointu. Il sert d'obstacle à la marche d'une armée ennemie.

trousses n.f.pl. Chausses bouffantes avec des bas d'attache de page, que portaient les pages et les novices de l'ordre du Saint-Esprit.

turbulent n.m. Instrument dont se servent les tanneurs et les mégissiers pour le foulage des peaux. Le turbulent est constitué d'une grosse caisse carrée en bois, hermétiquement fermée et pivotant sur un axe.

U

ulster n.m. Long pardessus d'hiver, en forme de robe de chambre.

V

vadrouille n.f. Tampon de laine emmanché servant à nettoyer les navires.

valet n.m. Support employé dans les laboratoires pour les ballons, les capsules, etc., formé soit d'un bloc de bois cylindrique dont la partie supérieure a été creusée, soit d'un anneau de paille tressée. 1. Valet en bois. 2. Valet en paille.

vampire n.m. Grande chauve-souris pouvant atteindre 75 cm d'envergure. Les vampires vivent de fruits et d'insectes, et, à défaut d'autre nourriture, sucent le sang des animaux et des hommes endormis.

variole n.f. Poisson de l'océan Indien. De taille moyenne, avec de petites écailles, la variole est rouge, tachée de brun.

vedette n.f. Soldat installé en sentinelle.

vénus n.f. Mollusque lamellibranche, de taille moyenne, à coquille solide, avec le bord des valves finement crénelé en dedans.

vinaigrette n.f. Petite voiture à deux roues, en forme de chaise à porteur, qui était tirée par un homme. À l'origine, la vinaigrette était une sorte de brouette servant à transporter les tonneaux de vinaigre.

vis-à-vis n.m. Voiture à quatre roues ayant deux sièges se faisant face.

vitrine n.f. Mollusque gastéropode vivant dans les lieux humides, sous les pierres ou les mousses et, en montagne, sous les plaques de neige.

Voiture (*Vincent*) Écrivain (1598-1648). Il connut les faveurs des grands (Richelieu en particulier), ce qui lui permit de cumuler les fonctions de maître d'hôtel du roi et de premier commis du contrôleur des finances. Il fut le rival de G. de Balzac à l'hôtel de Rambouillet, où ses poèmes soulevaient de véritables querelles littéraires. Dans le *Grand Cyrus,* Mlle de Scudéry l'avait surnommé *Callicrate.*

volute n.f. Mollusque gastéropode répandu dans les mers chaudes.

Z

zizi n.m. Espèce de bruant vivant en Europe. Son plumage est gris-bleu, verdâtre et jaune, varié de noir, de roux et de blanc.

PHOTOCOMPOSITION S.C.P. BORDEAUX

MAME Imprimeurs, 37000 Tours
Dépôt légal Octobre 1990 - N° Série éditeur 24934
Imprimé en France. (Printed in France) 330011 octobre 1990